刑事法学
优秀博士论文文库

主　编　◎　汪海燕
副主编　◎　郭金霞　赵天红　王志远

美国公设辩护人制度研究

MEIGUO GONGSHEBIANHUREN ZHIDU YANJIU

程衍 ◎ 著

中国政法大学出版社

2019 · 北京

"背法而治，此任重道远而无马、牛，济大川而无舡、楫也。"作为国家治理的一场深刻革命，全面依法治国方略既需要于法律实践中贯彻法治理念，亦需要于理论研究中充分把握、回应现实问题。刑事法治是我国社会主义法治的重要组成部分，刑事法学的发展有赖于一代又一代立场上能够立足中国现实语境、能够放眼国际前沿理论、能够融汇百家之长的优秀刑事法学人。在这之中，刑事法学博士研究生作为学术界的新生力量，亦用勠勠勉励，为我国的刑事法治理论研究事业贡献了大量优秀成果。

中国政法大学刑事司法学院前身为中国政法大学法律系。学院自 2002 年成立以来，传承了理论与实践紧密结合的学术品格，同时开创了独特的教学与研究风格，培养了大批刑事法律人才。刑事司法学院设有两个一级本科专业，即法学专业、侦查学专业，是我国高等院校中阵容强大、综合实力雄厚的刑事法学和刑事科学教学与研究基地。学院目前已形成了以刑事法学为主体的学科群，刑法学、刑事诉讼法学、犯罪学、侦查学和网络法学为学院的特色学科，刑法学、刑事诉讼法学属于国家重点学科，教学和科研以及师资队伍等具有较高水平，在国内有很大的影响。学院目前设有四个博士点，即刑法学专业、诉讼法学专业、网络法学专业和监察法学专业。

与教学科研相呼应，刑事司法学院的博士研究生培养坚持发扬学院自身特色。在学科发展战略方面，刑事司法学院着眼于刑事法学的实践品格，注重推动"刑事一体化"思想，融通学科联系，打破刑事法学学科壁垒。刑事一体化具有浓厚的原创色彩，是结合国情和社会现实而提出的犯罪治理思路，其本质在于以视域融合的方式看待理论与实践、实体法学与程序法学、刑事法学与刑事科学、规范分析与其他研究方法，进而使得刑事法学在多个层面上达到提升与精进。刑事司法学院结合自身学科构成较为多样化的特色，以及与法律实践紧密相连的政法院校传统，在教学、科研中既保持着宏观、全面的视角，亦在细微之处紧握现实脉搏，力求经世致用，以刑事法治的实际需要作为刑事法学理论的目的导向和"奥卡姆剃刀"。秉承这种学术理念，刑事司法学院的博士研究生在整体的学术品格上既非概念法学式的过度专注于理论本身，亦非以纯粹的实用主义立场片面看待刑事法学，而是于广泛的视域融合之中进行有的放矢的理论研究。在人才培养战略方面，刑事司法学院注重培养能够切实解决中国理论问题的优秀学者、优秀法律实践人员。

为进一步提升中国政法大学刑事法学科人才培养的水平，中国政法大学刑事司法学院决定设立中国政法大学"刑事法学优秀博士论文文库"项目，择优资助出版我校刑事法学博士毕业论文。此文库的面世，也是向学界乃至社会递交一张代表刑事司法学院科研、教学水平的答卷；希望能够藉此机会，增进交流，进一步提高刑事司法学院学生的培养质量，提升学院整体学术水平；同时，希望能够激励刑事法学专业研究生乃至全校学生，精进不休、自强不息，创作出更多优秀的学术成果。

刑事法治非一日之功，刑事法学的发展亦不可一蹴而就，其需要在长期的教学、科研之中摸索、探微，以求得更进一步。在这个意义上，"刑事法学优秀博士论文文库"是学子们心血铸就卷帙浩繁的一套文丛，是中国政法大学刑事司法学院发展历程的一章段落，也是中国刑事法学研究宏大叙述中的一个逗号。多年以来，刑事司法学院的博士研究生创造了且仍将创造出大批既有理论深度又有实践价值的学位论文。将这些优秀的学位论文付梓成书，不至使其落为沧海遗珠，既是不负学子们的蓟门苦读，也是积露为波——通过中国政法大学"刑事法学优秀博士论文文库"，我们希望能将这些宝贵的涓滴汇成江流，注入中国刑事法治事业的浩瀚沧海之中。

中国政法大学刑事司法学院

2019 年 8 月

　　刑事诉讼是一场灾难，使被追诉人的生活陷入痛苦。无论是审前的强制措施，还是法庭的有罪判决，都会给当事人的各项权利造成严重损害。而刑事诉讼之所以具有正当性，则在于其是惩罚犯罪，维护良好社会秩序的必要手段。英国的丹宁勋爵曾提出，每一社会均须有保护本身不受犯罪分子危害的手段，社会必须有权逮捕、搜查、监禁那些不法分子。[1]但是追诉行为的实质是对于过去事实的探知，就算有再先进的侦查手段也难免不会发生错误。因此，最大限度地保障追诉的准确性，防止冤、错案件的发生，无论对于社会秩序的维护，还是个人生存权利的保障都显得尤为重要。

　　大量诉讼程序的设计以及诉讼权利的赋予，都旨在保证诉讼结果的真实性。而律师辩护权的实现，则是预防冤、错案件发生的最有效手段之一。首先，律师辩护权能够在审判程序中实现控辩平等。刑事审判程序呈三角形结构——控辩双方庭上对抗，法官居中裁判。然而只有此三角形结构呈等腰状时，控辩双方的诉讼地位才能平等，诉讼真实才能够在平等对抗中得以揭示。但是司法实践中，被追诉人作为独立的个体，其所要对抗的是这个国家。侦查、检察机关作为政府部门，有着国家的财力、物力支持，而犯罪嫌疑人、被告人通常情况下连最基本的法律知识都不具备。如此悬殊的诉讼能力使得追诉机关成为刑事诉讼的主导，而一旦治罪目的主宰了审判程序，那么冤、错案件也就不

---

　　〔1〕　参见［英］丹宁勋爵：《法律的正当程序》，李克强等译，法律出版社 1999 年版，第 109 页。

可避免。因此，提高被追诉人一方的诉讼能力，实现刑事审判程序的平等对抗，才能够最大限度地保证诉讼真实的发现，防止审判程序朝着治罪方向发展。获得律师帮助是提高辩方诉讼能力的最有效途径，律师凭借其在法律知识和诉讼经验方面的优势，帮助被追诉人有效履行各项诉讼权利，在法庭上与公诉人形成平等对抗，保障诉讼真实的发现。

其次，辩护律师能够帮助被追诉人在审前阶段有效行使各项诉讼权利。侦查阶段对于最终的诉讼结果往往起到了至关重要的作用。特别是在我国，刑事诉讼的阶段性划分非常明显，很多情况下侦查结果就决定了最终的判决。然而由于刑事强制措施的限制或者调查手段的缺乏，被追诉人通常很难在侦查阶段完成有利证据的收集。在如此的情况下，能够获得律师帮助就显得至关重要，而审前阶段的证据收集也会更加全面。除此之外，由侦查、检察机关主导的审前阶段，难免会带有治罪的目的。而为了得到希望的结果，滥用职权的现象就有可能发生。辩护律师的介入则能够有效遏制滥用职权行为的发生，保障被追诉人最基本人权的同时，防止不正当的侦查手段造成诉讼结果的偏差。

最后，近些年来，刑事诉讼程序朝着日益复杂和精密的方向不断发展。但是，复杂的程序则对刑事辩护的专业素质和专业技能提出了更高的要求，没有任何法律基础的犯罪嫌疑人或被告人很难进行有效的自我辩护。如此一来，能够得到律师的帮助就显得尤为必要了。例如，在《中华人民共和国刑事诉讼法》（下称《刑事诉讼法》）中有关于非法证据排除的规定，而不具备相应法律知识的被追诉人甚至都不清楚何为非法证据，更不用说行使排除非法证据的权利了。因此，当事人对于诉讼程序的有效参与，以及诉讼权利的有效行使，都以律师辩护权的实现为前提。可以说，无论对于程序正义还是诉讼真实，都要求被追诉人能够获得律师的帮助。

在市场经济的推动下，法律辩护的商品性愈发明显，律师通过为他人提供辩护服务而赚取收益。但是由于律师辩护的重要诉讼价值，以及其对于法律知识和诉讼经验的苛刻要求，因此也就造成了相对高昂的诉讼代理费用。而涉嫌刑事犯罪特别是暴力犯罪的被追诉人，其经济情况往往并不乐观。那么经济上的不足，也就严重限制了其律师辩护权的行使，最终影响程序公正和诉讼真实。

为了维护诉讼平等，保障律师辩护权的实现，法律援助制度则在世界范围内被广泛建立。国家承担责任为贫困者提供免费的法律援助，在很大程度上提高了刑事辩护率。但是，我国法律援助的相关建设起步较晚，制度体系还不够完善，这也在很大程度上影响了贫困者律师辩护权的实现。在 2012 年《刑事诉讼法》修改之前，我国刑事辩护率处在一个非常低的范围内，一般认为只有 25%～30%。[1]为了改变这一现状提高律师刑事辩护的比例，2012 年《刑事诉讼法》在刑事法律援助方面做出了重大改革，而这也足以看出立法者的决心。但是立法上的完善并没有带来司法现状的改观，事实上依据学者们的调研结果，我国刑事辩护率并没有因为法律的修改而得到显著的提升。[2]调研结果显示，全国刑事案件律师辩护率不足 30%，有些省市甚至不到 10%。[3]因此，进一步完善我国法律援助制度，就成为提高刑事辩护率，保障犯罪嫌疑人、被告人诉讼权利的有效途径。

公设辩护人体系拥有切实可行的配套制度，能够为更多的贫困者提供有效的法律辩护，使得律师辩护权在更广阔的社会范围内得以实现。与传统的法律援助模式相比，公设辩护人制度有着很多的优点。而这些优点使其成为最有效的法律援助模式，无论是在质量、范围，抑或是经济上。在 1963 年，美国社会遇到了法律援助危机，大量涌入司法系统的案件需要政府提供法律援助。但是由于当时相关制度的落后，大量的被追诉人由于经济原因无法及时聘请律师，辩护权因此受到极大的损害。在当美国法律援助体系陷入崩溃的时候，是公设辩护人制度发挥了作用，使得法律援助得以广泛且及时地提供。可以说，公设辩护人制度的建立是完善我国法律援助体系，提高刑事辩护率的有效途径。

在美国，公设辩护人系统已经有了近百年的运行经验，可以说在各项制度设计方面已经趋于完善。当然这其中的发展历程也并非一帆风顺，其中遇到了各种各样的难题，例如，关于保证公设辩护人政治中立性的问题，关于

---

〔1〕 参见顾永忠：《刑事法律援助的中国实践与国际视野》，北京大学出版社 2013 年版，第 15 页。

〔2〕 参见左卫民："都会区刑事法律援助：关于试点的实证研究与改革建言"，载《法学评论》2014 年第 6 期。

〔3〕 参见左卫民、张潇瀚："刑事辩护率：差异化及其经济因素分析——以四川省 2015 年～2016 年一审判决书为样本"，载《法学研究》2019 年第 3 期。

如何控制案件业务量的问题等。但是经过了长时间的理论探讨以及实践中的反复尝试，立法者总能够通过制度的变革，找到克服困难的办法。可以说，将来如果我国需要借鉴公设辩护人制度，那么也很有可能会遇到与美国同样的问题。借鉴美国公设辩护人系统的改革方案，完善我国相关制度的设计就成了司法改革的捷径。在节约了立法资源的同时，也避免了制度危机的发生。因此，关于美国公设辩护人制度的研究和探讨，对于我国司法改革目标的实现有着非凡的价值。

目　录

Contents

001　**第一章　公设辩护人制度概述**

001　第一节　何为公设辩护人

002　一、公设辩护人的公职性

003　二、公设辩护人的职能对立性

004　三、公设辩护人提供辩护服务的无偿性

005　四、公设辩护人提供辩护服务的条件性

007　五、公设辩护人的专职性

008　第二节　公设辩护人制度的理论基础

008　一、保障公民辩护权

011　二、兑现国家的法律援助义务

014　三、纠正刑事辩护的商品化倾向

015　四、提高"被追诉人"群体的立法影响力

018　**第二章　美国公设辩护人制度的发生与发展**

018　第一节　公设辩护人制度的创立——洛杉矶公设辩护人办公室

018　一、克劳拉·福兹——美国公设辩护人之母

020　二、公设辩护人制度的创立过程

023　第二节　公设辩护人制度在美国的发展

023　一、制度创立之初的发展

024　二、公设辩护人制度在美国的全面建立

031　第三节　现行美国公设辩护人制度的两种模式

032　一、横向公设辩护人模式介绍

036　　二、纵向公设辩护人模式介绍

042　　三、纵横双向公设辩护人系统的价值理念

044　　四、美国公设辩护人系统的一些其他特点

047　**第三章　美国公设辩护人制度的运行程序**

047　第一节　公设辩护人法律援助的申请和资格审查程序

047　　一、法律援助的申请时间

050　　二、法律援助申请的放弃

057　　三、法律援助申请的资格审查

061　　四、法律援助资格审查后的处理

065　　五、如何建立更加完善的法律援助资格认定体系

067　第二节　公设辩护人体系内法律援助案件的分配

068　　一、横向模式下的案件分配

072　　二、纵向模式下的案件分配

074　第三节　法律援助案件的具体办理

074　　一、公设辩护人与当事人的会见

078　　二、公设辩护人对于案件的调查取证

082　　三、公设辩护人在刑事审判程序中的作用

086　　四、关于有罪者的法律援助费用追偿机制

091　**第四章　美国公设辩护人系统的监督管理制度**

091　第一节　公设辩护人系统内部的行政管理制度

091　　一、业务部门的划分

093　　二、关于公设辩护人的待遇

094　　三、关于公设辩护人辩护工作的内部监督

096　　四、公设辩护人系统内人员的聘用、晋升和调动

098　　五、关于新进公设辩护人的培训机制

101　第二节　公设辩护人系统的外部监管制度

102　　一、专门委员会监管

104　　二、法院监管

104　　　三、议会监管

106　**第五章　比较视野下的公设辩护人制度价值分析**

106　第一节　公设辩护人与其他法律援助模式的价值比较

106　　　一、美国多元化法律援助体系

110　　　二、公设辩护人与援助律师的价值比较

128　　　三、公设辩护人与合同律师的价值比较

129　第二节　公设辩护人与私人律师的价值比较

129　　　一、认罪答辩率的对比研究

131　　　二、关于最终判决结果的对比研究

133　**第六章　美国公设辩护人制度存在的问题与改革手段**

133　第一节　关于法律援助任务过重的问题

133　　　一、司法现状

134　　　二、造成的后果

138　　　三、应对策略

141　第二节　关于公设辩护人职能与身份的冲突

141　　　一、问题概述

142　　　二、造成的后果

144　　　三、应对策略

146　第三节　关于公设辩护人的独立性

146　　　一、问题概述

146　　　二、造成的后果

147　　　三、应对策略

150　第四节　公设辩护人与律师协会的冲突

150　　　一、问题概述

151　　　二、造成的后果

153　　　三、应对策略

156 **第七章　公设辩护人制度与我国法律援助体系的完善**

156 第一节　我国法律援助制度的历史与现状

156 一、我国法律援助制度发展的历史沿革

161 二、我国法律援助制度的现状分析

179 第二节　在我国建立公设辩护人制度的必要性和可行性

179 一、我国公设辩护人制度的缺失源于政府责任理念偏差

180 二、建立公设辩护人制度的必要性

187 三、建立公设辩护人制度的可行性

190 第三节　我国公设辩护人制度的设计构想

190 一、关于公设辩护人系统的政治属性问题

192 二、关于公设辩护人系统的具体构建

195 三、关于我国公设辩护人系统的运作

201 四、借鉴美国经验进一步完善公设辩护人制度

206 **结　论**

208 **参考文献**

第一章　公设辩护人制度概述

第一节　何为公设辩护人

类似公设辩护人的诉讼角色，最早在 15 世纪即被西班牙政府所创立。"在当时，西班牙政府以'穷人援助员'（advocate of the poor）的名头聘请法律从业者，专职为贫困者提供免费的法律帮助。"[1]但是相关的诉讼角色仅在当时的西班牙短暂存在，因此也并没有实现制度化和体系化的发展。现代公设辩护人制度起源并成熟于英美法系国家，之后凭借着其在法律援助方面的特殊价值，被许多国家和地区所青睐。目前，在美国、加拿大、英国、德国、法国、挪威、比利时、墨西哥、匈牙利等国家和地区，都建有各自的公设辩护人系统。

但是，在我国司法体制下并不存在"公设辩护人"这一概念，而"公设辩护人"这一词语也是翻译于英文词汇"public defender"。依照各国相关制度的设计理念，公设辩护人制度是指由国家负责建立相应的公共组织，并由其招募全职的公设辩护人，为在诉讼中无力获得律师的诉讼参与人员提供免费的法律服务。事实上，如果仅就法律职责进行比较，公设辩护人与私人律师并没有太大差别，只是二者在产生基础和聘请程序上有所不同。具体说来，公设辩护人具有如下特征：

---

[1] See Ellery E. Cuff, "Public Defender System: The Los Angeles Story", *Minnesota Law Review*, 1961, 717. ——笔者译。

一、公设辩护人的公职性

可以说公设辩护人与私人律师的最大差别，在于二者参与诉讼的依据不同。根据我国《刑事诉讼法》的规定，[1]私人律师辩护人的产生方式是犯罪嫌疑人、被告人自行委托，或由其监护人、近亲属委托。也就是说私人律师之所以能够成为诉讼参与人，是基于当事人或其监护人、近亲属的委托，而相关委托通常是建立在金钱支付的基础上。因此律师辩护人的产生具有当事人与律师之间的意思自治性，以及相应的经济利益基础。而公设辩护人则不同，其参加诉讼的依据是国家的法律援助制度。在法律援助模式下，当事人通常并没有选择律师的权利，而辩护关系的产生也是基于法律援助机构的直接指派。可以说公设辩护人的法律援助，完全不同于带有意思自治性质的代理辩护。而且法律援助是无偿进行的，因此公设辩护人的诉讼辩护也不具有经济利益性。

公设辩护人不同于其他法律援助模式的特点则在于其公职性。在其他法律援助模式下，私人律师基于职业伦理的要求兼职为贫困者提供法律帮助。而公设辩护人则不同，其之所以履行法律援助职责，是代表政府履行公职。与接案赚钱，自负盈亏的私人律师不同，公设辩护人通常是由政府以国家公务人员的身份招募，并且代表政府履行公职，为犯罪嫌疑人、被告人提供法律服务。就如同检察官代表国家履行追诉犯罪的职能一样，公设辩护人同样有公职在身，只是其职责内容与追诉犯罪正相反——为被追诉人提供法律辩护。可以说，公设辩护人参与诉讼的基础不是基于委托，不是基于职业伦理，而是代表国家履行政府职责。[2]公设辩护人可以被理解为，代替政府履行法律援助职责，并为贫困者提供免费法律服务的政府公务人员。

具体说来公设辩护人的公职性体现在以下几点：首先，公设辩护人的社会身份是政府公务人员；其次，公设辩护人的经济收入来源于政府财政，并以工资的形式定期发放；再次，公设辩护人的工作职能是代表政府履行法律

---

〔1〕 2012年《刑事诉讼法》第33条："犯罪嫌疑人自被侦查机关第一次讯问或者采取强制措施之日起有权委托辩护人……犯罪嫌疑人、被告人在押的，也可以由其监护人、近亲属代为委托辩护人。"

〔2〕 [美]约书亚·德雷斯勒、艾伦·C.迈克尔斯，魏晓娜译：《美国刑事诉讼法精解（第二卷·刑事审判）》，北京大学出版社2009年版，第61页。

援助职责；最后，公设辩护人参加诉讼的依据不是基于当事人委托，而是因为政府职责的需要。

二、公设辩护人的职能对立性

公设辩护人作为国家公务人员，应当履行相应的政府职能。然而公设辩护人的职能角色却与传统的国家公务人员完全对立。具体表现在以下两个方面：

首先，从整体上看，维护社会秩序是政府的最主要职责，而犯罪行为则是扰乱社会秩序的首要因素。因此长久以来，无论是国家还是政府总是与犯罪分子相对立，任何政府机关无论其是否嗣职犯罪追诉，都必然站在犯罪的对立面。然而公设辩护人作为国家公务人员，其职能却与政府的传统职能完全相反，非但不是惩罚犯罪反而要为犯罪嫌疑人和被告人提供法律辩护，帮助其脱罪。与传统政府职能的对立性，是公设辩护人所具有的一大特点。而这对于社会民众来说是很难接受的，同时也造成了公设辩护人职业的社会认同感偏低。

其次，从具体的诉讼角色上看，惩罚犯罪、维护社会秩序被看成是政府的首要职能。虽然在社会民众心里，所有政府部门应当整体承担惩罚犯罪的职责。但是在司法实践中，打击犯罪却是由公安机关和检察机关具体负责。纵观世界，公安机关、检察机关在每个国家都不会缺少，其代表政府履行侦查和追诉犯罪的职能。然而，虽然同样受聘于政府，公设辩护人所完成的工作，却是与追诉犯罪这一传统政府职能相对立——为犯罪嫌疑人和被告人提供法律辩护，帮助其与追诉机关对抗。如此，公设辩护人与侦查、检察人员就在刑事诉讼程序中，产生了最为直接的对立。虽然同为政府公务人员，却在法庭上代表不同的利益相互对抗。

事实上，这对立性的特点之中却蕴含着应然的价值，政府有责任惩治犯罪，而为守法公民提供安全舒适的生活环境。因此公安、检察机关得以建立，代表政府履行侦查和追诉职能。但是，追诉职能的履行却给被追诉对象的各项权益造成了严重影响，无论是名誉、财产或是自由。可以说刑事诉讼程序的发动，严重损害了涉案人员的正常生活。因此追诉机关有责任确保追诉活动的准确性，防止政府的错误追诉打扰善良公民的正常生活。[1]检察机关和

---

[1]　See Ellery E. Cuff, "Public Defender System: The Los Angeles Story", *Minnesota Law Review*, 1961, pp. 729~730. ——笔者译。

公设辩护人共同完成了政府在追诉犯罪和保障人权方面的职责，而公设辩护人则主要负责为被追诉人提供法律辩护，保证犯罪追诉的准确性。因此，公设辩护人与公安机关、检察机关的诉讼角色看似对立，实则是在不同的方向共同保障了社会的稳定和秩序。

三、公设辩护人提供辩护服务的无偿性

法律援助制度最早产生于英国，在那时主要因为宗教原因的驱使，具有一定法律背景的宗教人员，义务为诉讼参与人员提供无偿法律帮助。可以说在那时，法律援助是靠个人的力量并以宗教的名义而实施的。随后，法律援助从个人行为逐步发展为组织性行为。首先，律师行业在社会中逐步得以建立，而相应的职业伦理也愈发完善。其中扶贫助困，为经济困难者提供免费的法律服务，被认为是每个律师所应尽的职责。因此，以各国家和地区的律师协会为主导，大规模的法律援助服务得以发生。其次，除了律师协会以外，社会中的一些慈善机构也参与到了法律援助事业之中。它们会接受贫困者的申请，并且在完成了相应的资格审查之后，帮助申请者聘请律师。但是个人或者社会组织的能力总是有限的，面对社会中如此庞大的被追诉人群体，其很难在法律援助数量上有实质性突破。并且在那时各国和地区并没有形成完整的法律援助体系，是否准许相关的申请也全凭法律援助组织或个人的自由裁量。关于法律援助是否无偿，在那时也没有统一的规定，很多情况下会依照申请者的贫困程度而适当收取费用。也就是说，法律援助制度在当时并不具有无偿性的特点。

之后，随着人权观念的发展，政府在保障人权方面的责任也逐渐被世界各国所广泛认同。辩护权作为社会公民在诉讼程序中的最主要权利之一，其直接关系到每个人的名誉、财产、自由、甚至是生命。然而，如此重要的权利在司法实践中行使，却受限于个人的经济能力。以刑事诉讼为例，虽然相关法律赋予了被追诉人丰富的诉讼权利，但是由于法律专业知识的缺乏，其很难将各项权利有效行使。例如，我国《刑事诉讼法》中规定的非法证据排除规则，对于没有法律背景的被追诉人来说，其连非法证据的概念都不曾知晓，更何谈行使相关权利。因此，绝大多数被追诉人都希望能够以聘请辩护律师的方式，帮助其行使各项诉讼权利，维护诉讼利益。但是，律师的聘请

往往意味着不菲的经济开销，而越是经验丰富、能力出众的律师，委托费也就越是高昂。如此则造成了不同主体在享有诉讼权利方面的不平等。富有之人可以聘请最好的律师，最大限度地实现诉讼权利；次之则聘请一般律师，也能在一定程度上行使诉讼权利；而穷人却无力聘请律师，面对政府的追诉则只能听之任之。辩护权作为基本人权，应当被全体公民平等享有，经济能力不应该成为影响辩护权行使的原因。政府的最主要职责之一即是保障人权，因此其有义务帮助刑事诉讼中的所有被追诉人有效履行诉讼权利，保证辩护权不会因为经济能力上的不足而有所减损。为贫困者提供法律援助，则是保障其律师帮助权得以实现的最直接有效的途径。因此法律援助的政府责任属性也逐渐被世界各国所认可。

有了政府这一坚实的后盾，法律援助制度在世界范围内呈现了迅速发展的态势，相关的规则制度也是愈发健全。特别是能够得到政府的财政支持，法律援助的无偿性逐步得以确立，而其中最直接的体现则是公设辩护人制度。政府以国家公务人员的身份招募公设辩护人，并由其专职履行法律援助事务，其中涉及的一切开销均由政府财政承担。可以说公设辩护人的诉讼辩护作为法律援助的一种形式，完全不需要被追诉人支付任何报酬，无偿性是公设辩护人辩护服务的最主要特征之一。当然这里的无偿性并不等同于公益性，而辩护人不应当成为承担所有诉讼支出的主体。在这里政府是提供诉讼辩护的义务主体，其以支付薪水的方式雇佣公设辩护人成为政府公务人员，并为贫困者提供免费的法律帮助。

四、公设辩护人提供辩护服务的条件性

随着人权观念在全世界范围内的发展，其内涵和外延也在不断地被扩大。如今，辩护权已然成为法治社会中人人享有的最基本权利之一。依据《公民权利与政治权利国际公约》第 14 条的规定，任何人在面临刑事指控时，各国家应当保证其辩护权的有效行使。[1]《中华人民共和国宪法》（下称《宪法》）第 130 条也规定了，被告人有权获得辩护。而保障被追诉人的辩护权也逐渐成为国家责任，并被各国政府所认可和履行。虽然政府应当保证被追

---

〔1〕　参见顾永忠："刑事辩护的现代法治涵义解读——兼谈我国刑事辩护制度的完善"，载《中国法学》2009 年第 6 期。

诉人的辩护权,但这并不意味着国家应当为所有的涉嫌犯罪者提供无偿辩护。纵观世界,绝大多数国家都规定,仅有符合法定条件的被追诉人才有资格成为法律援助的对象,例如贫困而不能聘请律师,残疾而无法正常参与诉讼等,关于公设辩护人法律援助的条件,在本书的后续篇章将作更详细的论述。

公设辩护人法律援助条件的设置,并不表示政府怠于履行职责,而这其中则有其正当原因。首先,财政原因,法律援助的开销是极其昂贵的,这其中需要政府投入大量的人力物力。据学者估算,如果依据我国现有的法律援助范围,并且按照私人律师在审判阶段的最低收费标准来计算,政府开展法律援助服务的成本在20亿到30亿元之间,[1]虽然这已是学者的最保守估计,但也显然是一笔数目不小的开销。相较于西方发达国家,我国法律援助的范围已经狭窄很多,而援助成本却已经如此高昂。依照我国人口众多的国情,如果不为法律援助设置条件而扩展到所有被追诉人,那么相应成本将成倍增加,这也是国家财政所很难承受的。

其次,社会民众很难接受。惩罚犯罪、维护社会安定,被认为是政府的首要责任,也是民众支持政府的最主要原因之一。自古有大奸大恶认罪伏法,人们奔走相庆,而如果犯罪分子逍遥法外,则必致民怨沸腾。如果政府在追诉犯罪的同时,为穷凶极恶的罪犯提供无偿辩护以帮助其脱罪,这似乎会违背人们对于政府的期望,可以说在短时间内很难被社会大众接受。美国各州公设辩护人系统普遍存在资金缺乏的情况,而其中最主要的原因就是人们对于公设辩护人工作性质的普遍不认可,进而导致了议会拨款提案很难得到通过。[2]在现有的制度下,将法律援助的范围限制为贫困、残疾等,可以被看成是对社会弱势群体的特殊保护,因此比较容易被社会接受。但是如果不设限制地为所有涉案人员提供免费法律援助,则必将受到社会民众的反对,而这一制度在现阶段也很难推行下去。

最后,来自律师行业的阻挠。公设辩护人受案范围的扩张,必然导致律师行业刑事辩护业务的萎缩。在美国已经形成了公设辩护人与刑辩律师之间的竞争关系。议会中每有关于对公设辩护人系统增加拨款的提案,律师行业

---

〔1〕 参见左卫民:"中国应当构建什么样的法律援助制度",载《中国法学》2013年第1期。

〔2〕 See Carrie Dvorak Brennan, "The Public Defender System A Comparative Assessment", 25 Ind. *Indrana International & Comparative Law Review*, 2015, 245. ——笔者译。

总是持最强烈的反对态度。1999 年，英国议会通过了《正义伸张法案》（Access to Justice Act），免除了法律援助的资格审查程序，为所有的被追诉人提供免费且高质量法律援助服务，其导致的最直接后果就是，基本没有人再愿意聘请私人律师。[1]无条件的法律援助必然导致律师行业的反对，随之而来的则是刑辩律师行业的衰败，并且单一的刑事辩护体制也很难有太大的发展，从长远上讲这将成为刑事辩护的一场灾难。因此可以说，为公设辩护人法律服务设置条件，并不是政府推卸责任的表现，而确实是相关制度平稳发展的必要。关于这一问题在后文中将有详细论述。

五、公设辩护人的专职性

社会律师在从事私人代理业务之余，接受法院或其他机构的指派，为贫困者提供免费的法律帮助——这是传统法律援助的运行模式。而在此种模式下，委托辩护仍然是各律师的主业，而法律援助案件仅占其业务总量非常小的一部分，几乎可以忽略不计。可见，兼职性是传统法律援助的一大特点，而这也在司法实践中对法律援助的质量造成了一定影响。而公设辩护人制度则不同，公设辩护人作为政府雇员，其职业使命即是为贫困者提供法律援助。因此为了保证工作的专一性，公设辩护人通常不被允许从事其他相关的兼职业务。在这方面，公设辩护人与检察官有着共同之处，只不过检察官专职于治罪而公设辩护人则专注于辩护。

在美国，公设辩护人的专职性被广泛认可，很多州甚至出台了法规，要求保证公设辩护人的专职性。[2]但是凡事总有例外，在美国个别州，公设辩护人由于经济收入过低，因此为了维持正常的生活开销不得不从事第二职业。"在密苏里州公设辩护人工资极低，为了维持正常生活和偿还助学贷款，其不得不兼职接受私人的案件委托，但这却造成了公设辩护人法律援助质量的下降，援助提供得不及时，而社会民众对于该州司法系统的信任度也达到了最

---

〔1〕 See William Lawrence, "The Public Defender Crisis in America: Gideon, the War on Drugs and the Fight for Equality", *University of Miami Race & Social Justice Law Review*, 2015, pp. 186~187. ——笔者译。

〔2〕 参见谢佑平、吴羽："刑事法律援助与公设辩护人制度的构建——以新《刑事诉讼法》第34 条、第 267 条为中心"，载《清华法学》2012 年第 3 期。

低点。"[1]美国学术界对于公设辩护人作兼职的情况也是颇有微词，有很多学者发表文章批评这一做法。[2]因此为了更好地履行职责，为受援助者提供更好的辩护，公设辩护人的专职性应当得到相关法律法规的确认。

第二节　公设辩护人制度的理论基础

一、保障公民辩护权

（一）律师辩护权的发展历史

现如今辩护权作为基本人权之一，被规定在各种国际公约和各国的宪法及相关法律之中。如《公民权利与政治权利国际公约》规定，任何人在被判定其所受指控时，都应当被保证平等地享有辩护权。《美国宪法第六修正案》也明确规定，在刑事诉讼中被追诉人拥有获得律师帮助的权利。我国《宪法》和《刑事诉讼法》也都就辩护权的保障和行使做了明确规定。[3]

但是在世界范围内，辩护权的发展并不是一帆风顺的，例如在英国漫长的一段历史中，刑事被告人不被允许拥有律师，在那时律师被认为是善于拨弄是非的角色，其存在会导致法庭作出不公正的裁判。直至 17 世纪末在英国爆发了光荣革命，为了阻止革命的步伐当时的英国政府以叛国罪判处了众多的革命者，其中充斥着大量的肆意和妄为。为了阻止政府对于革命者的迫害，英国议会在 1695 年通过法案，允许被以叛国罪起诉的被告人拥有律师。但是其他刑事案件的被告人就算面临死刑，律师辩护也是不被允许的。在随后的近 150 年间，刑事辩护权在英国经历了缓慢的发展。逐渐地被告人被允许聘请律师，但是律师的作用则仅限于证人的质证和就法律问题向法官提出意见。而关于事实问题，律师仍然不被允许向陪审团表达任何观点。[4]与此同时，

---

[1] See Sean D. O'Brien, "Missouri's Public Defender Crisis: Shouldering the Burden Alone", *Missouri Law Review*, 2010, 867. ——笔者译。

[2] See Robin Steinberg & David Feige, "Cultural Revolution: Transforming the Public Defender's Office", *New York University Review of Law and Social Change*, 2004, 128. ——笔者译。

[3] 我国《宪法》第 125 条，2012 年《刑事诉讼法》第 33 条，2018 年《刑事诉讼法》第 34 条。

[4] See Charles S. Potts, "Right to Counsel in Criminal Cases: Legal Aid or Public Defender", *Texas Law Review*, 1950, 516. ——笔者译。

在纠问式诉讼盛行的欧洲大陆，被告人被当作刑事诉讼的客体而不享有任何的权利，因此在那个刑讯逼供盛行的年代，律师辩护权更是无从谈起。

18世纪初盛行于欧洲的思想启蒙运动，推动了人权观念在世界范围内的又一次大发展，人权运动也成为那个时代的主流。之后，随着社会的不断进步，特别是经历了两次世界大战的洗礼，人们对于这个社会进行了更加深刻的反思，人权意识空前觉醒，而律师辩护权作为基本人权，由于能够保证公民不受国家的非法追诉，因此受到了大多数国家的重视和推崇。保障公民辩护权也被写进了各国法律和各种国际公约之中。

（二）律师辩护权的重要价值

现如今，各国的法制建设仍然以较快的速度在不断发展，法律程序的价值受到越来越高的重视，诉讼程序特别是刑事诉讼程序变得更加细致和复杂。刑事辩护不仅仅包括有关案件事实的实体辩护，除此之外关于程序正当性的程序辩护也是相当重要的一部分，有时甚至比实体辩护更加关键。但是，复杂的程序对刑事辩护的专业素质和专业技能提出了更高的要求，没有任何法律基础的犯罪嫌疑人或被告人很难进行有效的自我辩护，如果能够得到律师的帮助就显得尤为必要了。除此之外，被追诉人在刑事诉讼中往往会被剥夺人身自由，很难有效完成相关的诉讼活动，辩护权的有效行使更加依赖于律师的帮助。

以我国为例，《刑事诉讼法》中大部分与刑事辩护相关的权利都只能由辩护人行使，如第40条规定的，对案卷材料进行查阅、摘抄和复制的权利；第41条，关于申请调取证据的权利等。上述权利的有效行使，关乎着最终的诉讼结果，对于被追诉人来说至关重要。[1]在英美法系国家，律师对于辩护权的有效行使更是不可或缺。例如，在美国当事人主义诉讼模式下，法官完全处于被动听审的状态，而控辩双方在法庭上关于案件事实和法律问题的激烈对抗，则成为法官或陪审团作出判决的最主要依据，这种对抗制的诉讼模式也被认为是发现事实真相最有效的方法。但是，当事人主义诉讼模式的有效运行，必以控辩双方平等对抗为前提。代表国家追诉犯罪的检察机关有着充足的诉讼资源，而没有任何法律基础甚至可能被限制人身自由的被追诉人，

---

[1] 参见汪海燕："贫穷者如何获得正义——论我国公设辩护人制度的构建"，载《中国刑事法杂志》2008年第5期。

根本无法与其形成平等对抗，因此律师能否有效地参与其中，就成为对抗制诉讼模式顺利运行的关键。除此之外，在美国刑事诉讼中存在着大量专业性和技巧性极强的诉讼程序，如果没有律师的协助被追诉人很难有效地完成，例如，陪审员的挑选程序，如何对候选陪审员进行提问以发现其潜在的偏见则需要相当的技巧；再如辩诉交易制度，如果没有相关的经验，则很难做出对于定罪和量刑的准确判断，进而无法提出最合理的交易筹码；还有证据开示程序以及法庭上证据规则的运用等，也都需要丰富的专业知识和技能。在美国刑事诉讼中，可以说如果没有律师的帮助，被追诉人寸步难行，因此也就有了这经典的论述"在美国刑事诉讼中，律师帮助权是必需品而不是奢侈品。"[1]

（三）公设辩护人制度对于实现律师辩护权的保障

既然是必需品那就意味着不能缺失，但是在司法实践中有大量的犯罪嫌疑人或者被告人，因为无力支付高昂的代理费用而无法实现律师辩护权。在我国刑事诉讼中律师辩护率仅有约 25%~30%。[2]美国情况也是同样的糟糕，据统计在刑事诉讼中，约有 60% 的犯罪嫌疑人或者被告人因为贫穷而不得不放弃对于私人律师的聘请，并且在一些大的城市这一数字竟然达到 80%。[3]可以说在现实生活中，律师辩护是一件商品，那么总会有人因为相对昂贵的价格而无力购买。除此之外，在市场经济的推动下，越是优秀的律师其价格就越是昂贵，因此即使是相对富裕的被追诉人，其所能获得律师帮助的质量也必然与其经济实力相挂钩。如此，被追诉人的经济状况就成为左右刑事判决结果的重要因素之一，这严重违反了司法平等、诉讼正义等基本刑事法律原则。辩护权的行使不应当因为被追诉人经济能力的不足而备受限制。[4]

公设辩护人体系拥有切实可行的配套制度，能够为更多的贫困者提供有效的法律辩护，使得律师辩护权在更广阔的社会范围内得以实现。与传统的

---

〔1〕 See Paul D. Hazlehurst, "A Federal Public Defender's Perspective", Federal Lawyer, 2015, 52. ——笔者译。

〔2〕 参见顾永忠、杨剑炜："我国刑事法律援助的实施现状与对策建议——基于 2013 年《刑事诉讼法》施行以来的考察与思考"，载《法学杂志》2015 年第 4 期。

〔3〕 参见王兆鹏：《辩护权与诘问权》，元照出版有限公司 2007 年版，第 46~47 页。

〔4〕 See Gregory S. Bell, "The Organization and Financing of Public Defender System", U. Ⅲ. L. F, 1974, p. 451.

法律援助模式相比，公设辩护人制度有着很多的优点。这些优点使其成为最有效的法律援助模式，无论是在质量、范围或是经济上。在1963年，美国社会遇到了法律援助危机，大量涌入司法系统的案件需要政府提供法律援助。但是，由于当时相关制度的落后，大量的被追诉人无法及时获得律师的帮助，辩护权进而受到极大的损害。在那时，是公设辩护人系统发挥了作用，使得法律援助得以广泛且及时地提供。可以说，公设辩护人制度是一种非常重要的法律援助手段，对贫困者诉讼权利的保障有着非凡的价值。

二、兑现国家的法律援助义务

（一）国家法律援助责任的发展历程

法律辩护是律师或其他专业人士向委托人提供的法律服务，它具有一般商品的等价性和有偿性。委托人通过购买法律服务以谋求最大的诉讼利益，而律师通过售卖法律服务赚得收入。最早，聘请律师进行辩护完全是个人行为，国家并不牵涉其中，这就导致了贫困者由于无力支付报酬，进而无法获得律师帮助的情形。随着时代的发展，人权观念在世界范围内逐步得到推广，律师帮助权作为刑事诉讼中必不可少的权利应当得到充分保障，因此法律援助的国家责任属性在世界范围内被广泛认同，即国家应当负责为无力聘请律师的犯罪嫌疑人或者被告人提供有效的辩护服务。"被追诉人辩护权的有效行使，不应当依靠于社会的慈善，国家应当担负起为贫困者聘请律师的责任，美国《宪法第六修正案》赋予了被追诉人获得律师帮助的权利，但这并不意味着仅有富人才享有此项权利，而剥夺贫困者律师辩护权的社会现实使得民众对于政府的信心丧失殆尽"。[1]

法律援助由个人或组织的慈善性行为发展为国家责任，这其中经历了一个漫长的过程。在19世纪之前的欧洲，为贫困者提供无偿的法律服务主要由具有慈善性质的社会团体或者具有相关知识的个人提供，其中主要是因为当时的宗教要求人们广做善事。之后"法律社会主义"的思潮在欧洲盛行，为贫困者提供无偿的法律服务，以保证其辩护权的有效行使被看成是政府的重要职责。到20世纪中叶，越来越多的国家承认法律援助的政府责任属性，当

---

〔1〕 See Cornelius J. Harrington & Gerald W. Getty, "The Public Defender: A Progressive Step Towards Justice", American Bar Association Journal, 1956, 1140. ——笔者译。

时的发达国家纷纷建立了各自的法律援助体系，并由政府承担体系运行的各项费用。同时被追诉人的律师帮助权也被写入了各国的法律，以保障其有效的行使。随后，辩护权的重要性在世界范围内被广泛认可，保障公民辩护权的字眼也频繁出现在各国际公约之中，如《公民权利与政治权利国际公约》《联合国囚犯待遇最低限度标准规则》和《关于律师作用的基本原则》等，都有关于保障被追诉人律师帮助权的规定。[1]

在我国，法律援助也被相关法律、法规确定为政府责任。国务院《法律援助条例》（下称《条例》）第 3 条开宗明义地表明，法律援助是政府的责任，县级以上人民政府应当采取积极措施推动法律援助工作，为法律援助提供财政支持，并且法律援助经费应当专款专用、接受财政审计部门的监督。这是我国法律援助制度向进一步发展所迈出的坚实一步，虽然该《条例》第 42 条规定律师同样应当承担为社会提供法律援助的义务，但这并不影响我国法律援助的国家义务本质。

（二）国家责任属性的理论依据

由国家承担法律援助的义务有着深刻的理论基础。首先，依据卢梭在《社会契约论》中的论述，人们之所以让渡自己的一部分自由而组成一个国家，是为了更好地行使其他权利。因此政府有义务维护良好的社会秩序以保障公民权利不受侵犯，而追诉犯罪则是维护社会秩序，保护公民权利的最主要方式之一。[2]以打击犯罪作为手段，国家直接保护了被害人的权利，同时严苛的刑罚威慑了潜在的犯罪者，如此，良好的社会环境才得以建立。然而，同样作为社会的一分子，被追诉人的权利往往遭到忽视。面对国家的追诉，犯罪嫌疑人或被告人所最迫切的需要的当然是辩护权的有效行使。如果政府所扮演的角色仅是追诉犯罪的警察和检察官，那么这个政府的角色是不完整的，因为被追诉者的诉讼利益同样需要政府予以保障。惩罚犯罪表现了国家对于社会整体秩序的维护，而法律援助则体现了政府对于社会个体的关怀，一个称职的政府应当兼有惩罚和保护的角色，因此法律援助应当具有国家义务的属性。

---

[1] 参见汪海燕：“贫穷者如何获得正义——论我国公设辩护人制度的构建”，载《中国刑事法杂志》2008 年第 5 期。

[2] ［法］卢梭著，何兆武译：《社会契约论》，商务印书馆 1980 年版，第 23 页。

其次，无罪推定的诉讼原则要求政府在追诉犯罪的同时，应当为被追诉人提供有效辩护。[1]作为一个合格的政府，其有义务保障公民合法权益不受非法侵害，对于刑事案件的被追诉人来讲，其个人权利所面临的最大危险就来源于政府的追诉行为。从诉讼过程来说，无论是限制自由亦或是剥夺财产这些诉讼手段都严重影响了公民的正常生活。无罪推定要求任何人在被法院判定有罪之前，都应当被视为无罪。国家的追诉行为俨然严重影响了一个无罪公民的正常生活，那么其当然有义务为犯罪嫌疑人或被告人提供辩护，以防止本就危险的追诉行为朝着更加不正义的方向发展，保障诉讼程序的公正。

从诉讼结果来说，无论财产刑或自由刑都将给受刑者的生活造成毁灭性的伤害，其不仅损失了金钱、丧失了自由、一生名誉也会随着一纸判决毁于一旦。作为政府，如果仅是自顾自地追查犯罪、审判犯人，而不为被追诉人提供权利保护的渠道和手段，那就退回到了"纠问式"诉讼制度下的野蛮政府模式。近些年来冤、错案在我国频繁被曝光，可以说对受害者的人生造成了不可弥补的损失，这是政府的严重失职。因此在追诉犯罪的同时，国家应当为被追诉人提供辩护，以降低误判的可能防止冤假错案的发生。

（三）公设辩护人制度——国家履行责任的重要手段

公设辩护人制度是国家履行法律援助职责的最直接和有效的方式。国家通过招收公务人员，以最直接的方式令公设辩护人代表自己为犯罪嫌疑人和被告人提供辩护。在公设辩护人模式下，国家承担所有人、财、物的支出，使得法律援助的国家责任属性更淋漓尽致地得以体现。相较之下，由私人律师承担的法律援助案件，政府仅给予律师相应的办案补贴。而通常情况下补贴的数额并不能覆盖所有的诉讼支出，那么援助律师也就承担了更多的援助义务，这显然与法律援助的国家责任属性相违背，也削弱了政府在人民心中的地位。[2]另外，援助律师以个人名义为贫困者提供法律帮助，这也使得法律援助的国家责任属性在一定程度上被削弱。因此公设辩护人制度才是国家兑现法律援助义务的最好和最直接的方式。

---

〔1〕　See Samuel Rubin, "The Public Defender", *Temple Law Quarterly*, 1931, 563. ——笔者译。

〔2〕　参见马静华："指定辩护律师作用之实证研究——以委托辩护为参照"，载《现代法学》2010年第6期。

三、纠正刑事辩护的商品化倾向

（一）刑事辩护商品化的危害

诉讼平等是当今社会最基本的司法原则，在每个国家都应当被全力贯彻。这意味着诉讼程序中的每一个人都应当被平等对待，被给予同等程度的保护。但是在司法实践中，经济因素却往往决定了诉讼地位的高低。富有之人通常能在诉讼当中享有特权，他们能够聘请更好的律师，交纳高昂的保释金，而贫穷的人则很少享受这种优待。"有太多的例子显示数不清的冤案都源于律师辩护人的缺位，而贫穷就是罪魁祸首。"[1]富贵和贫穷不应当成为诉讼中被差别对待的理由，国家应当承担责任消除诉讼中的不平等。

事实上，上述不平等的诉讼地位也是整个社会趋于市场化的后果之一。在诉讼代理的市场化、辩护服务的商品化浪潮中，律师凭借售卖其辩护服务赚得收益，导致了越是经验丰富的律师价格越是昂贵。富有者聘请顶级律师，次者聘用一般律师，贫困者则无力聘请律师，律师辩护成了有钱人的专利，而贫穷者的律师辩护权则无法实现。但是商品性不应当是律师辩护的主要属性，律师应当更多的承担着保障人权，维护程序正义的社会责任。《中华人民共和国律师法》（以下简称《律师法》）明确规定律师的职责应当是维护当事人合法权益，维护法律正确实施，维护社会公平和正义。但是浓重的商业气息，影响了一些律师社会公平正义责任的担当，经济收益成为其首要目标追求。法律服务的商品化破坏了司法平等，同时加剧了因贫富差距而造成的诉讼地位差别，这与公正平等的现代诉讼理念是背道而驰的。[2]

（二）公设辩护人制度对于辩护商品化的矫正价值

国家应当承担起责任，矫正法律辩护的过分商品化，实现诉讼程序的公正平等，公设辩护人制度的建立对于实现上述目标有着非凡的价值。首先，公设辩护人为贫困者提供免费的法律辩护，在保障其律师帮助权得以实现的同时，排除经济因素对于诉讼平等影响。其次，国家承担起了公设辩护人体系运行的全部开支，这也就意味着公设辩护人在履行职责时，不会受到市场

---

〔1〕 See Robert E. Oliphant, "Reflections on The Lower Court System: The Development of a Unique Clinical Misdemeanor and a Public Defender Program", *Minnesota Law Review*, 1972–1973, 545. ——笔者译。

〔2〕 参见季卫东：《法治秩序的建构》，中国政法大学出版社 1999 年版，第 246 页。

经济因素的过分影响。因为其收入来源是公务人员工资，并不是委托案件的代理费用。如此，整个体系内的法律辩护质量趋于平等，避免了因财富不均而导致的辩护质量参差不齐。最后，供求关系决定了商品价格，商品如若供不应求那么其价格也会随之水涨船高。在美国联邦法院系统当中，有近一半的刑事辩护由公设辩护人提供。[1]因此，有了公设辩护人的法律援助作为替代，社会对于辩护律师的需求就会相应地降低。需求决定市场价格，在公设辩护人制度的替代下代理辩护的价格也会随着案源的减少而大幅降低。如此就会形成一个良性的循环，可以使得更多的被追诉人获得律师代理，律师辩护的商品性则会逐渐减弱，诉讼中的公正、平等得到彰显。

四、提高"被追诉人"群体的立法影响力

（一）何为立法影响

世界范围内，无论是在采取议会制的西方国家，还是在采取人民代表大会制度的我国，立法的过程都不只是简单的代表投票。事实上，每部法律的出台往往都是各方利益集体相互角力的过程。通常情况下，每项法律议案都会涉及特定的受惠人群，同样也可能导致部分群体的利益受损。相关议案能否得到通过，或者是以怎样的具体内容通过，需要相关利益团体在议会或者人民代表大会上据理力争。因此，如果一项立法议案的施惠对象，能够对立法过程施加强有力的政治影响，那么相关议案的通过几率就会明显提高。或者是在法律的修改过程中，如果涉及多方主体的利益得失，那么法律修改的结果往往会更有利于最为强势的一方。所谓的"立法影响"，既是指特定的利益集团能够在多大程度上对议会或者人民代表大会施加影响，使得立法过程能够朝着有利于己方的方向发展。

（二）"被追诉人"群体在立法影响上的劣势——以我国《刑事诉讼法》修改为例

我国 2012 年《刑事诉讼法》在法律援助方面做出了重大修改，以期借此提高刑事诉讼中的律师辩护率。但是实践表明，法律的修改并没有达到预期的

---

〔1〕　See Paul D. Hazlehurst, "A Federal Public Defender's Perspective", *Federal Lawyer*, 2015, 52. ——笔者译。

目的，律师刑事辩护率虽然有所提高，但仍然维持在不到 30% 的较低比率。[1]《刑事诉讼法》修改难，而实施更难，面对刑事辩护率迟迟不能得到改善的局面，学者们指出了其中缘由：刑事诉讼各专门机关在面对犯罪嫌疑人或被告人时，配合太多而制约太少，但在面对权力划分时，普遍"重视部门利益，忽略国家利益"。法律修改的过程中如果各部门利益发生冲突，那么各争各权的现象会普遍发生。虽然最终的立法不可能将每个部门的利益都实现最大化，但是总体来说守住各自的利益底线是能够保证的。因此法律修改的过程也就演变为了各部门相互争取利益的过程。[2]

我国《刑事诉讼法》要求各机关相互配合、相互制约，而立法上的矛盾冲突也总能通过协调和沟通的方式得到最终的解决。但是这种协调和沟通，则建立在各利益主体具有平等话语权的基础上。刑事诉讼各阶段——侦查、起诉和审判各由公安、检察院和法院所代表，各机关的利益也就对应了相应刑事诉讼主体的利益。公、检、法这些强力的国家机关，当然有实力为自己争取更多的利益，而在刑事诉讼中，权利最容易受到损害的犯罪嫌疑人和被告人，却没有强劲的代表能为其在人民代表大会或其常务委员会中争取利益。当然律师协会在《刑事诉讼法》的修改过程中起到了很大的推动作用，但是律师仅在取得了代理权之后，其利益才与犯罪嫌疑人或者被告人相互关联，而在代理发生前被追诉人是否能够获得有效的法律援助，则似乎并不是律师所关心的内容。非但如此，法律援助对于律师来讲是一项入不敷出的劳动，因此如何能够完善法律援助体系，如何可以为更多的被追诉人提供援助律师，更不会成为律师团体的关注重点。可以说，犯罪嫌疑人和被告人在立法环节中的"弱势群体"地位，可以被看成是律师辩护率始终不能得到提高的主要原因之一。那么在解决律师辩护率偏低的问题上，不能一厢情愿地寄希望于各刑事诉讼专门机关，希望其会在立法过程中为被追诉人的权利振臂疾呼，同时也不能过高期望律师行业对于实施法律援助的主观能动性。

（三）公设辩护人制度对立法的影响力

"公安机关和检察机关都是政府的分支，并且能够在各自的领域影响立法

---

[1] 参见顾永忠，杨剑炜："我国刑事法律援助的实施现状与对策建议——基于 2013 年《刑事诉讼法》施行以来的考察与思考"，载《法学杂志》2015 年第 4 期。

[2] 参见熊秋红："刑事辩护的规范体系及运行环境"，载《政法论坛》2012 年第 5 期。

的进程，但是反观被追诉人，并没有任何强有力的机构能够代表他们。公设辩护人的出现将改变这一情况，我们需要公设辩护人代表被追诉主体站出来说点什么。"[1]而公设辩护人也确实具备在立法过程中为犯罪嫌疑人和被告人争取权利的客观能力和主观意愿。

首先，公设辩护人有能力影响立法。在身份属性上，公设辩护人与警察和检察官同为国家公务人员并不存在差距。公设辩护人办公室也应当作为独立于法院和检察院的行政机关，而不是其下属机构存在。因此全国公设辩护系统作为一个整体具有强大的实力影响立法，能够在相关立法事项上与其他专门机关分庭抗礼。

其次，在司法实践中公设辩护人的唯一职责即是维护犯罪嫌疑人、被告人的诉讼权利，代表其参加诉讼，因此二者利益息息相关。为犯罪嫌疑人、被告人提供更加全面和完善的辩护服务即是公设辩护人的职业目标，而被追诉人诉讼权利的进一步完善同样意味着公设辩护人职业履行能力的有效提升。

---

〔1〕 See Brenda Hart Bohne，"The Public Defender As Policy-Maker"，*Judicature/Volume 62*，1978~1979，177. ——笔者译。

第二章 美国公设辩护人制度的发生与发展

第一节 公设辩护人制度的创立——洛杉矶公设辩护人办公室

一、克劳拉·福兹——美国公设辩护人之母

"在一百多年前，克劳拉·福兹（Clara Foltz）提出了建立公设辩护人制度的构想，而这也是她一生最伟大的成就……可以说，克劳拉用尽毕生精力推动建立的公设辩护人机构，是她为后世留下的最伟大遗产。"[1]

1878 年，克劳拉获得了加利福尼亚州（本节简称"加州"）法律从业资格，也成为加州第一名女性律师。在那个年代很多世俗观念仍然束缚着女性，其中不争讼被认为是妇女的美德。很多时候，克劳拉是整个法庭唯一的女性，整天面对着男性法官、律师、陪审员以及各法庭工作人员，被打趣、讽刺甚至是调戏都是再平常不过的事情。但是这些都没有动摇克劳拉做一名优秀的律师，并为被告人维护合法权益的决心。相反，如此艰苦的律师生涯，更加坚定了其推动辩护事业发展的信念。

作为一名新晋律师，克劳拉经历了太多不公正的诉讼，正义已经被麻木的掌权者完全抛弃。警察的违法侦查、公诉人的肆意起诉，使得不计其数的无辜被告人被无端卷入刑事诉讼中，而律师辩护的缺失使得他们无法获得公正的审判，最终含冤入狱。克劳拉是一个不愿与现有体制同流合污的权利斗

---

[1] See Barbara Babcock, *Woman Lawyer The Trials of Clara Foltz*, Stanford University Press 2011, 340. ——笔者译。

士，她没有选择顺从这个体制以谋求更好的发展，她站了出来试图改变这一切。[1]多年的律师经验使得克劳拉对当时美国的司法体制有了更加深刻的了解，也越发的清楚什么样的改革能更好地解决问题。为了解决律师辩护的问题，她设计了公设辩护人这种与公诉人相对应的诉讼角色，并为该诉讼制度在全国范围内的推广四处奔走宣传。

克劳拉宣传活动的最高潮，是其在 1893 年芝加哥国际大会上，关于公设辩护人的演讲。在那次会议上她向全世界展示了其关于公设辩护人制度的构想，并且着重强调："无论是在英国抑或是在美国，依据最初司法制度的设计理念，法官和检察官的职责是维护司法正义和诉讼真实，而警察机关应当无差别地收集所有证据，不论入罪还是出罪。但是这一诉讼机制并没有朝着理想的方向发展，警察、检察机关的治罪目的越发明显，其也在诉讼过程中与被告人形成了完全对立的态势。这也就使得追诉机关对于实现有罪判决的极大热忱。进而在相当的一段时间内，警察打着侦查犯罪的旗号在社会中肆意妄为，成为比罪犯更臭名昭著的社会秩序破坏者。为了遏制在当时美国司法实践中极为普遍的警察伪证、检察官玩忽职守等行为，为了保护所有被追诉人的宪法权利，政府当然有责任为所有被追诉人提供法律辩护，而公设辩护人则是最直接和有效的渠道。"[2]通过芝加哥大会，克劳拉将公设辩护人制度推向了全国，有越来越多的学者就这一领域展开研究，也有更多的州按照克劳拉的设想建立自己的公设辩护人体系，至此克劳拉这个名字也与公设辩护人紧紧地关联在了一起。

大会结束后，克劳拉继续着其对于公设辩护人制度的宣传，她奔走于美国各个州推广自己的公设辩护人制度——出书、演讲、游说议员。经过十几年的奔走努力，最终在 1912 年，洛杉矶当地议会通过决议，由政府出资建立公设辩护人系统。虽然这仅仅是一个郡的公设辩护人系统，但是却是整个普通法系国家第一个公设辩护人办公室，并为公设辩护人制度的进一步推广奠定了基础。公设辩护人制度发展到今天，我们不得不感谢那个在一百多年前

---

〔1〕　See Clara Foltz, Public Defenders, *American Law Review*, 1897, 399. ——笔者译。

〔2〕　See Barbara Babcock, "Inventing the Public Defender", *American Criminal Law Review*, 2006, 1268. ——笔者译。

创造这一制度的克劳拉·福兹。[1]

二、公设辩护人制度的创立过程

（一）推动公设辩护人制度创立的社会思潮

"在这片自诩为公正的土地上，公正不应当成为花钱购买的商品。" ——克劳拉。正如前文所述，1893 年芝加哥举办了全美法律体制改革大会，而在这一大会上克劳拉在全国范围内首次提出了关于建立公设辩护人制度的议案—— "在司法体制内检察官与公设辩护人应当是一一对应的，并且公设辩护人应当与检察官有相同的选举机制和共同的资金来源。"[2]

在被首次公开提出之后，关于建立公设辩护人制度的司法改革议案在全美范围内备受关注。在 1897 年，有 12 个州都试图在各自州域内建立公设辩护人制度。根据克劳拉自己的统计，近 200 家报社和杂志社撰文介绍和评价公设辩护人制度。《哈佛法律评论》撰文评价公设辩护人制度是解决司法实践中的辩护问题的最有效方案。[3]与此同时，负面的评价也是层出不穷，当时的《纽约时代杂志》就将克劳拉评价为不切实际的理想主义者，认为公设辩护人这一制度既荒唐又可笑。[4]在 1897 年，公设辩护人制度成为当时最热门的法治改革议题，虽然赚足了眼球，但是在那一年，没有任何一个州通过立法建立公设辩护人制度。

公设辩护人制度在 1897 年的全面铩羽可以归结为社会观念的普遍保守和落后，当时的社会思潮还没有准备好迎接公设辩护人这样一个新的制度。但是随后的 20 年，在美国发生了多方面的社会思潮变革，都对公设辩护人制度在将来的建立奠定了基础。

1. 人权观念的觉醒与女权主义的推动

除了律师的身份之外，克劳拉还是一名女权主义者。她从小在美国艾奥瓦（Iowa）州的一个神学院接受教育，在这里平等人权、废除奴隶制是被所有人公认的基本价值理念，人人生而平等的观念在克劳拉心中根深蒂固。

---

〔1〕 Barbara Babcock, *Woman Lawyer The Trials of Clara Foltz*, Stanford University Press 2011, 340. ——笔者译。

〔2〕 Clara Foltz, Public Defenders, *American Law Review*, 403. ——笔者译。

〔3〕 Clara Foltz, Public Defenders, *American Law Review*, 403. ——笔者译。

〔4〕 Editorial, N. Y. DAILY TRIB 6, 1897. ——笔者译。

克劳拉游走于国会和各地议会，游说参众议院议员赞成关于女性权利的各项议案，例如女子的法律职业权、遗嘱执行权和投票选举权等。除此之外，在各地发表演讲，与保守主义者进行公开辩论和出版新书，也都成为克劳拉的日常生活。几十年如一日地辛勤奔走，帮助推动了大量关于女性权利的立法，也为克劳拉赢得了极高的社会知名度，特别是在女性群体中其备受推崇。

1911 年，在包括克劳拉在内的多名女权主义者的推动下，加州议会通过了赋予女性投票权的议案，至此加州女性拥有了参政议政的权利。然而人权运动却不会因为这点成绩就裹足不前，克劳拉的关注点也从女性权利上升到了全体人权，她意识到一名人权斗士不能仅仅狭隘的关注女性权利，而应该放眼于人权的整体保护。多年的律师生涯，克劳拉意识到有太多的被追诉人，由于得不到合格的律师帮助而含冤入狱。因此仅就保障犯罪嫌疑人或被告人诉讼权利来说，克劳拉提出了公设辩护人制度的构想，认为其能够很好地解决辩护难的问题。她随后发出号召，希望所有的女性议员行使自己的投票权确保政府能够更好地履行自己的职责保护被追诉人权利，而公设辩护人制度则是实现这一目标的最好提案。[1]由于克劳拉超高的号召力和公信力，因此在 1912 年也就是女性获得投票权的第二年，关于建立公设辩护人制度的提案在美国加州的洛杉矶郡得到通过。1921 年，整个加州全面通过了关于建立公设辩护人的议案。

公设辩护人制度在加州得以创立可以说是有着多方面的原因，人权观念的觉醒、对司法不公问题的广泛关注等都在某种程度上推动了该制度的建立。但是从历史上看，最主要和最直接的原因则是在公设辩护人制度建立的前一年，广大女性获得了投票权。而帮助女性获得投票权的最主要女权主义倡导者之一——克劳拉，又恰巧是公设辩护人制度的发起和倡导者。相信绝大多数女性议员在投赞成票的同时，对于公设辩护人制度并没有太多了解，她们也并不能预测到在今后的百余年，公设辩护人制度将发挥如此重要的作用。事实上，她们仅是听从克劳拉的号召，相信克劳拉的判断罢了。[2]

---

〔1〕　See Barbara Allen Babcock, "Inventing The Public Defender", *American Criminal Law Review*, 2006, 1271.——笔者译。

〔2〕　See Howard N. Meyer, *Introduction to The Magnificent Activist*: *Then Writing of Thomas Wentworth Higginson*, Howard N. Meyer ed, 2000, 8.——笔者译。

2. 社会矛盾加深导致了整个社会对于改革的渴望

19 世纪末，越来越多的人意识到，美国社会需要一次彻底的改革，以保障每一个公民都能够在这片土地上自由平等地生活。[1]在那个时期，美国即将进入经济大萧条时期，各种社会矛盾已经非常尖锐，人们幻想着通过制度改革解决所有的问题，自此一场自下而上的运动悄然发生。人们对于改变现实生活状况的迫切心情，催生了大量的改革议案，但是其中大多数是相当激进的。在刑事辩护方面，当时的知名学者贝拉米（Bellamy）教授提出了更加激进的废除私人律师制度，建立政府辩护系统的观点。他认为因为贫困差异而导致的司法不公是不能容忍的，应当对司法体制进行彻底的改革以保障诉讼的平等。

依照贝拉米教授的设想，为被追诉者提供刑事辩护应当是一项政府责任，因此刑辩服务应当完全由公职辩护人承担，而私人律师不得代理刑事案件。如此便能确保所有人都能够平等地享有律师帮助权，不会因为贫富的差距而享有质量不同的辩护。[2]虽然以现在的标准来判断，贝拉米教授关于彻底废除私人律师的提议是过于激进而不切实际的，但是在当时却得到了大批学者还有民众的支持。这反映出，当时的人们太想通过社会制度的改革来提高个人生活水平，愿望如此强烈甚至走向了极端。我们不去评价在那种特殊时代背景下各项改革议案的优劣，但是客观上讲当时的改革潮流确实为最终公设辩护人制度在洛杉矶的建立，起到了极大的推动作用。

随着社会思潮的转变，引领了大量社会制度的变革。公设辩护人制度正顺应了这一社会潮流的转变方向——保障人权，再加上以克劳拉为代表的先进人士对于制度的极力宣传，最终在 1912 年洛杉矶郡通过议案建立郡公设辩护人办公室。虽然在当时仅仅是郡范围内的公设辩护人办公室，但是引领了一种潮流为将来公设辩护人制度在全美国范围内的发展奠定了基础。

---

〔1〕 See Howard N. Meyer, "Introduction to The Magnificent Activist: Then Writing of Thomas Wentworth Higginson", *Howard N. Meyer ed*, 2000, 208. ——笔者译。

〔2〕 See Bellamy Bowan, "Let Us Have Free Justice", *The New Nation*, 1892, 434. ——笔者译。

第二节　公设辩护人制度在美国的发展

一、制度创立之初的发展

在 1912 年公设辩护人制度创立之前，美国的法律援助主要以法庭指派律师的形式完成。当时为了保障法庭审理的顺利进行，如果审判法官认为法庭有必要为被告人指派一名律师，其有权在职业律师中任选一名律师，为被告人提供辩护服务。如果被指派律师不履行或者怠于履行其辩护职责，法院有权对律师进行处罚。

随后，一些地区人口的增加使得刑事案件的发案率随之剧增。特别是美国加利福尼亚州，淘金热为这一地区带来了大量的外来人口，流动人口暴增使得犯罪愈发猖獗，与之相应的则是刑事辩护的大量需求。原有的法律援助形式由于效率低、人员少、质量差，很难满足司法实践对于法律援助的大量需求。这也是为什么在 1912 年，第一个公设辩护人办公室建立于加利福尼亚州的一个主要原因。在那之后公设辩护人办公室在洛杉矶运行良好，为更多的被追诉人提供了更优质的辩护服务。尽管其也遭到了很多律师和学者的反对：认为如果由政府提供免费法律服务，那么会严重影响私人律师的案源，而且不符合美国的资本主义本质；另外，在法庭上政府既扮演公诉人又扮演辩护人，这种相互对立的诉讼角色由一方主体承担，是不符合诉讼原理的。但是这些反对意见却无法阻挡司法实践中对于公设辩护人这一诉讼角色的需求。在 1921 年，加利福尼亚议会通过法案允许州内各郡依据各自情况，自由建立公设辩护人系统。加利福尼亚州当时最大的城市——旧金山，在同年建立了公设辩护人系统。随后阿拉蒙达郡在 1927 年也建立了公设辩护人系统。[1]

虽然在加利福尼亚州公设辩护人制度发展的如火如荼，但是在美国其他州和地区，公设辩护人制度并没有得到太多的青睐。据统计，从 1912 年到 1961 年近 50 年间，在全美国范围内仅有 3% 的郡县建立了自己的公设辩护人

---

〔1〕　See Anatole France, "Representation of Indigents in California——A Field Study of the Public Defender and Assigned Counsel System", *Standford Law Review*, 1960-1961, 531. ——笔者译。

系统。有的州甚至在很久之后才建立了公设辩护人体系，例如蒙大拿州在 2005 年 5 月才通过了"蒙大拿公设辩护人议案"，才有了州一级的公设辩护人系统。[1]其中的主要原因则是因为在美国相当长的一段历史中，除了一些特殊的情形之外，法律并不要求政府应当为贫困的被追诉人提供辩护律师。[2]

二、公设辩护人制度在美国的全面建立

（一）美国辩护制度的发展

"审判就像一场拳击比赛，而控辩双方是赛场上的选手——希望用尽全力击倒对方，法官则相当于裁判——维护秩序并且判定输赢。"这一比喻既形象又生动，在美国当事人主义诉讼模式下控辩双方承担了推进庭审程序向前发展的几乎所有职责，从陪审员的挑选到专家证人的聘请，从审前调查取证到法庭的证据质证，都需要控辩双方积极而有效地参与，一场精彩的拳赛需要公正无私的裁判更需要旗鼓相当的对手。刑事诉讼中检察机关代表国家行使控诉权，其背后有国家作为支撑，而被追诉人作为独立的个人，无论从经济能力还是诉讼手段都不能与国家同日而语。因此为保障刑事诉讼中最起码的平等，国家应当保证被追诉人的律师帮助权，律师是驱动司法体制驶向公平的引擎。[3]

1. 宪法修正案——最根本的动力

虽然律师帮助权极其重要，但是在美国其发展也经历了众多波折。在 1789 年随着美国《宪法修正案》的生效，众多基本人权被列入宪法当中，其中就包括律师帮助权。美国《宪法第六修正案》规定："在一切刑事诉讼中，被追诉人有权获得律师为其辩护。"但是《宪法修正案》的效力仅能够约束联邦法院系统，对于审判绝大多数案件的州法院系统，为被告人提供律师辩护并不是其所必需履行的职责。在那个年代美国仅有极个别的州要求法庭，必须保障所有被追诉人的律师帮助权。而对于绝大多数州而言，仅在极其特殊

---

〔1〕 See Jessa Desimone, "Bucking Conventional Wisdom: The Montana Public Defender Act", *Journal of Criminal Law and Criminology*, 2006, 1504. ——笔者译。

〔2〕 See Suzanne E. Mounts, "Public Defender Programs, Professional Responsibility, and Competent Representation", *Wisconsin Law Review*, 1982, 476. ——笔者译。

〔3〕 See Jonathan A. Rapping, "Reclaiming Our Rightful Place: Reviving the Hero Image of the Public Defender", *Iowa Law Review*, 2014, 1893. ——笔者译。

的情况下法官才会依据其自由裁量为被告人指派辩护律师，这极其特殊的情况一般是指被告人面临死刑的案件。

律师帮助权的又一次发展发生在 1868 年，美国议会通过了《宪法第十四修正案》。虽然最初草拟该修正案的最主要目的是为了解放黑奴并为其平权。但是随后，《宪法第十四修正案》的适用范围，被扩大到了所有美国公民，这也为律师辩护权在州法院系统的扩展奠定了基础。《宪法第十四修正案》包括 2 个部分，一个是正当程序规则——未经正当法律程序，政府不得剥夺任何人的生命、自由和财产；另一个是平等保护规则，要求各州以平等方式保障每个人的基本权利。关于平等保护的内容，要求各州不得因为任何原因给予不同的公民以差别对待。这其中也自然包括要求各州保障贫困者的律师帮助权。最高法院随后通过一系列案例，最终将这一宪法精神贯彻到了联邦各州。

2. 鲍威尔（Powell）案

美国内战之后，弥漫于全国的紧张政治气氛使得最高法院对于是否应当借助《宪法第十四修正案》将律师帮助权推广到各州，一直犹豫不决。直到 1932 年鲍威尔案的发生才打破了这持续近 60 年的僵局，自该案之后州法院必须在特定的案件中，为被追诉人指定律师辩护，否则就是违反《宪法第十四修正案》，违反正当法律程序。案件发生于美国阿拉巴马州，9 名黑人男青年在火车上与 2 名白人女孩及她们的男性朋友相遇。紧张的气氛顿时演变成一场殴斗，2 名白人男青年被扔下了火车。之后，这二人立即跑到了当地警察局报案，声称他们的女朋友被 9 名黑人强奸。火车随即在下一站被叫停，9 名黑人男青年被逮捕进了监狱，由于当时美国存在严重的种族矛盾，愤怒的白人群众包围了警察局，要求对这几名歹徒处以极刑。

检察院以强奸罪将 9 名黑人男青年起诉到法庭，经调查所有被告人均为文盲并且身无长物。为尽量保证审判的公正，法庭试图指派律师为其提供辩护。但是由于当时社会舆论的压力，没有任何一名律师愿意代理此案，最终法庭在即将开庭之时，指派了一名没有任何审判经验的实习律师担任此案的辩护人。经过了 9 天的审判最终 8 名被告人被判处死刑，一名 13 岁被告人被判处终身监禁。[1]这是一起轰动全美国的案件，如此严厉的刑罚使得判决变

---

〔1〕　Powell v. Alabama, 287 U. S. 45 (1932)——笔者译。

得更加臭名昭著，也使得要求重新审判、要求种族平等的游行示威在全国此起彼伏。最终纽约的一名人权律师宣布为9名被告人提供免费辩护，并代表被告人提出了上诉。最高法院最终撤销了一审判决，认为一审法庭剥夺了被告人的律师帮助权。在论及该案件中律师帮助权的重要性时，法庭认为本案的所有被告人均为文盲、面临着死刑的指控，而且在当地种族歧视相当严重的社会环境下，被告人很难有效的实施自我辩护。因此在这种特殊情况下，由法庭为被告人提供有效的律师帮助是必要且必需的。一审法院虽然为被告人提供了律师，但是律师能力太过有限并且介入诉讼时间太晚，导致了无效辩护，因此依据《宪法第十四修正案》，一审对于该案件的审判违反了正当程序原则。

可以说最高法院关于鲍威尔案件的判决，对于律师帮助权在美国的发展起到了极大的推动作用，第一次要求州法院系统，为特定刑事案件的被追诉人指定辩护。但是在判决书中，最高法院并没有明确州法院系统是否需要为所有无力聘请律师的被告人指定辩护。在随后的司法实践中，各地法院也对该判决做了保守理解：最高法院仅要求州法院为案情极为特殊的案件进行指定辩护，这"极为特殊"包括，被告人是文盲、面临死刑等，而这种缩限性的解释也阻碍了律师帮助权在全美国范围内的推广。

3. 贝茨（Betts）案

在鲍威尔案发生10年之后的1942年，贝茨诉贝兰迪（Betts v. Brady）[1]一案被移交最高法院，这是另一件关于律师辩护权的案件。最高法院虽然没有借此扩展律师帮助权的适用范围，但是却为其今后发展奠定了基础。

贝茨是马里兰州的一名普通农民，被指控犯有抢劫罪，在庭审中他要求法庭为其免费提供辩护律师但被法庭拒绝。联邦和州上诉法院均以贝茨有能力进行有效的自我辩护为由，驳回了上诉而维持原判。最终联邦最高法院的9名大法官，以6:3的最终表决维持了原判。其中，多数意见认为，《宪法第六修正案》要求政府保障被追诉人的律师帮助权，但是这仅限于联邦法院系统，同时《宪法第十四修正案》的正当程序原则，仅要求州政府在极其特殊的案情下为被追诉人提供律师帮助。最高法院承认，虽然有一些州将律师帮助权

---

〔1〕 Betts v. Brady, 316 U. S. 455 (1942). ——笔者译。

规定于其宪法之中，但是这并不能成为要求所有州效仿的理由。

尽管最终的判决并没有将律师辩护权的适用范围扩大，但是最高法院在贝茨案的判决意见中，9 位大法官在拓宽律师辩护权的适用范围这一问题上，不再是众口一词。布莱克大法官（Justice Black）、墨菲大法官（Justice Murphy）和道格拉斯大法官（Justice Douglas），在贝茨案的判决中共同提出反对意见，认为律师帮助权是被追诉人获得正当刑事诉讼程序的保障，也是最基本的人权之一。要求将律师辩护权扩展到所有案件，而这一意见将在 20 年后成为关于律师帮助权的主流观点。

4. 吉迪恩（Gideon）案

吉迪恩案是美国刑事诉讼发展的里程碑，通过该案最高法院正式宣布律师帮助权作为一项基本人权，受美国《宪法第十四修正案》的保护。因此无论是在联邦法院系统还是在州法院系统，政府都应当确保有律师为被追诉人提供法律帮助，否则即是违反正当法律程序。

在贝茨案之后的 20 年中，美国各州司法系统，普遍就被追诉人律师帮助权的保障问题争论不休。鲍威尔案所确立"极其特殊的案情"，到底包括哪些情况，是指被告人是文盲并且面临死刑，还是两条件具备其一即可，抑或是还包括其他情形。对于上述问题最高法院并没有给出明确的回答，但是司法实践中则迫切需要一个具体而明确的标准。除此之外，在那时最高法院大法官的组成也发生了重大变化，这也为律师帮助权的进一步扩展起到了巨大的推动作用。其中影响最大的是倡导正当法律程序的沃伦大法官（Chief Justice Earl Warren），于 1953 年加入了最高法院，并且对律师帮助权在州法院系统的保障表现出了极大的热忱。另外在贝茨案中，明确反对扩张律师帮助权的两名大法官——威塔克大法官（Justice Whittaker）和弗兰克佛特大法官（Justice Frankfurter），一名因为年龄原因已经退休，而另一名则因为中风而没能参见吉迪恩案的审判。因此，在 1962 年吉迪恩案进入最高法院时，沃伦大法官注定将改变时代，引导最高法院将律师帮助权的保障推向更广的范围。

吉迪恩是一名流浪汉，1963 年因涉嫌非法侵入住宅而被起诉。在法庭上吉迪恩提出，希望佛罗里达州政府能够为其免费提供法律援助。庭审法官拒绝了这一请求，因为依据佛罗里达州《宪法》，法庭并不必然为所有贫穷者提供律师辩护。最终，吉迪恩被认定有罪，判处有期徒刑 5 年。在服刑期间，吉迪恩申请最高法院对于该案件进行重审，因为州政府没有保障其在刑事诉讼中的律师帮助权。如前文所述，由于 9 名大法官的人员变动，再加上当时正处于沃伦大法官所倡导的正当程序革命时期，因此最高法院一直在寻找机会推动律师辩护权的发展，而吉迪恩的再审申请则适时地提供了这一契机。很快最高法院通知吉迪恩，他的案件将被安排再审，与此同时法庭会为其指定律师提供辩护。

1963 年 3 月 18 日，最高法院大法官作出一致决定，认为佛罗里达州政府没有保障吉迪恩的律师帮助权，因此违反了正当法律程序。宣告撤销有罪判决，并且在判决书阐明："在我们对抗制的诉讼体制下，除非为贫穷者提供法律援助，否则正当程序原则是无法在诉讼程序中得到保障的。政府雇佣检察官起诉犯罪，而被追诉人同样应当享有权利，在无力聘请律师辩护的时候由政府为其提供法律援助。律师辩护对于被追诉人来说，是诉讼中的必需品而非奢侈品。"[1]

5. 后续发展

最高法院通过吉迪恩案将律师帮助权推广到了州法院系统，但是所适用的案件范围仅限于重罪案件，如果被追诉人涉嫌轻罪指控那么其律师帮助权是否受到保护，最高法院并没有明确说明。1972 年，最高法院通过阿杰辛格诉汉姆林（Argersinger v. Hamlin）一案[2]明确表示，只要被追诉人有可能被判处有期徒刑及以上刑罚，那么不论罪名是重罪还是轻罪，法庭一律需要保证其律师辩护权。

随后，最高法院通过一系列的案件，将律师帮助权扩展到了审前和审后的各诉讼程序。通过米兰达诉亚利桑那州（Miranda v. Arizona）[3]，最高法院作出判决：除非犯罪嫌疑人放弃相关权利，那么犯罪嫌疑人在被限制人身自由的情况下，侦查机关在讯问时必须保障其律师在场，以保护其不被强迫自我归罪。最高法院在美国诉韦德（United States v. Wade）[4]案中表示，侦查机关在进行犯罪嫌疑人辨认程序时，必须有其律师在场。科尔曼诉阿拉巴

---

〔1〕 Gideon v. Wainwright, 372 U. S. 335, 340 (1963). ——笔者译。

〔2〕 Argersinger v. Hamlin, 407 U. S. 25 (1972). ——笔者译。

〔3〕 Miranda v. Arizona, 384 U. S. 436 (1966). ——笔者译。

〔4〕 United States v. Wade, 388 U. S. 218 (1967). ——笔者译。

马州（Coleman v. Alabama），[1]在治安法官的初步庭审程序中，如果涉及确认被告人是否有犯罪的可能，那么必须保证律师辩护人在场。道格拉斯诉加利福尼亚州（Douglas v. California）[2]，保障上诉程序的律师帮助权。加尼翁诉斯卡尔佩利（Gagnon v. Scarpelli）[3]和莫里斯诉布鲁尔（Morrisey v. Brewer）[4]规定了在监外执行和假释庭审程序中的律师帮助权。在律师帮助权如此扩张之后，法庭对于辩护律师的需求直线上升，也使得原有的法律援助制度显得捉襟见肘，很难再满足如此大量的援助需求，一场制度的变革迫在眉睫。

（二）辩护制度发展所带来的法律援助制度变革——公设辩护人体系被广泛建立

在律师帮助权被最高法院广泛扩展之前，法律援助的最主要形式是由法院为被追诉人指派辩护律师。可以说，这种法院指定的法律援助模式，有其存在的合理性，一是因为它既方便又快捷，另一方面是因为在当时的司法实践中对于法律援助律师的需求还相对较小，偶尔发生的法律援助案件，也并不会给律师行业带来太大的案件压力和负担。但是，随着最高法院作出关于辩护权扩张的一系列判决，司法实践中对法律援助律师的需求呈井喷的态势。而这也使得原有的法律援助模式很难再有效运行，并且在很多方面出现了问题：

首先，法律援助质量难以得到保障。面对激增的案件量，私人律师的法律援助任务繁重，已然超出了慈善或职业伦理的应然界限。大多数律师因为承担法律援助案件，产生了不小的经济损失，而这已经严重影响了律师作为一个行业所能生存的根本。[5]"为贫困者提供法律援助应当是政府的责任，而现实中将这一责任完全担在律师行业的肩上是没有任何正当性的。"[6]过多的法律援助案件并且没有适当的经济补偿，势必会造成辩护质量的降低。在如

---

[1]　Coleman v. Alabama，399 U. S. 1（1970）. ——笔者译。

[2]　Douglas v. California，372 U. S. 353（1963）. ——笔者译。

[3]　Gagnon v. Scarpelli，411 U. S. 778（1973）. ——笔者译。

[4]　Morrisey v. Brewer，408 U. S. 471（1972）. ——笔者译。

[5]　See Donald Freeman, "The Public Defender System", *Journal of the American Judicatnre Society*，1948，75. ——笔者译。

[6]　See David L. Bazelon, "The Defective Assistance of Counsel", *University of Cincinnati Law Review*，1973，20. ——笔者译。

此的境况下，原有的法律援助制度不但使律师蒙受损失，同样影响了被援助者的诉讼权益。为了应对这一问题，政府与律师协会达成协议，将会提高法律援助案件的经济补偿数额。虽然在此后的一段期间内，法律援助补偿在全美国范围内都普遍得到了提高，但是与私人律师的平均收费标准相比仍然是非常有限。因此，很少有律师会放弃自己所代理的案件而将时间和精力投入到法律援助中来，法律援助的质量仍然无法提高。司法实践中只有两种律师愿意接受法律援助案件，一种是新入职的律师，他们急于积累审判经验，提高个人诉讼能力，因此并不在乎收入的高低；另一种则是以法律援助案件为最主要业务的私人律师，他们对于法律援助案件的各种程序轻车熟路，因此会接受大量的援助案件，并且以最快的方式将案件处理掉以获取最大的利润。新进律师虽然对于案件的辩护有着极大的热忱，但是由于诉讼能力不足很难为被追诉人提供有效辩护。与此同时，职业法律援助律师虽然具备一定的诉讼能力，但是其所真正关注的是如何能够在最短的时间内终结案件，因此基本不会在援助案件中投入太多的精力，这与辩护质量的保障也是背道而驰的。

其次，法律援助的经济成本飞速增加。尽管在美国学术界仍然有大量的学者反对公设辩护人制度的建立，[1]但是吉迪恩案后，法律援助案件数量增加之迅猛，已经完全超出了原有法律援助体系的承受范围。依据统计，在吉迪恩案之后的第十年，美国法律援助案件已经达到了 400 万件，如此庞大的案件量，需要更多的刑事律师投入到法律援助行业，同时政府也不得不考虑降低每案法律援助的成本，否则必将导致严重的财政赤字。[2]

面对上述两个严峻的问题，美国各州基本都采取了相应的改革措施。公设辩护人制度凭借其在经济成本和辩护质量方面的优点，成为各州应对上述法律援助危机的最主要手段。据统计在 1961 年，也就是吉迪恩案发生之前两年，在全美国所有的郡县中，拥有自己的公设辩护人系统的比例仅为 3%。而到了 1973 年，阿杰辛格诉汉姆林判决生效的后一年，拥有公设辩护人系统的

---

〔1〕 See Eward J. Dimock, "The Public Defender: A Step Towards a Police State?", *American Bar Assocication*, 1956, 219. ——笔者译。

〔2〕 See Suzanne E. Mounts, "Public Defender Programs, Professional Responsibility, and Competent Representation", *Wisconsin Law Review*, 1982, 481. ——笔者译。

郡县已经占到全国总数的 28%。并且全美国近四分之三的人口，都由公设辩护人负责提供法律援助服务。如今在美国最大的 100 个城市中，有 90 个建有自己的公设辩护人系统。并且在这 90 个城市中，议会每年拨款 12 亿美元作为法律援助经费，其中有 73% 都被用于公设辩护人制度。洛杉矶公设辩护人办公室，作为全美国第一个公设辩护人办公室，在 1914 年建立之初仅有 5 名律师工作其中，而经过了近百年的发展，在 2015 年其规模已经发生了翻天覆地的变化，拥有 1100 名专职辩护人和数百名行政辅助人员。除此之外在政府资金的投入方面，洛杉矶公设辩护人系统在吉迪恩案之后的 10 年，其所收到的财政拨款也比建立之初增长了近 600%。[1]可以说辩护制度在美国的发展，极大地推动了公设辩护人制度在全国范围内的建立，使得公设辩护人制度成为美国最主要的法律援助形式。[2]

第三节　现行美国公设辩护人制度的两种模式

经过了近百年的发展，美国公设辩护人制度无论是在理论研究上还是在实际运行中，都已经相当成熟，绝大多数州都建有完善的公设辩护人系统。从整体上看，目前美国的公设辩护人系统形成了双向运行模式——横向公设辩护人模式和纵向公设辩护人模式。二者都是由国家建立的公设辩护人系统，并且都负责为贫困的被追诉人提供法律援助。二者的区别在于公设辩护人体系内部法律援助案件的分配机制不同。横向模式采取的是"一人对一案"模式，就如同我国法律援助的分配模式，每个辩护人负责一桩案件的援助任务从侦查一直到案件终结。纵向模式则是"多人对一案"的模式，即同一桩法律援助案件，由不同的辩护人分别负责不同的诉讼阶段，最终一桩案件的终结需要经过多人的前后交接。从公设辩护人制度在美国的发展历程来看，横向模式是相对传统的公设辩护人结构，纵向模式则是制度设计者为了应对司法实践中所出现的问题，而对原有模式进行改革的结果。在司法实践中二者

---

〔1〕 See Paul B. Wice, *Public Defenders and the American Justice System*, Westport, Connecticut London, 2005, 12. ——笔者译。

〔2〕 See Paul B. Wice: *Public Defenders and the American Justice System*, Westport, Connecticut London, 2005, 10. ——笔者译。

各有利弊，相辅相成地完成着公设辩护人系统的法律援助职责。

一、横向公设辩护人模式介绍

横向模式直接来源于传统的辩护制度，公设辩护人制度建立之初仅以此模式办案，而在当时亦没有横、纵模式的划分，只是之后一些地区率先完成纵向改革，才有了公设辩护人横向、纵向的模式划分。

（一）横向模式的运行

横向模式又被称为"一人对一案模式"，每个需要法律援助的案件都会被分配到具体的辩护人，由该辩护人从最开始的诉讼程序，一直担任辩护人到案件终结。随着案件程序的发展，从侦查程序中的羁押讯问到庭审程序，再到上诉程序抑或是最高法院的再审程序，辩护人都应当全程跟随。此种模式下辩护人所面对的是一个完整的案件，意味着对被追诉人负责到底。横向模式下的法律援助与私人律师进行的诉讼代理，在辩护模式上是完全相同的。

（二）横向法律援助模式的价值

1. 有利于形成更加紧密的辩护关系，保证辩护的有效性

在横向法律援体系下，公设辩护人与被援助对象形成了一对一的诉讼代理模式，双方既存在法律援助关系，更有被追诉人将其自由甚至生命托付于公设辩护人的人身依附关系。在长时间的诉讼过程中，这种人身依附关系变得越来越紧密，辩护人与被追诉人之间就很容易形成彼此的信任关系。基于对辩护人的信任，被追诉人才不会隐瞒或者编造案情，进而能够帮助辩护人就案情作出最准确的判断。同时只有基于信任，被追诉人才能充分配合辩护人在每个诉讼阶段所作出的辩护选择，使得诉讼进程更加顺利。

辩护人与被追诉人之间只有形成了相互信任的辩护关系，相应的辩护质量才能得到保证——是提早认罪争取更加优厚的辩诉交易筹码，抑或是在陪审团面前据理力争谋求更有利的判决结果，这些都需要对于证据和案情的准确把握，而通常情况下犯罪嫌疑人或被告人并不具备相应的能力。除此之外，判决的作出所依据的是法律上所认定的事实，而不是当事人的意识想象，因此对于最终结果的判断需要以法律的眼光、用法律的手段进行分析，不能仅仅凭借普通人的感官体验进行妄想。律师从法律角度对于判决结果的预测往往会比较准确，因此相应的诉讼选择往往更有利于犯罪嫌疑人或被告人。但

是在很多情况下，法律上的预判会与被追诉人的心理预期产生分歧，甚至可能完全相反。如何才能说服被告人放下心中的执念而接受辩护人的指示，就需要双方的充分信任。在美国发生过太多这样的案例，被告人不听从律师的建议拒绝了检察官提出的辩诉交易要求，而最终被陪审团判定有罪，实际刑罚比辩诉交易中的建议刑罚严重几倍不止。因此只有在二者之间建立起充分的信任关系，被追诉人才能够相信辩护人的专业判断，进而放弃自己的偏见作出正确的诉讼选择。也只有彼此信任的关系，才能保障当事人诉讼利益的最大化，真正实现有效辩护。可以说横向的法律援助体系在保障有效辩护方面是非常有价值的。

2. 更能够激发辩护人的责任心

横向的法律援助体系有利于建立辩护人与被援助对象的人身依附关系，这种紧密的关系能够促使辩护人更负责任地履行辩护职责。法律援助是义务更是责任，公设辩护人通过横向案件分配模式得到了对于整个案件的代理，从审前侦查程序到最终判决的生效都由其一手操办。可以说因为无效辩护而最终导致了冤、错案件的发生，这于辩护人个人来说既是难以推卸责任，又是极大的良心谴责。与此同时，如果法律援助质量确实太过糟糕，横向模式下的一人负责制也很容易确定责任主体。因此无论从责任上还是从道义上，横向模式都能够激发辩护人的责任心，督促其尽职尽责的完成法律援助任务。

3. 能够帮助辩护人更加全面地了解案情，作出更加有效的辩护策略

刑事诉讼是一个不断发展的动态过程，所有的诉讼阶段都彼此之间紧密联系。在法庭上提出有效的辩护意见，不仅需要对庭审全过程有充分的了解，更需要对漫长的审前程序有深刻的认识，从局部程序中形成的观点往往如同管中窥豹，带有其局限性和片面性。通过案卷材料，通过他人口头转述而被动得到的二手知识，当然比不上自己的亲身体验，因为传来的消息中必定混杂着虚假与诉说者的主观臆断。在横向公设辩护人体系下，辩护人对于案件自始至终全程负责，亲自经历案件发展的每一个过程，因此其对于案情的掌握是直接而完整的，能够帮助辩护人统揽全局并作出最有利于被告人的辩护策略。除此之外，不同的律师有着不同的知识背景和从业经验，对于相同的证据或者案情会作出不同的判断。因此从他人处继受得来的案件知识并不都与个人观点具有连续性。如果辩护律师对于案件的辩护不能从一而终，那么

不同诉讼阶段不同辩护人的观点在最终被汇总到庭审律师那里之后，很难说会帮助其形成更加完整的辩护策略，抑或是扰乱其对于案件的解读。但是这种担忧，在横向公设辩护人体系下则不会发生。

4. 更有效的责任追究机制

横向模式下的公设辩护人体系，由同一名公设辩护人完整负责某一案件。如果上诉法院因为无效辩护而推翻有罪判决，那么无论是律师协会还是当事人都很容易找到最终的责任人，并由负责该案法律援助的辩护人承担相应的责任。但是如果同一案件由不同的律师分别负责不同阶段，则很难确定最终的责任人，因为刑事诉讼每个阶段都是紧密联结的。最终呈现于法庭的无效辩护，很难判断是否与审前阶段各辩护人的不称职有关。在无法确定最终责任归属的情况下，也就无法惩处责任人，那么集体责任也就意味着无责任了。如果不尽职的辩护得不到惩罚，那么将导致公设辩护人的消极怠工。因为公设辩护人的工作性质不同于私人律师，私人律师以其业务能力招揽客户进而获得更高的收入，而公设辩护人作为国家公务人员其收入具有相对的稳定性，不论辩护质量如何都不会对于经济收入造成太大的影响。因此私人律师通常情况下会尽职尽责地完成辩护任务，以提高自己在业界的口碑和声望，以求在将来获取更大的经济效益。而公设辩护人并不是自负盈亏的经济主体，稳定的工资收入很难成为其努力工作的动力。如果再没有良好的机制对其进行监督，那么仅靠道德的约束很难保证公设辩护人的工作质量。因此一套行之有效的惩戒机制对于保证法律援助质量，保障被追诉人律师帮助权的有效行使是非常必要的，而横向的公设辩护人制度就能够为惩戒机制的建立提供一个良好的平台，帮助实现对于公设辩护人无效辩护的惩罚，以鞭策其尽职尽责地完成法律援助任务。

（三）横向模式的缺陷

横向模式的缺点是效率相对较低。实践中，每次羁押性讯问、犯罪嫌疑人辨认或者初步庭审程序，侦查机关都需要通知公设辩护人到场。大量的时间被消耗在了路途和人员调配上，不但影响了侦查行为的顺利实施，也严重降低了法律援助的效率。除此之外，在传统"个案负责"的法律援助模式下，每个公设辩护人，可能会被"困"在单个案件中长达数年之久，这同样也是低效率的资源浪费。

（四）横向运行模式——新泽西公设辩护人体系简介

新泽西州政府建立了全州统一的公设辩护人系统，总部设立在春藤市（Trenton）也是该州的首府，州辖下的各郡或者司法区都设有相应的公设辩护人办公室，由州总部统一领导。新泽西州公设辩护人系统建立于1967年，也是在1963年吉迪恩案之后，法律援助范围被大幅扩张的结果。目前公设辩护人系统承担了新泽西全州近80%的法律援助任务，在一些相对贫穷的地区例如佩特森（Paterson）、泽西城（Jersey City）和卡姆登（Camden）这一数字甚至达到了90%。之所以选择新泽西作为典型来分析，因为其公设辩护人系统的运行非常有序，也是其他各州所争相学习的榜样。

新泽西州公设辩护人系统的运行体系采用的是典型的横向模式，在当地各公设辩护人办公室内部设有案件分配部门，负责将新的案件连同已经掌握的各种相关信息分配给各辩护人，并作出记录。另外，各辩护人需要定期将其所负责的每个援助案件的进展情况向案件分配部门汇报，一来为了对每个案件的进展情况予以记录，二来也是对辩护人的一种监督和促进。除此之外，在每一桩案件终结后，辩护人需要立即向案件分配部门汇报，使得个人承担的案件数量能够得到及时的更新，以便据此分配新的辩护任务。

在新泽西公设辩护人系统内，最具特色的制度当属其对于新进职员的培训模式。紧缺的经费使得在该州公设辩护人系统内很难建立起完整的新人培训机制，并且在全案负责的横向模式下，并没有所谓的简单诉讼阶段，用来让新人进行锻炼和学习。因此新泽西州系统采取了新进公设辩护人"生存或者淘汰"的严苛培训机制。新人入职后的前1到2个月，由经验丰富的老职员带领其参加诉讼，并且对其进行相应的指导。但是对于复杂的美国刑事诉讼程序而言，短短1个月的时间很难令新进公设辩护人了解和掌握其中的各个诉讼阶段和各种辩护策略。由于资金和人手的缺乏，整个系统就不得不将所有的压力置于新进人员肩上，促使其以最短的时间熟悉工作。在短暂的学习之后，新人很快会被分派案件并独立进行刑事辩护。而此后在实践中锻炼能力的模式，虽然能让新进辩护人快速进步，但同时也极具风险和压力。如果在案件中辩护不力而被认定为无效辩护，那么辩护人不仅需要接受公设辩护人系统内部的处罚，同时还面临着州律师行业体系（Bar Association）的处罚。不但可能丢掉公设辩护人的工作，并且对其将来在律师界从业都会造成极大的影响。这种"生存或淘汰"的新人培训方式虽然极具挑战性并为新进公设辩护人造成了极大的压力，然而这也成为吸引优秀法学院毕业生的一大亮点。因为在这种模式下辩护人能够在很短的时间内独立办理刑事案件，这是难得的经验积累和能力提升机会。相比之下如果在律师事务所工作，一般得经过1年多的实习才会被安排独立代理案件。[1]

二、纵向公设辩护人模式介绍

在公设辩护人制度蓬勃发展的最初几年，受到了学术界过高的追捧，因此那时的公设辩护人系统资金丰富，人力资源充沛。但是随着时间的推移，事实证明之前学者的吹捧言过其实，大量议员放弃了对于公设辩护人制度的支持，随之而来的便是政府拨款的急剧减少。[2]资金的减少导致了各公设辩护人办公室不得不裁减人员，减少经费开支。但是刑事案件的发案率却呈现逐年增高的态势，最终直接导致了法律援助案件数量的激增。[3]过于繁重的案件援助业务，使得各公设辩护人不堪重负，很多情况下甚至在开庭前都没有会见过被告人，更不用说实现有效辩护了。为了解决这一问题，公设辩护人体系内部自发的进行了改革，有很多都涉及如何节约开支，或者如何开源收入，最有价值和突破性的改革即是将从前的横向援助模式改变为纵向援助模式。因为在节约诉讼成本，提高诉讼效率方面纵向模式确实优于横向模式。

（一）纵向模式的运行

纵向模式与横向模式的区分在于，公设辩护人体系内部法律援助案件的分配模式。横向模式是"一人对一案"模式，即每个辩护人负责一桩援助案件从侦查一直到案件终结。而纵向模式则是"多人对一案"的模式，即同一桩法律援助案件，由不同的辩护人分别负责不同的诉讼阶段，最终一桩案件的终结需要经过多人的前后交接。

---

〔1〕 See Paul B. Wice: *Public Defenders and the American Justice System*, Westport, Connecticut London, 2005, 29. ——笔者译。

〔2〕 See Eisenberg, "Quality Representation v. Cost Effectiveness: Have We Compromised Too Much?", *NLADA BRIEFCASE*, 1979, p. 48. ——笔者译。

〔3〕 See Albert W. Alschuler, "The Defense Attorney's Role in Plea Bargin", *The Yale Law Journal*, 1975, 1263. ——笔者译。

通常情况下，采用纵向模式的公设辩护人系统，会将所有辩护人分配到不同的法庭，其仅为出现于该法庭的案件进行辩护。例如，如果被分配到治安法庭，那么辩护人只负责犯罪嫌疑人羁押必要性审查这一诉讼阶段的辩护；如果被分配到减刑假释法庭，那么只负责相关诉讼阶段的辩护。随着刑事诉讼向前发展，案件经过不同的程序、不同的法庭，也经手不同的公设辩护人，整个法律援助的进行是一个纵向发展的过程，这也是其"纵向模式"之称谓的来源。

（二）纵向模式的价值

1. 更具有效率

纵向模式在被创立之初即被改革者寄以期望，愿其能够帮助提高诉讼效率、节约诉讼资源。事实证明，纵向模式确实比横向模式更具效率，首先，在纵向模式下辩护人仅负责刑事诉讼中某一阶段的辩护，在积年累月的工作实践中，其对于该诉讼阶段的各项程序均了如指掌。所谓熟能生巧，在这种情况下公设辩护人对于其所负责诉讼阶段的精和专，能够在很大程度上提高辩护行为的效率，尽早完成本阶段的诉讼任务。其次，纵向模式下辩护人仅负责某一个诉讼阶段，其日常工作即是到对应的法庭，为所有到达该法庭的被追诉人提供辩护。而在横向模式下，辩护人需要根据其所负责各个案件的诉讼进度和程序安排，每天奔走于不同的法庭之间。这需要辩护人花费精力记下所有案件的日程安排。司法实践中常发生辩护人因为援助任务过于繁重而忘记某一被告人的开庭日期。[1]并且辩护人在一天内为了不同案件的辩护不得不奔走于各个法庭之间，这本身亦是一种司法资源的消耗。最后，在纵向模式下公设辩护人常年被派驻负责同一法庭，长时间的业务往来使得其与法官以及各法庭工作人员相熟。良好的私人关系，可以帮助工作更加顺利地完成，在某种程度上也能提高公设辩护人的工作效率，节省诉讼资源。

2. 不会产生案件之间的时间冲突

在公设辩护人制度的横向模式下，辩护人负责一桩诉讼案件直到案件终结，与被追诉人聘请私人律师进行辩护具有相同的形式。但二者的区别在于私人律师为了保证辩护质量，会控制其在同一时间段内所代理的案件数量，

---

〔1〕　See Kim Taylor-Thompson, "Individual Actor v. Institutional Player: Alternating Visions of the Public Defender", *Georgetown Law Journal*, 1995-1996, p. 2419. ——笔者译。

而公设辩护人则不然，繁重的法律援助任务再加上人手严重不足的现状，使得每个辩护人都同时承担着几个甚至十几个案件。在美国乔治亚州，每年都会有相当数量的公设辩护人辞职而转行做私人律师，其中最主要的原因即是业务量过于繁重。"玛丽最近刚刚辞职，在她最后 13 个月的公设辩护人生涯中，一共代理了 900 桩刑事案件。按照这个工作量计算，如果玛丽不休假期、不请病假，那么其每个月都要代理近 70 桩刑事案件。"[1]同一辩护人同时代理多桩案件，而且法院并不会有意协调开庭日期，因此很难保证各案件之间不会发生冲突。在司法实践中，横向模式下的公设辩护人经常会遇到所代理不同案件开庭冲突的情况，之后的协商协调总会牵扯很多精力，浪费司法资源。相比之下，纵向模式就不会遇到这一问题，因为多个公设辩护人被分配到固定的法庭，其所负责的是法庭而不是单个的案件，也就不存在不同的案件时间安排发生冲突的情况了。除此之外在纵向模式下，法官知晓分配于其法庭的公设辩护人数量，因此通常不会在同一时间安排过多的案件，超过辩护人能够处理的范围。

3. 拥有循序渐进的良好新人培训模式

在纵向公设辩护人体系下，各辩护人被分配负责不同的诉讼阶段，这就为新入行业的辩护人提供了由浅入深，渐进式的学习和锻炼平台。刚入职的辩护人由于缺乏实践经验，因此可以将其分配到最为简单且不会对被追诉人权利造成太大影响的诉讼阶段，例如保释程序。由于程序简单容易上手因此新进辩护人很快便能够独立办理案件，帮助缓解整个公设辩护人系统的案件负担。此后随着辩护人员实践能力的提升，便可以逐步负责更加复杂且重要的诉讼阶段。在如此的培训模式下，新进人员的实践能力以循序渐进的方式得到提升，每一个实践阶段都有简单程序的锻炼作为基础，因此很快便能够在该阶段独当一面。一方面节省了大量的培训资源，同时最大限度地缩短了培训周期，使新进辩护人能够尽快地投入到工作中来。在司法实践中，美国各州公设辩护人系统普遍存在的问题便是资金不足、人手欠缺，全国范围内

---

[1] See Jonathan A. Rapping, "Reclaiming Our Rightful Place：Reviving the Hero Image of the Public Defender", *Lowa Law Review*, 2013－2014, pp. 1900~1901. ——笔者译。

能够建立起完整新人培训机制的地方少之又少。[1]横向模式下公设辩护人的分配由于不存在诉讼阶段的考量，因此其培训模式往往是新进人员跟随办案的方式，经历一桩桩完整的案件。培训周期长，并且在短时间内新人很难独立办案。即使已经掌握了足够的实践技巧，但是毕竟要代理完整的案件程序，其中关涉的责任非常之大。有较长一段时间新进人员不能独立办案，诉讼资源不能被充分利用。相比之下，在新人培训方面纵向公设辩护人辩护模式有着其自身的优势。

（三）纵向模式的缺陷

1. 辩护质量难以保证

在纵向模式下，多个公设辩护人分别负责不同的诉讼阶段，因此在整个诉讼过程中，被追诉人要面对多个辩护人。虽然在司法实践中，被追诉人聘请多个律师进行辩护的情形时常发生，但是与纵向模式下多名公设辩护人为贫困者提供辩护截然不同。共同辩护是指被聘请的多名律师共同介入诉讼，协力为被追诉人提供辩护，虽然他们之间会有不同的分工，但是彼此之间相互知悉并且联系紧密，共同为被代理人出谋划策。然而纵向模式下的公设辩护人则不同，每一诉讼阶段的辩护人均是独立且相互隔绝的，各自在完成其辩护任务时不会与其他辩护人交流合作。这就造成了所有辩护人各自为政，很难统筹全局的把握辩护效果。一个完整的诉讼程序被分割成了互不联系的若干阶段，并且从外观上看每一阶段的辩护人，仅仅是为了完成其所负责的阶段性任务，并没有真正以维护被追诉人诉讼权利为目标。刑事诉讼是一个连续的过程，各阶段之间都有着密切的联系，如果以分段负责的方式为被追诉人提供多个辩护人，那么这种被割裂的刑事辩护很难发挥最好的效果，最终的法庭辩护人很可能因为没有参与之前的诉讼阶段而遗漏了重要的辩护信息。

2. 很难形成被追诉人与辩护人之间的信任关系

每一诉讼阶段都会有新的公设辩护人参加到诉讼中来，这种短暂的辩护关系更像是车间里的工人面对流水线上的产品。[2]经过不同的生产步骤之后

---

[1] See Donna Lee Elm & Richard S. Dellinger, "Dismantling Gideon's Legacy: Sequestration's Impact on Public Defender Services", *Federal Lawyer*, 2013, p. 11. ——笔者译。

[2] See Carrie Leonetti, "Painting The Rose Red: Confessions of a Recovering Public Defender", *Ohio State Jouranl of Criminal Law*, 2014-2015, 372. ——笔者译。

产品得以完成，但是每个工人所关心的仅是自己所负责的生产环节不会发生纰漏，而最终产品的质量则很少被考虑。在如此的公设辩护人模式下，辩护人不会真正关心最后的判决结果，也不会过多地在意被追诉人个人权利的保障，因此二者之间很难形成良好的信任关系。除此之外，整个诉讼程序中被追诉人要面对少则两三个，多则六七个的辩护人。如此众多的数目很难让人产生信任的感觉，因为将自己涉嫌犯罪的信息分享与众人，几乎没有人愿意这么做。彼此间的不信任阻碍了重要信息间的交流，被追诉人关于案件信息讳莫如深使得辩护人很难全面掌握案情，进而妨碍其作出最为合理的辩护选择。另外，相互之间的不信任使得双方之间很容易产生意见分歧，在面临重要的诉讼选择时无法达成一致，例如在面对控方提出的辩诉交易请求时，如果不能冷静分析、快速决断那么则很容易丧失机会进而导致更重的刑罚。[1]

3. 被动的辩护关系

在纵向模式下，被追诉人在不同诉讼阶段面对不同的辩护人，使得犯罪嫌疑人或被告人很难找到一个确切的对象进行法律咨询。作为外行人的被追诉人并不了解各诉讼阶段的划分，其所能联系到的辩护人多半已经结束了自己在该案中的辩护任务。如此便形成了在纵向公设辩护人模式下诉讼辩护的被动性，也就是说被追诉人无法主动联系到辩护人，无法依自己的意愿向辩护人咨询疑问并且提出辩护要求，其所能做的仅是等待辩护人能够主动联系自己。[2]这就导致了辩护人与被追诉人之间信息交流的不畅，很多诉讼问题不能得到及时的关注和解决。另外，也严重打击了被追诉人对于法律援助体系的信心，对于被追诉人来说特别是在遭受强制措施之后心情是极为无助和绝望的，在这种情况下无法与公设辩护人取得任何联系，特别是在司法实践中过重的案件量，使得公设辩护人基本没有时间去主动会见被追诉人。如此长时间的等待使得犯罪嫌疑人、被告人失去了对于公设辩护人的信心，也严重影响了最终的辩护质量。因此纵向模式下，这种被动的辩护模式严重损害了被追诉人的诉讼权利，对于公设辩护人制度的发展也造成了极大的负面影响。

---

〔1〕 See Frank W. Miller, Robert O. Dawson, George E. Diex, & Raymond I. Parnas, *The Police Function*, Foundation Press, 2012, p. 238. ——笔者译。

〔2〕 See Suzanne E. Mounts, "Public Defender Programs, Professional Responsibility, and Competent Representation", *Wis. L. Rev*, 1982, pp. 484~486. ——笔者译。

4. 追究责任困难

在横向公设辩护人模式下，每一辩护人负责一整桩案件，因此如果发生无效辩护，那么责任对象就非常明确。但是在纵向模式下，每一案件都由多名公设辩护人分别负责不同的诉讼阶段，因此很难确定无效辩护的责任最终应当由谁承担，而集体责任往往就意味着没有责任。在既没有激励又无责任的公设辩护人体系下，很难促使辩护人全身心地投入到法律援助中来，因而辩护的质量也无法得到保证。

（四）纵向运行模式的代表——纽约公设辩护人系统简介

纽约公设辩护人系统建立于1917年，是全美国最早建立公设辩护人制度的几个州之一。在当时的纽约民权运动盛行，同时相对落后的法律援助体系无法适应犯罪率激升的社会现状，使得大量被追诉人无法得到法律帮助，这也成为民权斗士抨击政府的最主要论据之一。为此在改革者的设计和倡导下，纽约州公设辩护人体系得以建立。一经建立，公设辩护人体系便成为纽约州最主要的法律援助模式，而其他援助形式如指定律师援助制度，只有在案件存在共同被告时，为了避免利益冲突才会被使用。政府对于州公设辩护人系统的器重使其承担了几乎所有的法律援助任务，每名工作人员都因为无比繁重的业务量而苦不堪言，但是每月的收入却没有太大的提高。最终纽约州公设辩护人在工会的领导下进行了罢工，使得政府在之后的谈判中承诺，将来会把更多的法律援助案件分配给社会律师以缓解公设辩护人的压力。

虽然在那之后的一段时间内，案件业务量下降到了比较合理的标准。但是随着吉迪恩判决的作出，更多的案件又重新涌入到公设辩护人系统。每位公设辩护人不得不面对几倍于从前的业务量。另外由于政府财政有限，新进人员也不能及时到位。无奈之下纽约州公设辩护人系统进行了内部改革，开创式地建立了纵向案件分配模式，也就是本章前几节所论述的将各公设辩护人分配于各个法庭，使其仅负责刑事诉讼的某个阶段的援助模式。

纽约公设辩护人办公室坐落在距离哈德逊河几英里外的一座16层大楼里。每个工作日，辩护人需要在早上9点之前到达办公地点，查询最新的案件分配情况、汇报已经完成的辩护任务，并与负责下一诉讼阶段的公设辩护人进行案卷交接。在10点左右，各公设辩护人则需要到达其所负责的法庭进行相应案件的辩护。通常情况下每个公设辩护人都会拖着一到两个小拖车，以便携带大量的案卷材料，因为每天各个法庭都会审理多个案件，并且不同的案件也会处于不同的诉讼阶段，而这就产生了大量的诉讼材料需要辩护人携带。

如果不是经过办公室特意安排，例如仅为新进职员安排简单程序，那么各辩护人在同一法庭上所遇到的案件可以说是五花八门，并且各个案件所处的诉讼阶段也各不相同，其中可能是量刑程序、审前动议提出程序或是减刑假释程序，抑或是法庭审判程序。每个法庭都有自己的编号以及负责的法官，在近一个月之前法庭助理就会安排好当天的案件议程。而负责工作分配的公设辩护人部门，会依据每个法庭所将要处理的案件具体信息，例如案件类型、所处诉讼阶段等，对该法庭在这一时间段内所需要公设辩护人的能力进行评估，进而将能力适合的公设辩护人分配过去。

这种情景每天都在发生：法官、公诉人以及诉讼参与人在进行庭审，而下一时段的案件当事人就坐在法庭后面的旁听席上，等候下一场诉讼程序的开始。[1]而公设辩护人则经常需要整个上午或整天持续坐在辩护人席，为流水的被告人进行辩护。[2]纷杂的案件内容、不同的诉讼阶段再加上案件数量的众多，这使得公设辩护人每天的工作量和工作压力都是十分巨大，对能力和精力都有极大的要求。

三、纵横双向公设辩护人系统的价值理念

纵横双向公设辩护人系统帮助美国各州成功应对了司法危机，实现了"律师辩护全覆盖"的改革目标。从公设辩护人制度的广泛建立到公设辩护人制度发展出横、纵双向模式，首先归功于制度设计者的非凡创造力，但我们也应当看到这一切的背后是新的价值理念作为支撑，其中隐含了价值理念的更替。

（一）法律援助的政府责任理念——政府管理到政府负责

直到 20 世纪 50、60 年代，律师仍然是法律援助职责的绝对承担者，他

---

〔1〕 这里一般指的是非庭审程序，因为其进行比较快所以每天安排的诉讼比较多。至于庭审程序由于进行时间长而且不好把握进程的长短，因此不会出现下一场程序中的诉讼参与人在后排等候的情形。

〔2〕 See Paul B. Wice, *Public Defenders and the American Justice System*, Westport, Connecticut London, 2005, p. 31. ——笔者译。

们接受法庭的强制性指派，甚至得不到经济补偿。"在 1951 年，美国有 12 个州没有出台关于法律援助律师经济补偿的任何规定。有 23 个州规定，只有承担死刑案件法律援助的律师才能获得经济补偿。"[1]"在 1963，有 6 个州外加哥伦比亚特区没有规定法律援助补偿。4 个州规定仅为死刑案件的法律援助提供经济补偿。"[2]在那个时代，政府的角色是纯粹的管理者，除了以各种手段为律师施加压力外基本不承担任何责任。之后随着案件量的增加，公益式的法律援助超出了律师行业的承受范围。频发的游行示威使得经济补偿成为常态，[3]这也是政府承担法律援助责任的开始。只是在当时，实践中的补偿数额较低，政府责任非常有限。

律师行业本是以盈利为根本目的，而法律援助则带有公益属性。随着"律师辩护全覆盖"的改革在全美国铺开，政府逐渐意识到：无论多么高效的行政管理手段，都难以应对实践中激增的案件数量，而法律援助事业的发展也不可能完全由律师行业推动。政府应当以直接责任主体的身份参加到法律援助事业之中，而不是仅仅作为管理者。观念的改变带动了制度的革新，而美国公设辩护人制度的广泛建立，即是以政府责任理念作为指导。最初，在援助律师模式下，政府仅是作为管理者将案件分配与律师，并提供微薄的经济补偿。之后，随着合同律师模式的盛行，政府彻底抛弃了居高临下的管理者身份，不再强制性摊派法律援助任务。而是作为市场主体，以平等自愿的方式招揽各律师事务所承揽法律援助事务。如此，政府承担了更重的经济职责，但却也仅限于经济层面。直到公设辩护人模式在全美国范围内被广泛建立，政府的法律援助职责彻底由管理者转向责任人。公设辩护人系统是政府职能部门，从经济到人事再到体系规则的创建完全归于政府。仅就政府责任属性这一点，美国公设辩护人与警察、检察官没有任何区别。该模式下，政府职责达到了百分之百，而法律援助不再依靠律师行业。当然，也正是这种完全的政府行政属性，提高了效率、保障了质量，推动了"律师辩护全覆盖"的实现。

---

〔1〕 See E. Brownell, "Legal Aid in the United States", 1951, p. 146. ——笔者译。

〔2〕 See Lee Silverstein, *Defense of The Poor in Criminal Cases in American State Courts: A Field Study and Report*, American Bar Foundation Library of Congress, 1965, p. 16. ——笔者译。

〔3〕 See Lauren Sudeall Lucas, "Effectively Ineffective: The Failure of Courts to Address Underfunded Indigent Defense Systems", *Harvard Law Review*, 2005, pp. 1731~1732. ——笔者译。

政府职责是美国法律援助制度发展的一条主线，也是帮助美国应对司法危机的关键。政府角色从管理者到责任人，政府职责从经济支持到全方位掌控。可以说，政府参与程度的不断加强是推动法律援助制度突破瓶颈的最关键动力。

（二）法律援助质量与效率间的妥协

吉迪恩案之后，美国政府承担起了更多的职责，加大了对于法律援助事业的资源投入。但是在之后的几十年，案件数量仍在不断攀升。面对如此的境况，如果仅是凭借资源投入的不断增加，恐怕难以长久。而如何能够有效利用现有资源，提高法律援助的效率，成为改革者努力的新方向。实践中，个案间的复杂程度差异较大，被告人面临的刑罚也是轻重有别。因此，无差别供给的法律援助模式必定是不经济的，也难以实现援助质量的重点保障。针对上述情况，制度设计者在法律援助质量与效率之间做出了妥协：以诉讼效率为价值导向建立了"纵向公设辩护人模式"。在"纵向公设辩护人模式"下，法律援助不再是"个案负责"的责任制模式，而是变成了"装配工厂"，在不同的诉讼阶段，被追诉人都会经历多个辩护人。[1]虽然，援助的效率借此得到了大幅提高，但质量却是大打折扣。而这也正是制度设计者在面对"律师辩护全覆盖"的压力时，所作出的价值选择——以牺牲部分案件的辩护质量为代价换取效率。事实证明，这一迫不得已的价值妥协，也最终帮助美国多地的法律援助系统再一次度过了危机，推动了"律师辩护全覆盖"的实现。

四、美国公设辩护人系统的一些其他特点

（一）公设辩护人系统更适用于人口稠密的大城市

公设辩护人制度与法官指定辩护这一传统的法律援助形式相比，其主要特点是公设辩护人的全职性和政府公务人员的身份。在美国大多数州，公设辩护人是接受政府俸禄，并且全职承担法律援助任务的政府公务人员，而受法院指定的援助律师则是兼职为贫穷者提供辩护服务。在美国，公设辩护人制度多被用于人口稠密，案件高发的大城市，因为公设辩护人系统的行政化

---

〔1〕See Suzanne E. Mounts, "Public Defender Programs, Professional Responsibility, and Competent Representation", *Wisconsin Law Review*, 1982, 484. ——笔者译。

管理体系，使得其在处理庞大数量的法律援助案件时，更有效率也更加经济。但是由于公设辩护人体系的运行需要消耗相当的成本，因此在人口稀少，法律援助案件相对不多的小城市，一般会选择法官指定律师这种相对简便且整体成本较低的法律援助形式。

（二）关于公设辩护人系统的财政来源

公设辩护人系统的运行主要靠着州和郡地方政府的财政拨款，虽然有时会接受私人组织的捐赠，但是并非常态。公设辩护人是政府公务人员，接受政府的俸禄为犯罪嫌疑人、被告人提供法律援助。因为其专职于刑事辩护，业务量较私人律师而言通常会高出很多，所以绝大多数公设辩护人都是刑事法律辩护领域的专家。虽然在一些司法区，例如匹兹堡，地方政府允许公设辩护人兼职代理私人案件。但是事实证明这种制度虽然能为公设辩护人带来额外收入，并且在财政方面为政府减轻压力，但是它严重影响了法律援助的质量。

（三）关于公设辩护人系统的组织结构

公设辩护人办公室的内部运行体系有着典型的行政化色彩，由总辩护人作为机构的负责人统领整个系统。在总辩护人之下又有几名副手负责系统内各项具体事务，以维持系统的正常运行。此外系统内人数最多的便是负责一线辩护业务的公设辩护人，依据各地方公设辩护人办公室的规模和辩护案件的多少，公设辩护人数量也多少不一，例如在洛杉矶公设辩护人办公室约有1100名公设辩护人，而在密苏里州杰克逊郡公设辩护人办公室仅有56名公设辩护人。[1]通常情况下，众多公设辩护人会被分成若干小组，分别负责不同类型的辩护业务，并且由最有经验和能力的辩护人作为组长，负责指导本组业务的同时训练新人。

美国各公设辩护人办公室通常将其办公场所选址于临近刑事法庭的地方，因为这样无论对于辩护人或是被援助人都会更加的方便。曾经有过一些地区将公设辩护人办公室和法院设立于同一栋建筑内，这使得公设辩护人的工作更加便利，但是这很容易令人产生误解，认为公设辩护人是法院内设机构。而公设辩护人的行政性，一直都是外界质疑其能否全心全意，为被追诉人提

---

〔1〕　See Douglas A. Copeland, "The President's Page: Missouri's Public Defender System", *Journal of the Missouri Bar*, 2006, pp. 10~11. ——笔者译。

供法律辩护的最主要原因。显然过于相近的物理距离会给人以公设辩护人从属于法院的外观假象，令被援助者更加不能信任相应的法律援助。因此，几年之后公设辩护人办公室也都纷纷从法院所在建筑搬出，两机关保持一定的距离，以求尽量维持公设辩护人体系独立于其他国家机构的外在表现。

第三章 美国公设辩护人制度的运行程序

在美国，公设辩护人制度已经有了百余年的历史，在长时间的司法实践中，各州和各地区都凭借着独特的经验，在不断地完善着各自的体系。同时，各地区之间相互借鉴、相互学习，最终形成了现在的公设辩护人运行系统。美国作为当今世界上法制最为发达的国家之一，其刑事诉讼程序极为细致和繁琐，而公设辩护人制度是依托于刑事诉讼程序而运行的，因此如何适应复杂的刑事诉讼程序也成为公设辩护人制度的设计标准。可以说在司法实践中，为了应对每一个不同的刑事诉讼阶段，公设辩护人制度的程序设计是非常精密的。

第一节 公设辩护人法律援助的申请和资格审查程序

公设辩护人制度的运行始于法律援助的申请，对于不同类型的援助申请，资格审查机关会做出不同的决定，让真正符合条件的被追诉人得到帮助。

一、法律援助的申请时间

（一）20 世纪 60 年代之前美国法律援助申请仅限于审判阶段

美国刑事诉讼程序复杂且繁琐，没有法律知识背景的被追诉人很难完成有效的自我辩护，因此律师辩护对于每一个犯罪嫌疑人或者被告人来说都是一件必需品，如果法庭不能保障这一权利的有效行使，那么即是破坏了最基本的正当法律程序。同时刑事诉讼又是一个连续的过程，如果律师辩护不能尽早实现，那么必然影响辩护律师对于后续诉讼阶段的准备，有碍案件真实的发现和程序的公正。

律师帮助权的重要价值自是不言而喻，鉴于刑事诉讼由多个诉讼阶段组成，政府对于被追诉人律师帮助权的保证是仅限于个别重要的诉讼阶段，还是应当遍及整个诉讼程序？对于这一问题美国联邦最高法院在不同的时期持有不同的态度。最早就律师应当介入诉讼的时间问题，联邦最高法院并没有作出相应的解释，因此各州的相关规定也不尽相同。在那个时候各地普遍将法律援助的开始时间规定得相对较晚，通常是只有在检察院对犯罪嫌疑人提起公诉之后，法庭才会通知被告人其有权申请法律援助。仅有少数地区规定政府应当在审前程序为经济困难的犯罪嫌疑人提供法律援助。

（二）美国法律援助申请时间提前到审前阶段

1. 律师帮助权在侦查阶段的重要价值

对于犯罪嫌疑人来说，在侦查阶段为其提供法律援助是非常必要的，因为如果没有律师的帮助其很难有效行使自己的诉讼权利。首先，对于大多数犯罪嫌疑人来说，在面对讯问时往往怀有极大的恐惧心理，呈现出对侦查人员无限的服从态度，在这种情况下很容易在侦查人员的威逼利诱下放弃各项诉讼权利，进而丧失正当程序的保护。而辩护人的出现则能够扭转这一局面，在为犯罪嫌疑人提供精神支持的同时，保障其各项诉讼权利的有效行使。其次，从技术上来说，绝大多数犯罪嫌疑人根本不知道如何行使自己的权利。例如在审前听审程序中犯罪嫌疑人并不知道如何主张自己的权利，不知道如何对证人交叉询问；在大陪审团程序中由于不了解犯罪构成，而不知道如何主张无罪；在审查起诉过程中不了解辩诉交易程序而错过了最佳认罪时机。以上例证都是司法实践中真实发生的，进一步证明了为犯罪嫌疑人提供在侦查阶段申请法律援助的机会是非常必要的。[1]

2. 怀特（White）案件的初步推动

1963 年美国联邦最高法院在怀特诉马里兰（White v. Maryland）[2]一案中作出判决，如果任何审前程序能够对最终的审判结果产生非常重要的影响，那么法庭应当保证犯罪嫌疑人的律师帮助权，如果犯罪嫌疑人经济上无力聘请律师，那么应当为其提供法律援助。这一判决结果在很大程度上提前了法

---

[1] Bureau of Municipal Research and Pennsylvania Economy League, *The Magistrates Courts of Philadelphia*, 1958, pp. 73~74. ——笔者译。

[2] White v. Maryland, 373 U. S. 59, 83 S. Ct. 1050 (1963). ——笔者译。

律援助的实施阶段，因为任何审前程序价值将直接影响最终的诉讼结果。但是由于联邦最高法院在判决中并没有给出明确的标准来判断审前程序的重要性，因此这一指导性判决的可操作性并不强，在以后的司法实践中并没有被广泛遵守。1964 年美国最高法院在伊斯科波多诉伊利诺伊州（Escobedo v. Illinois）一案中作出裁决："正当法律程序要求因涉嫌谋杀罪被逮捕的犯罪嫌疑人，在接受侦查人员讯问时有权咨询律师，如果其没有能力聘请律师那么法庭应当为其指定法律援助。"[1]通过这一判决，最高法院将法律援助的提供时间提前到了侦查讯问阶段，在侦查阶段犯罪嫌疑人即可向法庭申请法律援助，但是这一判决所涵盖的犯罪类型仅包括谋杀罪，适用范围的局限性也最终没有帮助法律援助发展到一个新的高度。

（三）　审前阶段法律援助申请的进一步完善——米兰达案件的推动

审前阶段律师帮助权的重要性逐渐被整个美国司法界所认可，最终通过举世闻名的米兰达案，联邦最高法院作出判决，要求侦查机关在进行羁押讯问时必须有律师在场，除非犯罪嫌疑人放弃这一权利的行使。米兰达诉亚利桑那州（Miranda v. Arizona）[2]是"沃伦司法改革"时期最高法院所作出的最负盛名也颇有争议的判决。它首次将警察的侦查讯问，与美国《宪法第五修正案》的禁止强迫自证其罪原理直接联系了起来。在此之前，禁止强迫自证其罪原则所针对的仅是警察的刑讯逼供行为，更多地强调生理上的酷刑。而如果侦查人员没有采取肉体折磨的手段，仅仅以限制人身自由的手段获得供述，那么相关证据一般不会被排除。米兰达案的发生则彻底改变了这一情况，最高法院通过该案拓宽了禁止强迫自证其罪原则的内涵范围，将对犯罪嫌疑人心理上的强制，也囊括到了强迫供述的范围之内。"侦查机关在羁押讯问过程中所得到的犯罪嫌疑人供述，不得被检察机关用作提起公诉的依据，也不得被陪审团或者法官用作判决案件的根据，除非侦查机关在供述获取时采用了适当的程序性手段，排除了被追诉人被强迫供述的可能性。这里的'羁押'是指犯罪嫌疑人以任何形式被侦查人员剥夺了自由。而'讯问'是指由侦查人员主动发起的与犯罪嫌疑人的任何形式的对话，对话的内容涉及了证明被追诉人有罪或者无罪的重要信息。所谓'适当的程序性手段'是指

---

〔1〕　Escobedo v. Illinois, 378 U. S. 478, 84 S. Ct. 1758（1964）.——笔者译。
〔2〕　Miranda v. Arizona, 384 U. S. 436, 86 S. Ct. 1602（1966）.

在侦查机关对处于羁押状态的被追诉人进行讯问前，必须告知其有权保持沉默，其之后的任何陈述都有可能成为指控其犯罪的不利证据，并且他有权会见律师或要求律师在场，如果其没有能力聘请律师则有权申请法律援助。"[1]

"米兰达规则"将对律师帮助权的保障提前到了侦查阶段，即无论被追诉人涉嫌何种犯罪，只要侦查机关对其进行了羁押性讯问，那么必须保证律师帮助权，除非当事人放弃该权利的行使。通过米兰达案，美国联邦最高法院在全国范围内将法律援助的提供时间提前到侦查阶段，除非当事人放弃权利，那么只要存在羁押性讯问则必须为其提供律师帮助，这也改变了美国各州就法律援助提供时间这一问题的不统一。米兰达案之后最高法院通过伯克默诉麦卡蒂（Berkemer v. Mccarty）[2]一案将"米兰达规则"的适用扩展到所有轻罪案件，也就是说就算是酒后驾车这种轻罪，交警在逼停相关车辆后，也应当为有需求的犯罪嫌疑人提供法律援助。除此之外最高法院也在逐步地扩展羁押讯问的内涵，羁押并不仅指犯罪嫌疑人被逮捕这一情况，而是包括任何限制自由的措施，并且足以对于被追诉人造成心理压力，而使得其不能自由供述。通过智迪比诉北卡罗来纳州（J. D. B v. North Carolina）[3]一案，最高法院作出判决，任何形式的人身自由限制，只要有可能对犯罪嫌疑人造成心理强制，都可被认为是"米兰达规则"下的羁押。在本案中一名中学生被警察从其所在教室带到了另外一间教室进行讯问，就被认定为羁押性讯问。

可以说"米兰达规则"将法律援助的提供时间大大提前，这对于保障被追诉人的律师帮助权有着积极的作用，但是从另一种角度讲也增加了公设辩护人和法律援助律师的辩护压力，特别是对于公设辩护人的冲击是非常巨大的。

二、法律援助申请的放弃

对于贫困者来说，放弃了法律援助的申请，就相当于放弃了律师辩护权。"在被告人所拥有的所有权利中，律师帮助权可以说是最为普遍也是最为重要

---

[1]　See Frank W. Miller, Robert O. Dawson, George E. Diex, & Raymond I. Parnas, *The Police Function*, Foundation Press, 2012, p. 522. ——笔者译。

[2]　Berkemer v. McCarty, 468 U. S. 420, 104 S. Ct. 3138（1984）. ——笔者译。

[3]　J. D. B. v. North Carolina, 564 U. S, 131 S. Ct. 2394（2011）. ——笔者译。

的，其是保障所有诉讼权利得到有效行使的基础和前提。"[1]大多数犯罪嫌疑人和被告人并不具备进行有效自我辩护的能力。假如被追诉人放弃了律师帮助权，很有可能是因为其并没有意识到律师的重要价值和放弃律师帮助权可能带来的严重后果。美国《宪法修正案》以及最高法院所作出的一系列相应判决，都赋予了被追诉人在各个诉讼阶段中的律师帮助权，并且要求政府应当负责保证这一诉讼权利的实现。因此，不论是各方态度、法庭氛围，抑或是权利被告知的方式、相关人员有没有向被追诉人详细解释权利的内容和价值，都有可能影响犯罪嫌疑人或者被告人主张或者放弃律师辩护权的有效性。

虽然律师帮助权有着极其重要的诉讼价值，但是被追诉人仍然有权放弃对于该权利的行使，进而也就免除了政府提供相应法律援助的责任。当然侦查人员希望犯罪嫌疑人尽早地放弃自己的米兰达权利，这样就可以顺利地展开讯问也节省了可能为其提供法律援助的成本。在司法实践中如此的情况曾经频繁发生，在被采取强制措施之后，侦查人员极力威吓或者引诱被追诉人，要求其放弃获得律师帮助的权利。这当然能够帮助侦查程序更加顺利地进行，但却严重损害了被追诉人的宪法性权利。因此，美国司法界对于放弃律师帮助权的行为做了严格限制。依据美国最高法院对于"米兰达规则"的阐释，如果犯罪嫌疑人放弃了律师帮助权，那么必须保证他的这一选择是"明知和睿智的"（knowingly and intelligently）。但是究竟何为明智和睿智，最高法院并没有给出明确的解释，因此便导致了"米兰达规则"被创立后的一段时间内，美国司法实务界出现了侦查人员怂恿甚至欺骗犯罪嫌疑人放弃律师帮助权的行为。为了解决这一问题，保障"米兰达规则"被准确执行，美国联邦最高法院通过其一系列判决明确了判定犯罪嫌疑人放弃律师帮助权和沉默权是否有效的标准：

首先，承担证明责任的主体。美国最高法院在科罗拉多州诉康奈利（Colorado v. Connelly）[2]一案的判决书中明确表示，如果控辩双方就"米兰达规则"下被告人权利放弃的有效性问题产生分歧，那么应当由公诉人承担证明责任，证明被告人当时的权利放弃是明知且睿智的。而这一证明责任的证明

〔1〕 Schaefer Walter v. Schaefer, "Federalism and State Criminal Procedure", *Harvard Law Review*, (1956), 8. ——笔者译。

〔2〕 Colorado v. Connelly, 479 U. S. 157, 107 S. Ct. 515 (1986). ——笔者译。

标准应当为优势证据标准（preponderance of the evidence）。

其次，关于公诉人应当证明的内容。为了成功地证明犯罪嫌疑人真实有效地放弃了自己的米兰达权利，公诉人应当向法庭证明两部分内容：第一，犯罪嫌疑人在羁押讯问时所作出的相应行为，可以被看成是权利放弃的行为；第二，犯罪嫌疑人的权利放弃行为是合理而且有效的。关于权利放弃的相关证明，具体包括以下内容：

1. 权利放弃的选择必须出于自愿

犯罪嫌疑人放弃律师辩护权或者沉默权的表示，被法庭认为是由于受到了侦查机关的强迫或者是在任何不自由的环境下作出的，那么这一权利放弃行为即是无效的。侦查人员在被追诉人放弃权利之前不能对其施加任何压力，不论是肉体上的还是精神上的。任何能够影响其意志自由的外界压力，都有可能导致相关诉讼行为的无效。[1]

2. 权利放弃的明智性

要求被追诉人对于律师帮助权或者沉默权的放弃应当是建立在其知晓并且了解自己拥有这些权利的基础上。关于明智性的判断包含两部分内容：第一，被追诉人知道其在接受羁押讯问时拥有律师帮助和保持沉默的权利，并且如果其经济上无力聘请律师则有机会得到法律援助。因此在米兰达一案的判决中最高法院设置了"米兰达规则"，要求侦查人员在讯问前必须向犯罪嫌疑人告知其相关权利，即"米兰达宣告"。任何羁押性讯问如果之前没有向犯罪嫌疑人进行"米兰达宣告"，那么其所得到的所有供述均应当被排除于法庭之外。第二，犯罪嫌疑人不仅应当知道其所拥有的权利，而且应当了解这些权利的意义。被追诉人应当知晓律师帮助权和沉默权的实质内容和其所包含的诉讼价值，而不能仅仅是字面上知道这两项权利的存在。最高法院通过塔格诉路易斯安娜（Tague v. Louisiana）[2]一案对于这一问题作出了解释。塔格因为涉嫌抢劫而被起诉于法庭，庭上控辩双方就被告人放弃律师帮助权的明智性产生了分歧，公诉人向法庭提供证据证明侦查人员在讯问前向塔格宣读了"米兰达宣告"。但是侦查人员并没有询问塔格其是否明白这一宣告的意义和其中包含权利的价值，并且也不能证明侦查人员是否对塔格进行了测试，

---

〔1〕 Colorado v. Connelly, 479 U. S. 157,（1986）. ——笔者译。

〔2〕 Tague v. Louisiana, 444 U. S. 469, 100 S. Ct. 652 (1980). ——笔者译。

证明其是否具有相应的文化水平理解这一宣告的意义。初审法院判决塔格抢劫罪成立，认为只要侦查人员对犯罪嫌疑人进行了"米兰达宣告"，并且被追诉人没有明确表达疑惑，那么就推定其对于相应权利是清楚和明了的，如果被告人试图推翻这一推定，应当负举证责任。但是美国最高法院则推翻了这一判决，认为初审法院所创立的这一推定是违反"米兰达规则"的，政府应当承担证明责任，证明犯罪嫌疑人对于律师帮助权的放弃是明智的，在这一案件中公诉人不能提供任何证据证明塔格在充分了解其各项权利的状态下放弃了自己的权利，由此所得到的证据是不可采的。

关于如何判断被追诉人权利放弃的行使是否明智，最高法院没有给出明确的标准，因为不同的案件不同的被追诉人都有着各自迥异的情况。因此最高法院赋予了庭审法官极大的自由裁量权，在充分考量个案情况的前提下作出判决，例如被追诉人的文化程度、年龄、精神状态以及是否再犯罪等。在司法实践中为了能够证明犯罪嫌疑人放弃权利的明智性，侦查机关在宣读"米兰达宣告"之后会就相关内容进行解释，之后要求被追诉人签字证明其已然了解这其中内容。

3. 权利放弃的形式

上述关于明智性的判断可以说是犯罪嫌疑人放弃相关权利的实质判定标准，除此之外关于权利放弃的有效性，公诉人还必须证明其符合形式标准。关于权利放弃的形式性问题，美国联邦最高法院通过一系列的判决在全国范围内作出了统一的规定：

（1）并不需要明确表达。也就是说被追诉人并不需要逐字逐句地将"放弃律师帮助权或沉默权"向侦查人员说出，更不用以书面形式写下。只要能够判断犯罪嫌疑人了解自己的权利，那么其是否明确表达出放弃权利的愿望并不是判定有效性的必要条件，在很多情况下通过后续犯罪嫌疑人的言语和行为亦可以推断其放弃权利的选择。[1]事实上在"米兰达宣告"之后，犯罪嫌疑人没有主张律师帮助权和沉默权而是继续回答侦查人员的问题，即可判断其符合了放弃权利的形式要件。

（2）仅是沉默并不能推断犯罪嫌疑人放弃权利。"米兰达规则"赋予了

---

〔1〕　See North Carolina v. Butler, 441 U. S. 369, (1979). ——笔者译。

被追人沉默权，如果以被追诉人的沉默不语来判定其放弃律师帮助权和沉默权是不合逻辑的也是不公平的。犯罪嫌疑人的沉默并不代表其放弃权利，更不能在法庭上被用作对其不利的证据。[1]

（3）明确放弃权利后，可以随时重新主张权利。律师帮助权的放弃并不意味着权利的消失，而仅是被追诉人暂时不愿行使。即使是犯罪嫌疑人以书面形式声明将放弃律师帮助权的行使，其仍然可以在之后的任何时间重新主张权利，而侦查机关应当保障该权利的实现。

4. 司法实践中的做法

依据美国最高法院的判决，应当由公诉人在法庭上证明犯罪嫌疑人或者被告人放弃律师帮助权的选择是明智和睿智的，但是并没有统一标准来衡量被追诉人权利放弃的行为是明智的，这也就造成了司法实践中各地各种不同的确认和保障程序：

（1）司法实践中美国有相当一部分地区都要求相关人员就律师帮助权给予被追诉人以详细的说明，以确保权利放弃的有效性。通常情况下侦查人员所进行的说明包括以下内容：首先，聘请律师对于相关诉讼权利行使的重要意义；其次，如果不聘请律师所可能带来的严重后果；再次，被追诉人被定罪的几率以及所面临最严重的刑罚后果；最后，如果申请法律援助，并不需要其负担任何费用，也不会对其造成任何法律上的不利后果。这其中关于告知被追诉人法律援助的免费性并且无不利后果的要求，被绝大多数地区采纳，因为高昂的律师费用是大多数被追诉人放弃律师帮助权的最主要原因。在作出上述说明之后，相关人员会要求被追诉人签字证明已经明白相关后果。如此程序确保了公诉人在法庭上能够证明，被告人之前放弃律师帮助权的明智性，防止相关证据被法庭排除。

（2）在美国有不到5%的郡县采用了相对消极的法律援助模式，即在侦查阶段相应的侦查人员并不会就律师帮助权进行任何说明，公设辩护人或者其他法律援助的申请必须由犯罪嫌疑人主动提请，并且如果犯罪嫌疑人在辩诉交易中选择了认罪那么即丧失了获得法律援助的资格。[2]在上述模式下，只

---

〔1〕 See Doyle v. Ohio, 426 U. S. 610, 96 S. Ct. 2240 (1976). ——笔者译。

〔2〕 See Lee Silverstein, *Defense of The Poor in Criminal Cases in American State Courts A Field Study and Report*, American Bar Foundation Library of Congress, 1965, p. 89. ——笔者译。

要被追诉人没有主动申请法律援助就等于放弃了律师帮助权，这明显违背了宪法对于保障被追诉人律师帮助权的要求。一个无知和无助的犯罪嫌疑人在面临警察的讯问时，如何能够知晓辩护律师的重要性以及申请免费公设辩护人或法律援助律师的可能性？在绝大多数情况下，是需要侦查人员告知的。而上述法律援助申请模式，则完全剥夺了犯罪嫌疑人关于律师帮助的知悉权。早在 20 世纪 30 年代，最高法院在约翰逊诉泽布斯特（Johnson v. Zerbst）一案的判决中声明："本法院就被追诉人是否有效地放弃律师帮助权等任何宪法性权利的行为都持怀疑态度，除非有证据证明其放弃相关宪法性权利的行为是在了解相关信息并且经过深思熟虑后作出的。"[1]

与此同时，自吉迪恩案之后联邦最高法院曾多次作出判决，如果做有罪答辩的被追诉人被各州法院系统剥夺了申请法律援助的权利，那么这即是违反正当程序的。[2]另外，美国联邦最高法院也明确表示公设辩护人或其他援助律师的提供，不应当以被追诉人的申请为启动条件，而应当是相应司法机关主动提供的结果。[3]因此，侦查机关在为犯罪嫌疑人提供律师帮助方面的消极不作为是违宪的，依据美国联邦最高法院的判决，关于律师帮助权的告知是正当法律程序最起码的要求，只是在司法实践中相关告知的详细程度各地可以根据情况拥有自由裁量权。

（3）有些地区采取了十分简单的通知形式，如果被追诉人没有聘请律师，那么相关人员仅询问其是否希望申请法律援助，并不对律师帮助权和法律援助内容进行任何解释。如果被追诉人选择放弃律师帮助权，那么相应刑事诉讼程序照常进行，而如果选择申请法律援助，那么则开始资格审查程序。这种简单的权利告知程序是否符合宪法要求，上述的简单告知程序是否能够保证被追诉人对于律师帮助权的了解足够充分，以至于能够明智地作出取舍的选择？美国很多学者和司法实务人员认为，如果对相关内容和程序没有任何细致的了解，那么被追诉人很难作出明智的选择。例如，被追诉人可能会认为

---

〔1〕　Johnson v. Zerbst, 304 U. S. 458, 58 S. Ct. 1019（1938）. ——笔者译。

〔2〕　Weigner v. Russell, 372 U. S. 768（1963）；Garner v. Pennsylvania, 372 U. S. 768, 83 S. Ct. 1105（1963）；Berry v. New York, 375 U. S. 160, 84 S. Ct. 214（1963）. ——笔者译。

〔3〕　Carnley v. Cochran, 369 U. S. 506, 82 S. Ct. 884（1962）. ——笔者译。

公设辩护人是需要其支付辩护费用的，那么便会因为经济拮据而放弃申请。[1]也可能会过分低估律师在刑事诉讼程序中的价值，特别是第一次被牵连进刑事诉讼中的人。大多数被追诉人没有能力在律师帮助权的舍弃方面作出明智的选择，因此相关机关的充分告知是非常必要的。

（4）美国其他一些地区则要求公设辩护人办公室或者其他法律援助机构，直接为贫困者提供援助律师，而不论当事人是否愿意接受。因为在当地立法机关看来律师帮助权是如此重要的一项权利，无论在何种情况下放弃律师帮助权都是不明智的。很多情况下，这种强制性的法律援助模式并不是针对所有类型的犯罪，例如其中有些郡县仅要求对于面临死刑的被追诉人，政府必须为其提供律师帮助，不论其是否放弃相关权利。[2]

律师帮助权有着极其重要的诉讼价值，可以说是被追诉人各项诉讼权利能够有效行使的前提。在司法实践中有相当一部分被追诉人放弃了律师帮助权，仅仅因为其对于律师重要性以及法律援助性质的无知，这些无知多半是由相应警察或检察官故意造成的。[3]因此设计一套行之有效的制度用来防止侦查机关对于犯罪嫌疑人或者被告人的误导，对于法律援助体系的良好运行有着至关重要的作用。正如前文所述，针对这一问题在美国司法实践中并没有统一的标准，不同州有不同的规定，同一州不同的郡也是规则各异，甚至是同一法庭内不同的法官都可能采取不同的标准。实践中如此重要的问题，不应当完全交由法官进行自由裁量。各州的立法机关应当意识到这一问题的重要性，创建统一的规则对司法机关就律师帮助权的告知模式进行规制。例如在马萨诸塞州和北卡罗来纳州，就在全州范围内制定了统一的相关律师帮助权和法律援助的说明表格，以供各被追诉人详细阅读。无论如何，保障被追诉人律师帮助权的实现，同时建立覆盖所有犯罪类型的法律援助体系，是世界范围内刑事诉讼发展的潮流，相信在未来的十几年我国也必然会逐步扩大法律援助的范围，保障权利放弃的明智性则是法律援助事业稳步发

---

[1] See Larry M. Elison, "Assigned Counsel in Montana: The Law and the Practice", *Montana Law Review*, 1964, 3. ——笔者译。

[2] See Annot, "On Duty of Court to Advise Defendant of Consequences on Plea of Guilty", *A. L. R*, 2d, 1964, p.549. ——笔者译。

[3] See Mazor Lester J, "The Right to be Provided Counsel: Variations on a Familiar Theme," *Utah L. Rev* 9 (1964), 77. ——笔者译。

展的前提。

三、法律援助申请的资格审查

法律援助资格的设置对于整个援助体系的良好运行，有着至关重要的作用。如果将判断标准设定得过高，会造成很多贫困者无法得到律师帮助。如果将标准设定得过低，则会造成大量经济上仍有余力的被追诉人不当占用司法资源。除此之外还会挤压私人律师的业务空间，造成律师协会的不满。因此制定一个合适的标准，对于整个公设辩护人体系的运行是至关重要的。

但是在司法实践中为法律援助设置一个固定的标准是比较困难的，因为其中涉及太多的因素需要考虑在内。正如休斯顿联邦地区法院大法官在判决中所说的："假如一名被追诉人的所有财产仅为一套住房，但是他需要和老婆还有两个孩子住在那里，在这种情况下是否可以判定其贫困呢？假如被追诉人仅拥有2000美元的现金，但是在当地这些钱并不足以聘请一名律师，法庭应当继续等待其寻找律师还是为其提供法律援助？再假如，被追诉人在审判时一文不名但是拥有稳定的工作，可以在之后的每个月获得几千美元的收入，那么法庭应当为其提供法律援助还是等待其赚得下个月的收入？"[1]甚至有学者曾经提出用"贫困"这一个词来作为法律援助资格认定的标准，本身就是非常不妥当的。因为"贫穷"本来就是一个相对的概念，犯罪嫌疑人或者被告人是否需要真的一文不名才能有资格获得法律援助，或者是具有一定的财产也能够有权申请，仅仅用"贫困"作为标准是不能给出答案的。因此法律援助标准应当定为："被追诉人经济上无力聘请律师，或者在聘请律师后将没有足够的经济能力维持自己和家庭的正常生活。"[2]美国学者李西尔弗斯坦（Lee Silverstein）在全国范围内，就法律援助的贫困认定机制进行了实证研究，最终的研究结果得出了如下的结论：

（一）没有统一的认定模式

在对300个郡的公设辩护人体系的调研中，没有任何一个郡制定了统一

---

〔1〕　Connally Beu C.，"Problems in the Determination of Indigency for the Assignment of Counsel"，*Georgia State Bar Jourual*，1（1964），pp. 12~13. ——笔者译。

〔2〕　Gregory S. Bell "The Organization and Financing of Public Defender Systems"，*University of Illinois*，1974，p. 451. ——笔者译。

的贫困认定标准。对于每个申请人的贫困状况，都是裁判主体运用自由裁量权依各案实际情况而定，虽然有些地方制定了相应的指导原则，但是并不具有强制性。除此之外，在贫困标准的认定主体方面各地也不尽相同，有大约5/6 的被调查地区是由庭审法官负责资格审查。剩下的地区其情况也各不相同，有的规定由法官和公诉人共同决定被告人是否符合法律援助标准，其代表是科罗拉多州的威斯敏斯特（Westminster）郡和堪萨斯州的威奇托（Wichita）郡等 9 个地区；有的规定由法官和法律援助提供机构共同决定，包括洛杉矶郡和纽约城等 6 个地区；在旧金山地区和费城地区，被追诉人法律援助的资格由公设辩护人独立决定；而在夏威夷则由假释审核法官负责。另外，关于申请者贫困程度的调查手段，各地实践中的做法也不尽相同，但是基本都以问卷调查的形式做出。在人口密集并且流动性强的大城市，问卷的内容一般会比较复杂，包含个人财产拥有情况、工资收入、家庭成员关系以及汽车或房屋等不动产等。而在小城镇或乡村地区，由于人口结构比较稳定并且相互之间比较了解，所以问卷内容非常简单，通常只包括一个问题，即是否有能力为自己聘请律师。不同地区有不同的认定规则，因此在全美国范围内很难总结出一个统一的模式来概括法律援助的具体认定标准。但是规则的多样性也正表现了判例法国家规则适用的灵活性，因而更加能够因地制宜，基于各地的不同情况发挥更好的效果。

（二）资格判定手段的多样性

通过实证调研发现，各郡县普遍会采用不同的标准来判定被追诉人是否贫困，甚至有些地方同一法院的不同法官都会制定自己的标准。很多情况下被追诉人是否能够得到法律援助，取决于出现于他面前的是哪一位法官。但是在这众多的标准之中，有几项十分重要的条件几乎被所有的受调查地区和法官所采用。其中适用最为普遍的一项则是被追诉人是否支付了保释金以完成取保候审。但是对于如何通过保释金支付能力来判断法律援助的资格，各地有着不同的标准：

1. 支付保释金意味着被追诉人尚有经济余力，因此丧失法律援助资格。（在 300 个调研对象中有分布于全国 11 个州的 21 个郡采用这一标准）

2. 众多因素应当一并考虑以判断法律援助资格，但是保释金支付能力是最主要的考量因素之一。（25 个州的 40 个郡采用这一方式，包括众多大型城

市）

3. 众多因素一并考虑，保释金支付能力仅是其中平常的一项而不会被着重考虑。（47个州中的181个郡采用此标准）

4. 保释金支付能力不在考量范围内，被追诉人的其他经济条件是考虑的唯一根据。（15个州的31个郡采用该标准）

在300个调研对象中，除了通过被追诉人缴纳保释金的能力来判断其法律援助资格外，还有其他一些因素也被广泛考虑，如下表所示：

参考因素	将该因素纳入判定标准的郡县数目
被追诉人的工资收入	245
被追诉人不动产拥有情况	235
汽车以及其他有价财产的拥有情况	229
股票、债券以及银行存款	214
社保以及其他社会救济资金	154
父母或配偶的经济情况	132
其他亲属的经济情况	93

值得说明的是，通常情况下对于汽车和房产的考量，仅以第二辆和第二套为准，也就是说如果被追诉人仅有一辆汽车或仅有一套房产，那么是不能作为否定其经济贫困的依据的，因为这些是每人所必需的生活资料。但是如果仅有的车或者房子是奢侈类型，法院一般会指导被追诉人将其卖掉而购置基本款式，用盈余的金钱聘请律师。另外，一般只有在被追诉人是未成年人时，其父母的财产状况才会被考虑其中。而配偶的经济状况只有在属于夫妻共同财产的情况下才被允许考虑，如果双方婚前约定双方婚后收入均归个人，那么配偶的收入情况不能成为否定其法律援助资格的原因。

（三）各地对于贫困的认定标准普遍偏低

虽然在贫困标准的认定方面，大多数地区都制定了相关的指导性规则，但是在司法实践中，裁定者并不愿花费更多的时间仔细审查相关细节。在调研过程中，各地检察官、私人律师和公设辩护人都普遍表示，其所在地区法律援助资格审查过于随便，并且贫困认定步骤太过简单。例如一名俄勒冈州的地区检察官就表述了以下观点："法官在判定被追诉人贫困程度时，太过看重有形的财产，而那些无形的因素却也在很大程度上，影响着被追诉人聘请私人律师的能力，例如健康状况、举债的能力以及亲戚朋友帮助其获得律师帮助的意愿。如果犯罪嫌疑人或者被告人急切的需要辩护律师，那么其会发动一切关系寻找聘请律师的可能性，而公设辩护人的分配应当在这些努力之后而不是之前。"[1]

很多情况下，只要被追诉人向法庭表示其因经济困难无力聘请律师，那么法官会为其安排法律援助，而其中的真实性并不在考察的范围内。有公设辩护人陈述了如下的经历："受援助者开着一辆崭新的汽车与辩护人见面，并且表示每个月需要支付 200 美元的汽车贷款，随后该公设辩护人即向法庭反映了这一情况，法庭当即取消了其法律援助的资格。"[2]由此可以看出，在认定是否贫困这一问题上，美国公设辩护人体系存在着非常大的问题。

事实上在法律援助资格认定程序中，被追诉人拥有多少财产、是否真的贫困并不应当是唯一的参考标准。除此之外，裁判者应当充分考虑被追诉人有能力通过其他方式聘请到私人律师的可能性。有学者就建议，在被追诉人与 3 名私人律师接触并且被拒绝之前，不应当为其提供法律援助。另外，被追诉人的家庭关系和社会交往关系虽然不是有形财产，但是同样能够帮助其聘请私人律师。因为无论从血缘关系还是社会交往关系出发，总会有人愿意帮助被追诉人保障诉讼利益。

在美国司法实践中，有太多的被追诉人滥用自己在法律援助方面的权利，尽管他们刚买了房子、刚换了汽车、有一份稳定的工作，他们仍然会向法庭谎称其身无长物的经济状况，因为并没有人会真正的审查。这一司法现状必须得到改变，对于法律援助的资格应当进行实质性审查，应当要求被追诉人提交宣誓后的贫困说明并予以确认。法律援助中草率的形式性审查有着太多的弊端，首先，令大量不诚实的人享受到了本不属于他们的法律援助，侵占了贫困者的司法资源；其次，对于诚实者的不公。如果被追诉人选择诚实地

---

〔1〕 Lee Silverstein, *Defense of The Poor in Criminal Cases in American State Courts A Field Study and Report*, American Bar Foundation Library of Congress, 1965, p. 109. ——笔者译。

〔2〕 Lee Silverstein, "Defense of The Poor in Criminal Cases in American State Courts A Field Study and Report", *American Bar Foundation Library of Congress*, 1965, p. 109. ——笔者译。

汇报个人财产状况，也许就会因为经济上仍有余力而得不到法律援助。但是那些更为富裕的被追诉人却可能因为谎报经济状况，而得到免费的法律辩护。如此的结局会鼓励更多的被追诉人谎报财产以谋求法律援助，而有限的援助资源必然无法承受如此庞大的数目，这对国家、公设辩护人以及法律援助律师都会造成极大的负面影响。因此如前文所述，实质性的法律援助资格审查是相当必要的。

四、法律援助资格审查后的处理

如前文所述，美国大多数郡县在司法实践中都采用形式审查模式，因此绝大多数申请都会通过审查，而随后法律援助案件会被分配到相应的公设辩护人办公室，或者直接由法官为其指派援助律师。但是在案件数量增长和法律援助资金缺乏的现实情况下，为维持法律援助体系的正常运转，相关部门越来越重视对于被追诉人贫困资格的审查，以减少法律援助案件的数量。关于如何处理没有通过审查的案件，美国各地方则有着不同的规则。

在全美国有大约2/3的郡县在处理这一问题上采取了消极不作为的态度，仅规定如果申请人没有通过贫困性审核，则不具备接受国家法律援助的资格，相关机构对其进行通知后建议聘请私人律师。而在其他的地区，法庭会在不同程度上帮助被追诉人获得律师为其辩护，其中最为普遍的做法是将被追诉人介绍给律师协会，并向其推荐与之经济能力相符合的辩护人。除此之外，很多法官会直接向被追诉人介绍当天出现于法庭的律师，帮助形成委托辩护关系。当然辩护条件完全由二者商讨决定，但是由于有法官的居中协调，通常代理费用会有一定的优惠。如果在法庭的努力帮助之下，被追诉人仍然不能聘请律师为其提供辩护，那么后续法庭将如何处置？特别是在"米兰达规则"出台之后，在辩护律师缺位的情况下，刑事诉讼很难往后进行下去，这对于法庭来说是一个非常棘手的难题。政府是否应当为有能力聘请律师但不愿意花钱聘请律师的被追诉人提供法律援助，如果被追诉人有一定的经济能力，在接受了法律援助之后是否应当要求其支付其能够承担的部分？如果被追诉人仅有能力支付最基本的律师费用，而无力承担诉讼中产生的侦查费用、专家证人出庭费用以及其他相关开销，那么政府是否应当辅助性地为其提供部分性的法律援助？这些都是美国公设辩护人制度在运行当中所遇到的非常棘手又亟待解决的问题，对于这些问题不同的地区又有不同的解决办法。

首先，对于有经济能力却不愿聘请律师的犯罪嫌疑人或者被告人，各地法庭为了维持刑事诉讼的正常进行，普遍会采用法律援助的形式为其指定援助律师或者公设辩护人。虽然最终以法律援助的形式为其指派辩护人，但是相应辩护服务并不是免费的，无论是律师的出庭费用、专家证人的聘请费用抑或是侦查人员的雇佣费用均按照律师市场的平均价格收费。待到诉讼程序终结之时，相关费用由提供辩护服务的私人律师或者公设辩护人办公室向相应当事人追偿。对于这种情况，很多地区会适当提高最终追偿的收费金额，其中有一定的惩罚意味，以惩罚被追诉人的不作为，同时鼓励其他案件中的犯罪嫌疑人或者被告人积极聘请律师或者干脆放弃律师帮助权。

其次，由于很多地区对法律援助资格采取形式性审查，因此太多的法律援助对象在之后的诉讼程序中，被公设辩护人或者援助律师发现谎报个人经济状况。对于这种情况的处理不同地区则有不同规定。李西尔弗斯坦教授在其调研报告中同样对这一问题进行了总结：在300个调研郡县中，有100个直接规定如果被援助对象谎报经济状况，那么直接取消其法律援助资格并且限定时间要求其自行聘请辩护律师；有60个郡县规定，法律援助照常进行但是被追诉人应当向相应的援助律师或者公设辩护人办公室支付辩护费用；同时有10个郡县规定，不论事后是否查明被援助对象谎报了财产情况，法律援助一律继续进行并且仍然不收受任何费用；还有些地区允许援助律师或者公设辩护人与被追诉人进行私下协商，在支付相应的代理费后将法律援助转变为委托辩护，否则援助者可以选择自由退出；其余的郡县没有就这一问题出台相应的规定，大多因为在它们的制度设计中，被追诉人一经获得法律援助资格则不再对其进行复查。[1]

最后，对于经济状况不算贫困，但是却不足以维持整个刑事诉讼程序庞大开销的被追诉人，政府是否应当为其提供与之经济状况相应的法律援助？这一问题在美国学术界被广泛关注，因为这其中涉及了大量被追诉人的诉讼权利保障。有学者就这一问题向全美国范围内的300个郡县的法官、检察官和公设辩护人发出近千份调查问卷，收到回复636份，其调查结果归纳如下表：

---

〔1〕 Lee Silverstein, "Defense of The Poor in Criminal Cases in American State Courts A Field Study and Report", *American Bar Foundation Library of Congress*, 1965, p. 111. ——笔者译。

态度	法官/ 人数	检察官/ 人数	公设辩护 人/人数	总计
这并不是一个问题，当事人可以自己解决	43	37	6	86
认为这是一个难题，但不知道如何解决	26	26	5	57
只要不符合法律援助条件那么被追诉人就应当自己聘请律师，政府不必援助	57	36	7	100
被追诉人支付其所能负担的，余下的辩护费用由政府承担	61	66	3	130
当事人应当被认定符合法律援助资格，而由政府提供完全的法律援助	25	21	6	52
在当事人支付固定的手续费后由政府帮助其聘请律师	8	0	0	8
政府应当建立律师推荐系统，帮助当事人聘请合适律师，避免过度收费	11	3	9	23
其他评论	10	3	9	22
没有评论或不能表达清楚	64	84	10	158
总计	305	276	55	636

通过调查报告可以看出，更多的受访者认为在被追诉人有一定的经济基础但是不足以支撑整个刑事诉讼过程的情况下，政府应当提供法律援助，但是被追诉人需要在其所能负担的范围内支付辩护费用。事实上在美国已经有至少4个州，规定了政府应当对相对不富裕的被追诉人提供相应的法律援助，即爱德华州、缅因州、俄勒冈州和弗吉尼亚州。除此之外，这一规则同样被很多从事法律援助业务的私人慈善机构所采用，用吸收的社会捐款为相对贫困的犯罪嫌疑人或被告人提供法律援助。[1]

在收到的反馈中很多学者建议改变法律援助资格的认定标准。目前在美国绝大多数地区是以被追诉人的经济状况是否贫困为标准来判定法律援助资格。但是刑事诉讼是一个持续的过程，而法律辩护在不同的诉讼阶段都会产生相应的费用，除了相应的律师代理费用之外还会产生保释金、调查取证费、

---

[1] See Matthews, "The English System-A Native View", *22 Legal Aid Brief Case*, 1963, pp. 71 ~ 76. ——笔者译。

证人出庭费和专家聘请费，等等。同时贫困是一个相对的概念，应当以被追诉人不能负担最初的律师代理费来认定贫困，还是以被追诉人不能负担整个刑事诉讼所产生的开销为标准，实践中并不确定。很多地区为了减少法律援助的投入而提高了贫困的认定标准——只有无力支付律师代理费的被追诉人才被认为贫困。这使得大量能够聘请律师却无法承担整个诉讼程序开销的被追诉人无法得到律师辩护，严重影响了其诉讼权利的行使。因此众多学者建议将法律援助资格审查的标准由"贫困"改变为"经济上不能维持有效的诉讼代理"，改变后的标准则涵盖了整个刑事诉讼程序，无论被追诉人是否有能力聘请律师，只要其经济状况不能保证律师辩护权在整个诉讼程序中的有效行使，那么政府就应当为其提供法律援助。

在其他评论这一栏中，不乏非常具有建设性的提议。例如，来自马里兰州的1位受访者表示，被否定法律援助资格的被追诉人如果声称经济上无力聘请律师，那么应当向法庭提供3名曾经拒绝为其辩护的律师的姓名，法庭查证属实后应当为该被追诉人提供法律援助。在密苏里州法庭有权根据被追诉人的实际情况向后延迟开庭日期，给予其更充足的时间聘请辩护律师。在怀俄明州不具备法律援助资格的被追诉人，如果由于个人社会和经济资源的不足而无法聘请到合适的律师，那么法庭可以为其指定私人律师或者公设辩护人进行辩护，但是应当按照当地刑事法律辩护的平均价格收费。

在美国相当一部分州都建有自己的律师推荐系统，它为社会资源和手段欠缺的犯罪嫌疑人或者被告人提供律师推荐服务，依据各人经济情况为其推荐和联系相应的辩护律师。这项制度创立之初是法官为了保证庭审的顺利进行，而私下帮助社会资源相对有限的被追诉人推荐律师的个人行为。随后因为良好的社会效果而被广泛认可，遂逐渐形成了法院内部一套固定的推荐机制。这项制度在司法实践中发挥了巨大的作用，因为有相当数量的被追诉人由于经济条件的相对有限以及社会交往的匮乏，而很难找到合适的辩护律师。法庭每天都会接触各种律师，因此在辩护人推荐方面有着极大的信息优势，在帮助聘请律师的同时推动诉讼程序的有效运行。经过长时间的发展，独立的辩护律师举荐系统在各地被广泛建立，但是在不同地区该系统所归属的部门各不相同——法院、律师协会或者公设辩护人办公室等。在各系统内部都建有相应的律师资料库，包含各律师的收费标准以及其他各项信息，能够有效地帮助被追诉人聘请合适的律师。[1]

五、如何建立更加完善的法律援助资格认定体系

怎样的认定体系才能够称得上是完善，通过相关学者实证调研的数据和各受访者所给予的反馈，一套完善的认定体系应当符合下列标准：

1. 资格认定标准的统一性，即相似经济情况的被追诉人应当得到相同的处理结果。

2. 资格认定标准的详细性，应当在最大限度内减少对于法律援助申请者经济状况的误判。同时尽量避免对于"反对自我归罪"这一宪法性原则的违反。

3. 资格认定机制应当具有相当的灵活性，能够兼顾考虑各案的差异性，分析各法律援助申请者所涉嫌的不同犯罪类型、所生活地区经济成本，以及其牵涉案件所处的刑事诉讼阶段。

4. 在法律援助资格的认定方面，应当考虑那些经济条件稍好但却不足以支撑整个刑事诉讼费用的被追诉人，为其提供适当的法律援助手段。

5. 被追诉人支付保释金获得取保候审的情况，应当是法律援助资格审核的一项考量因素，但是绝不能因为保释金的支付就认定其经济富裕而否定法律援助资格。

6. 在申请人的法律援助资格被否定后，应当有相应的机制为其推荐合适的辩护律师。

法律援助资格的审查是整个法律援助系统的把关程序，无论是公设辩护人制度还是援助律师制度，如果不能建立起一套完善的资格审查体系，那么必将影响整个援助制度的运行。过于宽松的审查会造成大量案件的涌入，最终导致整个系统的崩溃，而过于严苛的审查则使得大量贫困的被追诉人无法得到帮助，最终影响这个社会对于司法系统的信任。上述相关制度的评价标准是经过学者在全美国范围内广泛调研而得出的结论，总结了各地公设辩护人等法律援助实践人员的经验和教训，具有非常大的实践价值和极强的可操作性。

首先，对于上述第 1 项和第 2 项标准的完成。各地的法律援助系统可以

---

〔1〕　See Barlaw F. Christen, "Lawyer Referral Service: An Alternative to Lay-Group Legal Services?", *UCLA Law Review*, 12 (1965), 341. ——笔者译。

制定统一的资格认定规则要求其所管辖范围内的所有公设辩护人办公室或其他法律援助机构遵守，并且相关规定应当尽量详细，为相关人员提供操作性更强的资格认定标准。例如宾夕法尼亚州最高法院制定了关于法律援助资格判定的相关规则，[1]要求所有法律援助申请者提交统一的申请表格。申请表涉及被追诉人的财产情况、工作情况、家庭成员和之前的聘请律师经历，另外假如申请者交纳了保释金那么必须说明保释金的金额和支付主体。尽管在该州的相关制度下，仍然赋予了法官在判定法律援助资格方面较大的自由裁量权，但是它统一了裁判法官所能接触到的信息，防止法官在不同的案件中接触到不同的信息，而影响裁判标准的统一性。

其次，对于上述第 3 项和第 4 项标准，资格认定的标准应当是一个相对的概念，不同的案件应当区别考虑。申请人所涉嫌犯罪是否严重以及案情发生是否曲折等因素，都会增加辩护的难度而需要更高的辩护费用。相同经济情况的被追诉人也许有能力支付盗窃罪的辩护费用，但却不一定能够负担故意杀人罪的辩护开销。除此之外在另外一种情形下，被追诉人有能力支付审前程序的律师费用，却无力承担审判程序的诉讼开销，负担得起一审程序却不能支撑上诉程序。因此一个完善的资格认定体系应当是灵活的，能够根据个案情况做出最符合实际的裁判。

再次，关于第 6 项规定的律师推荐机制。如果申请者没能通过资格审查，同时由于社会交往的匮乏而不能聘请到律师，那么相关部门应当帮助其举荐律师。这要求建立配套的律师举荐系统，需要法院、公设辩护人办公室等相关部门与律师协会建立更加紧密的联系，以共同组建律师举荐机制。

最后，上述 6 项标准是相对固定的，但是司法实践中各地资格认定体系的设置应当根据不同情况灵活应对。事实上如何建立一套完善的资格认定体系并没有绝对统一的标准，应当根据各地方不同的实际情况因地制宜，例如该地区刑事案件的发案率、地理面积的大小、是否建有完备的公设辩护人系统，以及人口数量等。人口数量拥有着最大的影响力，总的来说越是人口稠密的地区，越是应当建立更加缜密的法律援助资格审查体系。在人口稀疏的乡村地区，流动人口少，同时人与人之间的交往也更加频繁，因此凭借法官

---

〔1〕 Pa. R. Crim. P. , R. 318A, Pa. Stat. Ann. Tit. 18 Appendix（1964 Supp. ）. ——笔者译。

和其他相关工作人员对申请者的熟识即可判定大多数人的法律援助资格。除此之外，人口稀少的地区案件发生并不频繁，因此即使对于个别法律援助申请，法庭无法立即做出判断，那么也有相对充足的时间和人力物力资源进行个案的详细调查。

在人口密度适中的地区，也需要建立相对缜密的资格认定体系。因为在这些地区法官通常有更多的案件需要处理，并且很难通过个人的社会交往关系而了解申请者的经济状况。如此便需要相应机关建立统一的问卷表格，由申请者本人填写或者由专门的调查人员进行填写。很多地区的问卷表格中都包括需要申请者宣誓并且签字的条款，这种情况下如果其提供不实信息将有可能受到伪证罪的处罚。这种做法从某种程度上讲，能够有效地防止被追诉人提供虚假信息骗取法律援助，但是以伪证罪这一刑事犯罪作为处罚手段似乎并不符合比例原则，况且保障公民辩护权本就是政府的职责。在这里政府之所以要惩罚在资格审查中作弊的申请人，是因为政府在提供法律援助能力方面的不足，需要排除一部分人的援助资格，这其中并没有太多的合理性，政府的失职却最终要人民来承担责任。

实践中还有另外一种保障信息真实性的手段，即在申请人提交问卷表格之后，负责资格审查的相关部门会对其中重要的和疑似虚假的情况进行重点核实。核实手段五花八门，例如与其他行政机关合作调取申请人的相关财产信息；到申请人所居住社区进行访问；或者直接对被追诉人进行面试等。相比较之下这种信息真实性的确认手段较为繁琐，可以说通过专门调查确保信息真实性的手段更加合理也更值得推广和借鉴。[1]

第二节　公设辩护人体系内法律援助案件的分配

美国公设辩护人制度分为两种模式，横向模式和纵向模式。其划分的主要依据是各公设辩护人所承担和分配案件的方式不同。因此在论及公设辩护人体系内案件分配模式时应当区别对待。

---

〔1〕　See Lee Silverstein ，"Defense of The Poor in Criminal Cases in American State Courts A Field Study and Report"，*American Bar Foundation Library of Congress*，1（1965），pp. 114~118. ——笔者译。

一、横向模式下的案件分配

在横向模式的公设辩护人体系下，每个公设辩护人承担一整桩案件的辩护，代理被追诉人从最初的侦查程序一直到最终的判决结果生效。在这种模式下公设辩护人被分配到的是具体的案件以及特定的被追诉人。

（一）监管委员会分配模式

为了保证公设辩护人能够全心全意为被追诉人提供辩护，而免受各政府机关的影响，美国很多地区都避免将公设辩护人系统设立成政府职能部门。在一些地区是由议会建立专门的公设辩护人管理委员会，来管理当地的公设辩护人体系的运行。例如密歇根州的底特律（Detroit）郡，其公设辩护人办公室隶属于"密歇根州法律援助与公设辩护人委员会"，这个委员会包括13名工作人员和若干行政辅助人员，主要负责公设辩护人体系的统筹管理。例如，人员晋升、经费支出和案件分配等。[1]

在这种监管模式下，法庭会将一定比例的法律援助申请转呈于公设辩护人管理委员会，委员会在进行相应的资格审查之后会对案件进行分配。往往在这种由专门机关负责的模式下，法律援助案件的分配会非常的细致，会根据各案的具体情况将案件分配于更加合适的辩护人。最为普遍的做法是，根据案件的复杂程度和被追诉人所面临刑罚的严厉程度，将案件分配于不同经验层次的辩护人，越是经验丰富的公设辩护人越是应当承当更加复杂的案件。与此同时，委员会掌握了其管辖范围内各公设辩护人的具体情况，例如工作经验、擅长的辩护领域甚至是脾气性格等。因此对于一些特殊性质的案件，委员会能够根据具体的案情将其分配给最合适的公设辩护人。例如，如果是有关未成年犯罪的案件则更有可能被分配于女性公设辩护人或者专门负责未成年法律援助的辩护人[2]。在乔治亚州的亚特兰大地区，所有的刑事案件被更加详细地分为各种类型，例如，性犯罪、未成年人犯罪、死刑犯罪、财产型犯罪以及信用型犯罪等。其分类依据是不同类型的犯罪所涉及的专业知识

---

[1] See Nancy A. Goldberg, "Defender Systems of the Future: The New National Standards", *American Crimiual Law Review*, 12（1974-1975），709. ——笔者译。

[2] See Sara J. Totonchi, "Fulfilling Promises: Celebrating the First Decade of Georgia's Public Defender System", *Georgia Bar Jourual*, 21（2016），p. 22. ——笔者译。

各有差异，而不同的公设辩护人基于不同的生活、知识背景以及独特的性格特征，都会有各自擅长的领域，因此依据各辩护人的专长而分配不同类型的案件，能更有效地保证辩护质量。无独有偶，在乔治亚州的富尔顿（Fulton）郡，将案件依据其复杂程度被分为3个等级——简单、平均和复杂。简单型的案件包括：非暴力并且案情不复杂的案件，例如盗窃类的财产性犯罪和毒品类犯罪等。像入户盗窃、故意伤害等稍微严重的犯罪则属于平均类型的犯罪。而故意杀人、抢劫和强奸等则属于复杂类型。[1]不同的公设辩护人依据其从业年限和资历，会被分配到不同等级的案件。资历高的辩护人一般负责相对复杂的案件，但有些时候也会被分配简单案件，但是资历较浅的辩护人一定不会负责复杂案件。

除此之外，每个公设辩护人的案件业务量也是委员会所必须考虑的，保证辩护人有足够的精力能够有效地完成法律援助任务，因此委员会通常会将每个人所代理的案件数量维持在一个相对平等并且合理的数量。由专门机关负责案件分配的模式是最为合理和人性化的，能够根据各案情况将不同的案件分配给最合适的公设辩护人，最大限度地保障法律援助的有效性。同时也能够在一定程度上控制每个辩护人所负担的案件量，防止过重的辩护任务影响了辩护质量。但是这种案件分配模式，需要有专门的机构进行案件的分配，需要消耗一定的财力和人力。在美国司法实践中，有相当一部分地区的公设辩护人系统资金严重不足，因此很难组建专门的案件分配机关进行案件分配。除此之外，依据案件个性化特征进行案件分配的模式，需要分析和考量每桩案件的特殊案情并且找到相应的辩护人对其进行辩护，相较之下这一过程相当的耗时，并不能以最高效的方式完成案件的分配。

（二）法官分配模式

在美国有相当一部分地区公设辩护人制度起步较晚，地方议会也并没有建立专门的监管委员会。在这种情况下，多数地区采取了由治安法官负责分配法律援助案件的模式。例如威斯康星州的密尔沃基（Milwaukee）郡，在该地区所有治安法官手里都有相应公设辩护人的名录，每当有被追诉人提出了法律援助申请，法官在作出资格审核之后便依据公设辩护人名录进行案件的

---

[1]　载乔治亚州Fulton郡公设辩护人官网，http://www.fultoncountyga.gov/fcpubd-about，最后访问时间：2016年11月16日。

分配。在这种分配模式下，负责案件分配的法官拥有极大的自由裁量权。司法实践中，可能因为某位公设辩护人正好出现于法庭，法官便将法律援助案件分配给他，或者依据辩护人姓名的字母表顺序而进行案件分配。[1]通常情况下，治安法官并不了解各公设辩护人的资历和辩护专长，也不会考虑各案的具体案情，为了节省时间其只是随意地进行案件安排。当然在法官繁重的审判压力下，此种分配模式确实能够节省很多的时间，但是如果完全不考虑案件的性质和辩护人的资历而将死刑案件交由新进辩护人进行代理，这必然会影响辩护的诉讼效果，甚至有可能最终被判定为无效辩护。除此之外，不受规则约束的权利容易滋生腐败，在司法实践中曾经出现过公设辩护人，为了获得较少的案件分配而贿赂法官的情况，或者有目的的与负责案件分配的法官搞好关系，以避免承担更多的法律援助任务。[2]

（三）公设辩护人办公室内部分配模式

在司法实践中有相当一部分地区的法律援助案件，由公设辩护人内部自行分配。在这些地区，相应的法庭或者侦查机关会将一定量法律援助申请转交给当地公设辩护人办公室，由其负责资格审查和具体案件的分配。一般在这些地区的公设辩护人办公室内部，会设有专门案件分配部门负责所有法律援助案件的分配，在人口较少的郡县该机构一般由 1 到 2 人组成，人口相对较多的地区由 4 到 5 人组成。其工作模式与上述公设辩护人委员会分配机制相似，只是此处的案件分配部门并不是公设辩护人的上级机关，也并不负责职能监督。因此相关公设辩护人可以随时就案件的分配提出异议，也可以主动告知案件分配机构其对于特定辩护类型的专长和喜好。除此之外，各公设辩护人通常可以相互之间随意交换负责的案件，根据个人意愿进一步协调案件分配结果。在这种模式下，案件分配机构在整个体系下仅相当于 1 个服务部门，其主要职能是帮助各公设辩护人更好地完成辩护任务。

但是对于规模较大的公设辩护人系统，由于业务量庞大而且工作人员结构复杂，因此只有采取制度化的行政管理模式才能够保障其良好运转。例如

---

〔1〕　See Nancy A. Goldberg, "Defender Systems of the Future: The New National Standards", *Am. Crim. L. Rev*, 12 (1974-1975), 709. ——笔者译。

〔2〕　Kittel, "Defense of the Poor: A Study in Public Parsimony and Private Poverty", *Indiana Law Journal*, 45 (1971), 90. ——笔者译。

路易斯安那州的奥尔良（Orleans）郡，其采取的内部案件分配模式就包含了非常详细的制度化规则。在奥尔良郡公设辩护人系统内部，有一套依据各辩护人的诉讼能力对其进行分级管理的体系。在法律援助案件分配时，相关人员会充分考虑各案件的种类和复杂程度并将其定级，保证分配到案的公设辩护人有足够的资历胜任该案件的难度。所有的案件依照其社会危险性，以及可能被判处的刑罚被分成5个级别，最轻的级别包括所有可能判处6个月监禁刑以下刑罚的案件，例如实践中出现最多的犯罪行为就是非法持有大麻等违禁物品。与此同时，各公设辩护人也依据其资历被划分为相应的5个等级。拥有最少工作经验的公设辩护人被规定为第一级别，一般是工作不到1年的新进职员，主要负责上述可能判处6个月以下刑罚的案件。第5级别的公设辩护人一般是系统内资历最为深厚的，拥有至少5年的刑事辩护经验的人员，负责那些涉嫌最为严重犯罪且面临最高刑罚的案件。从第2到第4级别，公设辩护人的资历依次提高，其所承担的辩护案件难度也是逐级增加。每个公设辩护人经过了几年的工作历练或者是工作表现特别突出，都有机会获得级别上的晋升。级别晋升不仅意味着有机会办理各种复杂的大案要案，而且能够获得更高的工资待遇和办案补贴。[1]这种等级划分模式保证了各重大复杂案件能够由经验丰富的资深公设辩护人进行代理，避免了案件复杂程度与辩护人实践能力的不匹配，同时也为各公设辩护人设置了一个努力工作以谋求晋升的机制。这一机制不但能够鞭策各辩护人积极履行职责，而且也能有效地留住新进职员，保证优秀人员不外流。在司法实践中优秀公设辩护人大量外流是该系统所面临的重大问题之一。因为作为公设辩护人收入情况普遍比不上私人律师，大多数新进公设辩护人的工作心态仅是增加辩护经验而后转行。如果没有具体的晋升机制，那么长时间处理简单案件无法进一步提高个人能力，会让大多数公设辩护人丧失希望而离开这一行业。但是假如辩护人能够持续不断地代理不同类型且更加复杂的案件，那么对于不同案件类型的好奇以及对于不断提升辩护能力的渴望，会促使其留在这里不断地经历不断地学习。即使辩护人达到了最高级别，其所拥有的荣耀感和优厚的待遇，也

---

〔1〕 See Irene Oritseweyinmi Joe, "Systematizing Public Defender Rationing", *Denver Law Review*, 93 (2016), 389. ——笔者译。

会阻止其离开。[1]因此奥尔良郡的公设辩护人分级模式是非常值得借鉴和学习的。

（四）自由分配模式

在美国一些人口稀少的地区，由于刑事案件的发案率低，案件数量少，因此相应的公设辩护人办公室规模也就非常有限。例如在洛杉矶郡公设辩护人办公室建立之初，仅有5名公设辩护人工作其中。[2]现如今如此规模的公设辩护人系统在美国仍有很多，特别是在中西部人口稀少的地区。这种情况下的公设辩护人办公室就完全没有必要专门建立案件分配机构。案件分配可以在各公设辩护人内部自由进行，可以内部制定一套案件分配规则而机械的分配案件，例如每人负责特定日期的案件等。或者每一周都推举一名公设辩护人专门负责分配案件。在这种案件分配模式下，各公设辩护人办公室有极大的自由，能够充分地发挥各工作人员的创造力，并且可以随时依据具体情况作出规则的调整。但是这种模式有着很大的局限性，也就是它仅能适用于案件业务量少，体系规模小的公设辩护人办公室。因此并不具有宣传推广的价值。[3]

二、纵向模式下的案件分配

（一）纵向分配模式的概述

"在全美国范围内，公设辩护人系统所面临的最大难题即是，有限的公设辩护人资源与日益增长的法律援助业务量之间的矛盾。"[4]纵向公设辩护人体系之所以产生，是因为过于繁重的案件压力，使其为了寻求效率而不得不牺牲个案的辩护质量。因此，为了最大程度地节省诉讼资源，在很多地区的纵向公设辩护人系统内部有相当一部分职能机构都被精简掉了，其中就包括案件分配部门。

［1］ See Charles J. Ogletree, "An Essay on the New Public Defender for the 21st Century", *L. & CONT-EMP. PROBS* 58 (1995), 85. ——笔者译。

［2］ See Paul B. Wice, *Public Defenders and the American Justice System*, 2005, p. 10. ——笔者译。

［3］ See Irene Oritseweyinmi Joe, "Systematizing Public Defender Rationing", *Denver Law Review*, 93 (2016), 389. ——笔者译。

［4］ See Todd A. Berger, "After Frye and Lafler: The Constitutional Right to Defense Counsel who Plea Bargains", *Am. J. TRIAL ADVOC*, 38 (2015), 155. ——笔者译。

伊利诺伊州杜佩奇（Dupage）郡的公设辩护人系统就属于典型的纵向模式。为了节约诉讼成本，以尽可能多地完成法律援助任务，该郡公设辩护人办公室内部并没有设立专门的案件分配机构，一般就是由电脑程序，或者单独的人员随机分配案件。因此在具体案件分配之时，并不会考虑任何的案件信息，以及各公设辩护人的擅长领域与经验背景，各公设辩护人即简单地被分配到相应的法庭，负责为出现于该法庭的所有案件进行辩护。如此的分配机制忽略了案件差异与各公设辩护人诉讼能力的不同，一名新进辩护人也有可能面对最为复杂的案件，而在这种情况下针对个案情况进行重新分配几乎是不可能的，因为一个注重效率的机制是很难再同时关注细节的。[1]

（二）纵向分配模式的弊端

1. 分配模式过于粗糙，不能考虑具体细节

每个辩护人的能力都是随着辩护业务量的积累而不断提升的，其中越是复杂的案件越是能够帮助积累更宝贵的经验。在公设辩护人纵向模式下，辩护人每天面临着出现于法庭繁简纷呈的各种案件，虽然这样能够非常有效地培养和锻炼新人，但是却让被追诉人承担了由于辩护人能力不足而发生无效辩护的风险。

2. 容易造成特定诉讼阶段的法律援助空白

在纵向分配模式下，例如在杜佩奇郡，各公设辩护人仅被分配于不同法庭，因此从犯罪嫌疑人被第一次讯问到其第一次出席法庭这段时间内，成为公设辩护人法律援助的空白，不存在辩护人可为被追诉人提供帮助。虽然犯罪嫌疑人可以自己聘请律师，但是如果经济条件不允许则丧失了获得律师辩护的权利。实证调研结果表明，由于辩护业务量的巨大压力，杜佩奇郡公设辩护人系统仅为提起公诉后的案件提供法律援助。[2]依据该地区的法律，从犯罪嫌疑人被逮捕到提起公诉其最长期限不得超过30天。这就意味着如果被追人经济上无力聘请律师，那么其最长会有30天的时间处于被羁押状态并且无法获得律师帮助。如果是在横向案件分配模式下，很多地区规定被追诉人

---

〔1〕　关于杜佩奇郡公设辩护人系统运行的社会调查，https://www.dupageco.org/PublicDefender/30835，最后访问时间：2016年11月17日。

〔2〕　关于杜佩奇郡公设辩护人系统运行的社会调查，https://www.dupageco.org/PublicDefender/30835，最后访问时间：2016年11月17日。

在首次讯问时就有权申请法律援助，如此就不会出现犯罪嫌疑人被羁押却无法得到法律援助的情形。而在纵向案件分配模式下，公设辩护人无法为被追诉人提供法律援助，因为他们仅被分配于法庭而很少有人负责看守所或者监狱。[1]

美国律师协会（American Bar Association）出台了关于法律援助有效性的指导性规则，其中第 7 条规定了有效的法律援助应当是同一名公设辩护人或者援助律师，自始至终负责一桩案件的辩护，因此也就否定了公设辩护人的纵向案件分配模式。"在纵向模式下有着从逮捕到正式提起公诉的一段辩护空白期，而这是非常致命的缺陷。刑事诉讼程序每一阶段都是如此重要，任何一个阶段的失误都可能导致最终的不利判决。"[2]

第三节　法律援助案件的具体办理

一、公设辩护人与当事人的会见

在案件分配具体确定之后，公设辩护人会得到相应案件的案卷材料。在完成了对于相关材料的阅读，并对案件情况进行初步了解之后，公设辩护人的法律援助即正式开始。通常情况下法律援助开始的标志即是辩护人与被追诉人的第一次会见。在美国司法实务界，各地公设辩护人体系依据具体案件分配方式的不同分成纵向模式和横向模式，不同的模式下辩护人会见当事人的方式也不尽相同。

（一）横向模式下的会见

在横向公设辩护人模式下，法律援助案件被具体分配到各辩护人，也就是说各案中被追诉人与辩护人是一一对应关系，这一关系开始的标志是双方之间实现第一次会见。在司法实践中有相当一部分郡县，为法律援助制定了严格的实施程序包括：法律援助的告知程序、申请程序以及相应机关的回应程序。告知程序要求相应机关告知被追诉人政府保障其律师辩护权，然后为

---

〔1〕 See Irene Oritseweyinmi Joe, "Systematizing Public Defender Rationing", *Denv. L. Rev*, 93 (2016), 389. ——笔者译。

〔2〕 See Irene Oritseweyinmi Joe, "Systematizing Public Defender Rationing", *Denv. L. Rev*, 93 (2016), 389. ——笔者译。

其提供法律援助申请表格以完成申请程序。最终的回应程序也是必不可少的步骤之一，如果法律援助申请被驳回那么由相应机关通知当事人，并告知其有申请复议或提起诉讼的权利，如果申请被批准那么通常由负责相应案件的公设辩护人在第一次会见时完成对于法律援助申请的确认程序。因此在案件分配完毕后，公设辩护人会尽可能早地完成第一次会见，通知法律援助申请得到了批准并且确定辩护关系，保障后续刑事诉讼程序的顺利进行。公设辩护人基于法律援助所进行的会见，遵循了一般会见的基本步骤，但是同时也具有相应的特殊性：

首先，公设辩护人需要向被追诉人表明自己的身份，并进行充分的解释。因为对于没有法律知识背景的犯罪嫌疑人或者被告人来说，很有可能并不了解公设辩护人的社会属性、工作性质等信息。与此同时，公设辩护人与当事人的法律代理关系，并不是基于当事人或者其亲属的委托而是基于政府的委派，在前一种委托辩护模式下被追诉人有足够的渠道可以了解相应律师的各种背景，而如果是政府委派那么在第一次会见发生之前，当事人没有任何途径了解公设辩护人。公设辩护人在最初会见时详细阐明和解释自己的身份和工作性质是必要和必需的。除此之外，在美国很多郡县都要求公设辩护人，必须将其是政府工作人员的身份告知当事人，因为公设辩护人的这一特征与一般人所理解的辩护律师有着截然不同的属性，这一特殊身份很可能会影响双方之间信任关系。在普通人看来政府职员通常不会全心全意履行辩护职能，那么被追诉人的诉讼权利就成为被牺牲的对象。虽然上述观念并不是事实，但是这种偏见却并不鲜见，因此应当在会见伊始即把相关身份信息告知当事人，给予其选择是否接受公设辩护人法律援助的充分自由，否则如果当事人一直被蒙在鼓里那么其很可能在被定罪之后，以辩护人隐瞒重要信息为由主张程序不公正。

其次，努力建立双方的信任关系。一场有效且精彩的辩护除了需要辩护人深厚的法律知识和精湛的辩护技巧外，更需要其能够与当事人建立充分的信任关系。因为只有得到了当事人充分的信任，才能够获得最准确的案件信息，在法庭上完成满意的庭审配合。在美国被广泛认同的一句谚语是："我们付出多少金钱，就得到多少服务。"[1]委托辩护模式下，私人律师与被代理人

---

〔1〕　英文原文是："We get what we pay."

有着金钱的雇佣关系，这使得双方的合作有了最根本的基础，同时律师协会独立于政府机关的超然地位，为这一代理关系进一步增加了信任的筹码。然而公设辩护人的法律援助则完全不具备上述条件。国家为了维护社会的秩序，因此组建了警察机关和检察机关进行犯罪的侦查和起诉，同时又为了保护犯罪嫌疑人或者被告人的相关诉讼权利，而建立了公设辩护人系统，为被追诉人提供法律辩护服务。政府既负责打击又负责保护，两项相互对立的职能集于一身，这本身就是一个难以调和的矛盾。[1]因此政府很难二者兼顾而必有一方侧重，实践中几乎所有的地方政府都会更偏向于惩罚犯罪维护社会秩序。这也就造成了大多数被追诉人对于公设辩护人职业素养的怀疑，误解其为检察机关的惩治犯罪的"帮凶"。

公设辩护人在进行法律援助之初，第一个需要完成的任务即是正本清源，消除被追诉人对于其法律援助工作的误解，重新构建良好的信任关系。由于社会中对于政府职能的偏见根深蒂固，仅凭借第一次会见很难促成双方稳固的信任关系，事实上信任的建立是一个过程，需要在之后各诉讼阶段中不断地巩固和促进。其中公设辩护人的职业素养和敬业精神非常重要，其是否能以最积极的态度全心全意为被追诉人争取利益，是否具备良好的业务素质为被追诉人分析案情出谋划策，这都将成为双方信任关系建立的关键。在美国司法实践中，有相当一部分公设辩护人并不能达到上述要求，绝大多数情况下仅仅扮演了出现于法庭的摆设的角色。

除了能力和态度之外，一些其他的手段和措施也同样能够帮助双方信任关系的巩固，例如由公设辩护人充分履行说明义务，向当事人说明公设辩护人系统是非常特殊的政府部门，其采取了各种方式保证自身的独立性与非政治性。再如，向被追诉人展示其工作业绩，曾经为多少被告人完成了无罪辩护或者帮助被追诉人减轻了刑罚等，这些说明都能够很好地帮助被追诉人消除顾虑。事实上，早期的社会宣传比事后的补救更为重要。社会生活中人们对于公设辩护人的误解也多半来源于宣传的不到位，造成了以讹传讹的负面结果。这就要求各地公设辩护人系统在完成本职任务之余，应当尽力做一些社会宣传工作以改变社会中普遍存在的偏见，为公设辩护人的身份属性正本

---

〔1〕 See Edward J. Dimock, "The Public Defender: A Step Towards a Police State?", *Americom Bar Association Journal* 42（1956），220. ——笔者译。

清源。相较于私人律师的委托辩护，以上公设辩护人所需要额外完成的关系维护任务可以说是比较特殊，就公设辩护人身份的特殊性来说，这些前期工作是必不可少。能否在最短的时间内建立双方之间的信任关系，直接决定了辩护效果的好坏和最终的判决结果，这也是公设辩护人所必须完成的辩护任务。

最后，履行辩护人职责，与被追诉人互通信息有无、准备诉讼。虽然与私人律师相比，公设辩护人在身份背景上有一定的特殊性，但是毕竟二者都是以辩护人的身份参与到诉讼中来，其目的都是为了帮助被追诉人行使辩护权。因此在绝大多数情况下，二者履行的诉讼职责并无二致。在会见当事人时，公设辩护人除了需要完成上述两项特殊的法律援助相关职责外，其余的则便是以辩护人的身份，履行与当事人互通案件信息的有无；相关权利申请与告知；制定辩护策略等职能。

除此之外，关于公设辩护人能否在会见时，向当事人提出有关费用补偿的问题，美国各地有着不同的做法。例如在美国伊利诺伊州的某些地区，由于地方政府对于公设辩护人系统的财政补贴严重不足，造成了相应公设辩护人办公室不得不想尽办法解决资金匮乏的问题。在司法实践也就出现了公设辩护人在会见过程中，向当事人索要相关费用的情形，虽然数量并不多但却是严重损害了法律援助这一制度的设立初衷，也严重影响了整个司法系统在民众心目中的形象。[1]因此在美国有相当一部分地区都出台了法规，禁止公设辩护人或者相关律师在会见时，向当事人及相关亲朋以任何形式索要经济补偿。因此在那些地区公设辩护人在会见当事人过程中，不被允许提及任何经济事项。

（二）纵向模式下的会见

纵向模式下各公设辩护人并不负责整桩案件的法律援助，而是被分配于不同的法庭，并为出现于该法庭的案件提供阶段性辩护。这是与横向模式截然不同的案件分配手段，也造就了特色鲜明的当事人会见机制。

首先，在纵向模式下会见发生的时间较晚。由于各公设辩护人被分配到了

---

〔1〕　See Gregory S. Bell, "The Organization and Financing of Public Defender Systems", *University of Illinois Law Forum*, 1974, 452. ——笔者译。

不同的法庭，因此法律援助的发生一般都会等到相关案件被移送法庭之时。[1]而在横向模式下，在犯罪嫌疑人被第一次羁押讯问时就有权申请法律援助，因此相应公设辩护人的会见也会更加提前，在侦查阶段就可能发生。

其次，在纵向模式下法律援助的提供呈现阶段性特征，而辩护人与当事人的会见也同样具有阶段性。每个诉讼阶段都会遇到不同的辩护人，而且几乎每个辩护人都抱有尽快处理案件的态度。"在如此模式下的阶段性会见，像是生产线上的工人各自完成自己的组装任务，而被追诉人则是公设辩护人手里的产品不会被倾注任何感情，整个会见过程冰冷而麻木。"[2]

最后，在纵向模式下由于各公设辩护人分阶段负责，因此多数辩护人对于整桩刑事案件并没有整体的把握，甚至对于之前诉讼阶段的程序信息也知之甚少。而这也就造成了在与被追诉人会见过程中信息交流的有限性，特别是如果被追诉人对于之前的诉讼阶段产生了疑问，碍于信息掌握的不充分，很多情况下公设辩护人并无法回答。刑事诉讼从发生到终结是一个连贯的整体，虽然在法律中被人为地分成不同的诉讼阶段，但是每个阶段之间都有着非常紧密的联系。如果对于整桩案件没有全局性的把握，很难真正实现效果显著的辩护。在纵向模式下，本应连贯进行的当事人会见被特殊的公设辩护人体系打断，并将其分成了若干阶段。各阶段间信息交流的不通畅，造成了各公设辩护人仅能就其所负责的诉讼阶段为被追诉人答疑解难，而很难为被追诉人提出纵览全局的辩护意见，这样则严重影响了辩护质量和被追诉人各项辩护权利的保障。

二、公设辩护人对于案件的调查取证

在当事人主义诉讼模式下的庭审程序中最重要的环节即是法庭调查，控辩双方提出证据证明各自主张，然后就相关证据进行质证。可见审前收集证据的能力对于决定最终案件的判决结果有着极其重要的价值。国家侦查机关有着强大的案件侦查和证据搜集能力，有国家授予的各项特权以及专门的人

---

〔1〕 这里的移送法庭一般是指犯罪嫌疑人被逮捕后，由警察将其带到治安法官面前做羁押必要性审查。

〔2〕 Stephen C. Moore, "Conflicts of Interest in Public Defender Offices", *J. Legal Prof*, 8 (1983), 207. ——笔者译。

员和先进的设备。而被追诉人一方案件调查和收集证据的能力受到了极大的限制——不懂法律、缺乏调查技巧、人身自由受到限制等。控方收集并在法庭上提出各种证明犯罪的证据，而辩方由于取证能力的不足，甚至无法针对指控提出有力的反驳，这与当事人主义诉讼制度设立的初衷完全背道而驰。但是如果被追诉人能够获得律师辩护，那么控辩实力悬殊的情况就可以在很大程度上得到改善，这也是在美国刑事诉讼中律师辩护被如此看中的原因。

公设辩护人为经济困难的被追诉人提供法律援助，其是否能够帮助被告人在法庭上实现平等对抗，并且最大限度地保障其诉讼利益，很大程度上取决于审前案件调查和证据收集的结果。可以说，审前证据搜集情况直接关乎最终判决结果，也是公设辩护人为实现有效辩护所必需高质量完成的任务。审前调查在美国刑事诉讼中起到了如此重要的作用，也是公设辩护人在法律援助工作中所必须完成的任务。在美国司法实践中，各地公设辩护人机构对于如何进行诉讼调查的规定有所不同，大致可以分为两种情况：

（一）由专门的侦查人员负责案件调查

采用此种模式的地区会在其公设辩护人系统内聘请专职的调查人员，负责系统内所有法律援助案件的案情调查和证据收集工作。依据各地公设辩护人系统的规模不同，各地所聘请的侦查人员数量也会相应地不同。例如在美国华盛顿特区，由于是美国政治中心而人口相对稠密，面对高发的犯罪率，其公设辩护人系统就必然负责更多的法律援助案件。特区庞大的公设辩护人办公室有自己专门的案件调查部门，其中聘用了 27 名专职的侦查人员负责案件调查。但是在一些小的郡县例如弗吉尼亚州的亚历山德里亚（Alexandria）郡，由于人口较少因此其公设辩护人办公室规模也是相当有限，其中仅聘有 1 名侦查人员同时为 5 名公设公辩护人服务。

华盛顿特区公设辩护人系统拥有专门的案件调查部门，其案件调查的进行方式就具有相当的组织性和计划性。在案件分配被最终敲定之后，法律援助辩护即正式开始，公设辩护人通过阅读案卷材料、会见当事人了解相关案件信息，同时为寻找有利于被追诉人的证据而进行案件调查。不同于私人律师的是，在这里案件的调查并不是由辩护人自己完成，而是辩护人通过阅卷和会见发现需要调查的事项，然后将需要调查的内容以及其他详细信息呈报给案件调查部门，并由该部门将所有的调查请求汇总，并且逐一安排给各调查人员。在调查完成之后由调查人员将收集到的相关信息再回馈给公设辩护人。[1]

在弗吉尼亚州的亚历山德里亚郡，其公设辩护人办公室内并没有专门的案件侦查部门，因此案件侦查的进行也就更加灵活。一般都是在各公设辩护人将需要调查的案件情况直接交由调查人员，由其自行安排时间进行证据的收集。这种方式虽然简洁但也会产生很多问题，比如没有专门的部门管理很容易导致调查人员的懈怠，再比如如何将调查人员有限的精力分配到不同案件的调查任务中去，似乎由个人自主决定的分配形式总会招来不满而导致系统内部的矛盾。

（二）由公设辩护人完成证据收集

在美国一些经济相对不发达的地区、由于人口稀少、经费有限，没有条件也没有必要建立十分完整的公设辩护人体系。在这些地区的公设辩护人体系内，一般只聘有公设辩护人和相应的行政管理人员，不会聘请专职调查人员或相应的技术专家。

在这种模式下，需要各公设辩护人自行完成证据收集工作。毕竟证据收集方面不是公设辩护人的专长，在一些特殊的案件中往往需要特殊的调查手段，例如对于涉案物品上指纹的提取等，这并不是一般的公设辩护人所能完成的。如果出现这种情况，在一些地区的司法实践中允许公设辩护人向警察机关提出请求，要求侦查人员帮助完成相应的调查任务。虽然在制度上存在这种协助调查的形式，但是现实中很少有警察愿意履行，因为从传统制度构建上讲，协助公设辩护人并不是警察的应有职责，另外协助调查的各项开销一般都会由警察机关承担。[2]警察的帮助并不能够成为解决问题的关键，在司法实践中最为常见的做法即是由公设辩护人办公室依据各辩护人的要求，在社会上聘请专门的侦查人员进行相应的调查。虽然这会产生一笔开销，但是却比在公设辩护人系统内部专门聘请调查人员而按月发放工资要节省得很多。

---

〔1〕 See Akester Kate, *Public Defenders: Learning from the U. S. Experience*, *JUSTICE*, 2001, p. 36. ——笔者译。

〔2〕 See Anatole France, "Representation of Indigents in California-A Field Study of the Public Defender and Assigned Counsel Systems", *Stan. L. Rev* 13（1960），522. ——笔者译。

公设辩护人能否为被追诉人提供有效的法庭辩护，在很大程度上取决于其是否能在审前完成高质量的案件调查和证据收集工作。但是在司法实践中由于繁重的业务量和有限的诉讼资源，有相当比例的公设辩护人很难有效完成案件的侦查工作，无论是通过专业调查人员还是亲自实施调查行为。除此之外，法庭为了尽快处理案件，会要求公设辩护人尽可能地缩短审前准备时间，这也为辩护人实施调查行为设置了障碍。当然法官并不会要求私人律师压缩庭前准备时间，而之所以会针对公设辩护人，是因为二者同为政府部门，无形之中就会形成更加亲密的合作关系，互相通融协商就在所难免。虽然这种私下的合作关系不被法律所提倡，但是从某种程度上讲确实有助于相关诉讼程序更加流畅地进行，而且这种合作并不仅存在于法官与公设辩护人之间，侦查人员与公设辩护人间的合作也同样频繁。与侦查人员的合作关系在很大程度上帮助公设辩护人解决了案情调查难的问题。

庭前证据交换是美国刑事诉讼中一项非常重要的程序，它保证了控辩双方能够在庭前知晓对方所获得的证据并对之进行相应的准备，其设立的初衷是为了防止证据突袭，保证法庭的平等对抗。在美国司法实践中这项制度并没有得到很好地贯彻，侦查机关具有强大的案件侦查能力，不愿意在庭前将己方掌握证据与对方分享，总是能以各种手段和名义将相关证据隐藏。[1]私人律师很难通过庭前证据交换获得非常有价值的证据，公设辩护人身为国家公务人员，与侦查机关有着更加亲密的关系，使得侦查机关更愿意将相关证据信息透露给公设辩护人。再加上公设辩护人无法有效进行案件调查的最主原因是因为政府资金投入不足，因此为了弥补过失保证有效辩护，各地政府通常会出面协调要求侦查机关为公设辩护人提供相应证据，以弥补其在证据收集方面的不足。例如在美国加利福尼亚州的拉米达（Alameda）郡，在审前公设辩护人会向侦查机关提出获得相关证据的申请，而侦查机关一般会满足相关要求向公设辩护人提供证据。[2]虽然这种由公设辩护人向侦查机关申请获取证据的方式，既简单方便又节省诉讼资源，但是该项制度的运行基础却

---

〔1〕 See Fletcher, "Pretrial Discovery in State Criminal Cases", *STAN. L. REV* 12 (1960), pp. 293~302. ——笔者译。

〔2〕 See Anatole France, "Representation of Indigents in California-A Field Study of the Public Defender and Assigned Counsel Systems", *Stan. L. Rev* 13 (1960~1961), p. 558. ——笔者译。

是相应机关之间的合作关系。因此其受人情因素影响很大并不具有稳定性，侦查机关完全可能因为相关证据的重要价值，而忽略与公设辩护人的合作关系并将证据隐藏。[1]除此之外作为诉讼中相互对立的双方，公设辩护人和侦查机关的紧密合作会大大削减法庭对抗的效果，最终对于案件真实的发现和被追诉人诉讼权利的保障产生负面作用，有违当代刑事诉讼理念。

三、公设辩护人在刑事审判程序中的作用

（一）法庭审判程序

公设辩护人在完成了审前案件调查，在收集到了足够的诉讼证据之后，其需要履行的辩护任务即是出席法庭为被追诉人提供法庭辩护。可以说在整个刑事诉讼程序中法庭审判阶段是最为重要和关键的，因为其决定了最终案件的判决结果。无论是委托律师还是公设辩护人都应当以庭审为最终的目的。而公设辩护人在法庭上所经历的诉讼程序，所应当履行的诉讼职责和遵守的诉讼义务，与普通律师辩护并没有任何区别。美国律师协会为规范律师的诉讼代理行为而制定了《美国律师行为规范守则》，[2]其中包含了规范律师庭审行为的条款，而这些条款同样适用于公设辩护人。关于公设辩护人如何在法庭审判中履行职责，由于并不具有特殊性因此不再详细论述。

（二）上诉程序

在上诉阶段，公设辩护人的法律援助程序显现出了与普通委托辩护的差异。在吉迪恩规则出台的同一天，美国最高法院同时对道格拉斯诉加利福尼亚（Douglas v. California）[3]一案作出了判决，要求地方政府保证被追诉人在上诉程序中的律师帮助权，如果当事人经济上无力聘请律师那么应当为其提供法律援助。事实上在该判决作出之前，在美国有一些地区已经具备相对完善的法律援助体系，而刑事上诉程序也在其服务范围之内。但是也有很多地区的法律援助仅包括一审及其审前程序，被追诉人在上诉程序中的律师帮助权并不在其保障范围之内。这种相对不统一的状态也导致了在道格拉斯案宣判之后，美国各地采取了不同的形式来保障被追诉人上诉阶段的律师帮助权：

---

〔1〕 在美国这种获取证据的方式被称为"courtesy discovery"译为出于好心或承蒙照顾的证据发现，从中也可看出双方的关系基础。

〔2〕 "ABA Model Rules of Professional Conduct"

〔3〕 Douglas v. California, 372 U. S. 353, 83 S. Ct. 814（1963）.

第一，由承担一审程序辩护的公设辩护人或者援助律师继续在二审程序中为被追诉人提供辩护，例如缅因州、阿拉斯加州和马萨诸塞州等。依据很多地区的法律援助规则，如果公设辩护人认为在一审或者审前程序中，存在可能影响判决结果的显著瑕疵，或者一审程序在认定犯罪事实方面很可能存在错误，那么其应当劝告被告人就一审判决提起上诉。如果公设辩护人怠于履行该职责，很可能导致无效辩护。这种由一审公设辩护人继续担任二审辩护的模式在很大程度上节省了诉讼资源，同时也具有更佳的辩护效果。因为负责一审程序的公设辩护人已经对案件信息有了非常充分的了解，如何在二审程序中发挥辩护职能多半已经胸有成竹。经过在之前诉讼程序中的相互配合，公设辩护人与被追诉人已经建立了相互之间的信任关系，这些都使得公设辩护人的二审辩护事半功倍。

第二，另外指定其他公设辩护人提供法律援助。在美国的另外一些地区，上诉法庭会为被追诉人指派其他的公设辩护人提供法律援助，例如在夏威夷州、科罗拉多州以及西弗吉尼亚州等的一些郡县。在这些地区之所以会在二审程序另外指派其他辩护人提供法律援助，多半是因为依据当地的规定政府并不需要为所有的上诉案件提供法律援助，仅在有合理理由的上诉案件中为被追诉人指派公设辩护人或者法律援助律师。这种规定是否符合最高法院在道格拉斯案中的判决意见，现在还没有明确的定论，毕竟在美国的刑事上诉阶段仅审程序而不审事实，并且对于大量明显没有合理上诉理由的案件法庭甚至不会当面听取上诉人意见，那么在这种情况下提供法律援助并没有实在意义。在这种模式下政府仅为有合理上诉理由的案件提供法律援助，避免了司法资源被浪费在没有任何价值和意义的程序上。但是在这种模式下，没有经历过一审和审前程序的公设辩护人不得不为了准备上诉程序而重新研究案情，一方面很可能遗漏很多重要细节，另一方面也浪费了精力和时间。针对这一问题，最高法院在德雷珀诉华盛顿（Draper v. Washington）[1]一案的判决中表明，如果法庭在上诉审程序中为被告人指定了新的公设辩护人或者法律援助律师，其必须将一审案卷材料或者是与其有同等价值的审判总结交给新任辩护人，使其有充足的机会为上诉程序做准备。最高法院之所以会做出

---

〔1〕　Draper v. Washington, 372 U. S. 487, 83 S. Ct. 774（1963）.

如此的判决，是因为在之前的司法实践中有很多新任公设辩护人或援助律师，因为缺乏之前诉讼程序的案件材料，而无法在上诉程序中进行有效辩护。

另外在美国的很多地区都规定，如果被追诉人的律师帮助权是以法律援助的形式实现的，那么在上诉程序中所产生的诉讼相关费用，例如案卷材料复印费、往来法院交通费以及传唤证人费用等，应当予以减免并由政府代为支付。关于由哪一级政府支付各地规定不一，不过基本都是由州政府或者郡县政府支付。在加利福尼亚州，当地律师协会甚至成立了一项基金，专门用于资助贫穷者帮助其支付诉讼杂费。[1]

（三）再审程序

在美国刑事诉讼中虽然没有再审程序这样一个专门的概念。但是对于已经生效的判决同样有很多其他程序可以发动相关的再审，例如最高法院的调卷令程序（habeas corpus）、错案纠正程序（coram nobis）、延迟重新审判程序（delayed motion for new trial）以及刑罚撤销程序（motion to vacate sentence）等。关于法律援助是否应当涵盖再审程序，美国联邦最高法院并没有给出统一规定。同时由于再审程序比较特殊，在司法实践中也并不经常发生，因此美国很多地区司法实践中并没有针对该问题作出相关的规定。据统计仅在内华达、阿拉巴马和新泽西州的一些地区，存在比较完善的制度保证被追诉人再审阶段的律师帮助权。在蒙大拿州，再审法院仅为案情比较特殊的案件指定法律援助，这里的特殊指的是法官认为再审程序是有意义和价值的，它是一个主观的标准。[2]

事实上在再审阶段为被追诉人提供法律援助是非常必要的。首先，从实体价值上讲。无论是在美国或是中国再审程序的启动都有着非常苛刻的条件，而再审的启动说明了在之前诉讼程序中不论是实体方面或是程序方面，都有很大的可能存在瑕疵。与此同时，再审程序很可能是被告人沉冤得雪的最后机会，对于被告人的价值自是不言而喻。但是被告人自身的辩护能力，无论从实体上还是在程序上都不足以完成有效的辩护，只有辩护人才能对再审法

---

〔1〕 See Lee Silverstein, "Defense of The Poor in Criminal Cases in American State Courts A Field Study and Report", *American Bar Foundation Library of Congress*, 1 (1965), 139. ——笔者译。

〔2〕 See Nancy A. Goldberg, "Defender Systems of the Future: The New National Standards", *America Criminal Review*, 12 (1974~1975), 709. ——笔者译。

庭施加最有力的影响。其次，从程序价值上讲。法律援助的提供是为了实现诉讼的平衡，保证各被追诉人不会因为社会地位和经济条件的不同，而拥有悬殊的诉讼能力。对于相对富裕的被追诉人在面对再审程序如此重要的阶段时，必然尽其所能聘请最好的辩护人。而如果贫困者由于经济能力上的不足而无法获得律师辩护，这与诉讼平等的价值理念和法律援助体制的存在意义都是背道而驰的。因此将公设辩护人的法律援助范围扩展到再审阶段，是非常有价值也是非常必要的。

（四）量刑程序

公设辩护人的法律援助是否应当包括量刑阶段的辩护，或者是在陪审团作出有罪判决时即刻结束。对于这一问题美国最高法院并没有给出统一的规定，各地司法实践中的做法也不尽相同。

在不同的案件中量刑程序的发生时间也各有不同，如此则对法律援助辩护产生了不同的影响。在辩诉交易程序中，通常法庭会在控辩双方达成合意后即刻作出最终量刑判决，而此时公设辩护人或援助律师可以当庭对于法官的量刑提出意见，履行自己的辩护职责。同样，如果法庭在陪审团作出有罪判决后立刻开始量刑程序，那么公设辩护人自然应当在量刑程序中继续为被告人提供辩护。但是在美国司法实践中还有一种十分常见的量刑模式，即法庭会在有罪判决宣告后的几日甚至几周时间之内进行量刑宣判，在这期间会有相关调查人员对被告人的各项背景进行调查，以获取更加全面的量刑信息。此种量刑模式就为个案的法律援助造成了困扰，公设辩护人或者援助律师是应当继续他们的援助性辩护，还是忽略该量刑阶段专心于其他援助案件中更重要的诉讼程序，最高法院并没有给出统一的规则，各地司法实践中的做法也各有不同。

在法律援助是否包括量刑阶段这一问题上，美国大部分地区给出的答案是肯定的，并且规定由之前担任庭审辩护的公设辩护人或援助律师继续量刑阶段的法律辩护。在另外一些地区则存在不同规定，量刑阶段的法律援助需要由被告人另行申请，而是否批准则根据个案情况而定。依据学者的调研结果，在阿拉斯加州有2个郡，在科罗拉多州有4个郡，在加利福尼亚州有3个郡采取了这一规定。除此之外，还有一些地区甚至规定法律援助的范围不包括量刑程序，也就是说被告人不得不自己进行量刑辩护，在爱德华州有5个郡，密苏里州有 6 个郡采取了这种模式。[1]否定被追诉人在量刑阶段法律援助权利是否符合正当法律程序，需要最高法院进行认定。但是现实情况是量刑阶段的律师帮助权对于被告人来说，确实有着非常重要的价值。在美国有学者就这一问题以问卷调查的方式进行了实证研究，其结果显示大部分受访法官、检察官和律师都认为，辩护人在量刑阶段会起非常重要的作用。"往往量刑阶段的辩护更具有技巧性，对辩护人的法律素养要求更高，因此司法实践中绝大多数被告人很难在这一诉讼阶段实现有效的自我辩护。在量刑阶段为贫困的被告人提供法律援助是非常必要的，一来通过公设辩护人的专业知识弥补被告人辩护能力的不足，二则监督量刑官员的量刑信息调查工作，保证相关信息的真实可靠。在美国中西部地区的一些地区发生过这样的情况，量刑官员怠于履行职责而根本不去实地调查相关量刑信息，仅凭个人对于各调查对象的喜好来填写量刑报告，对于喜好之人则会故意添加减刑信息而遗漏加重情节，对于厌恶之人则恰好相反。量刑调查结果对于被告人最终所遭受的刑罚有着非常大的影响，而在司法实践中量刑官员的肆意妄为确是普遍存在，辩护人的存在能够对于量刑调查起到很好的监督作用，因此公设辩护人将法律援助的范围延伸到量刑阶段是非常必要的。"[2]

四、关于有罪者的法律援助费用追偿机制

为了维持法律援助体系的有效运行，美国一些地区采用了法律援助费用追偿制度——被判定有罪的被追诉人，无论是辩诉交易后的认罪还是法庭审判后的定罪，都应当支付公设辩护人或者其他法律援助律师一定的辩护费用。为了保证该项制度的顺利实施，法官会将援助费用的缴纳情况与被追诉人在行刑期间的减刑假释相关联。陪审团确定有罪之后，法官会在量刑判决中规定如果被告人不能补交法律援助费用则不得减刑或者假释。就这一问题相关学者以问卷调查的形式，对分布于 18 个州的 47 个郡县进行了实证调研，其中关于该制度适用广泛性问题结果如下表：

---

〔1〕 Lee Silverstein, "Defense of The Poor in Criminal Cases in American State Courts A Field Study and Report", *American Bar Foundation Library of Congress* 1 (1965), 137. ——笔者译。

〔2〕 Lee Silverstein, "Defense of The Poor in Criminal Cases in American State Courts A Field Study and Report", *American Bar Foundation Library of Congress* 1 (1965), 138. ——笔者译。

适用的广泛性	州　名
非常普遍，几乎所有郡县都在适用	阿拉斯加州、俄亥俄州、弗吉尼亚州
有一些郡县在适用，而其余不适用	科罗拉多州、爱达荷州、缅因州、马里兰州、密西根州、明尼苏达州、华盛顿州、西弗吉尼亚州、威斯康星州、新罕布什尔州
很少适用，仅有一个或几个郡县	加利福尼亚州、乔治亚州、印第安纳州、密苏里州、怀俄明州

通过调研结果我们可以看出，援助费用追缴制度在美国的适用还是比较普遍的，在作为调研对象的每一个州内，都有或多或少的郡县采取这一做法。关于这一制度的具体运行模式，不同的地区则有着不同的规定。首先，关于缴费的通知模式，在司法实践中有两种不同形式：在有些地区被追诉人会在法律援助提供之前，被相关部门告知收取费用的可能性；另一些地区则是在判决生效后相关部门才会做出相应的通知。这两种不同模式被不同的地区采用，各有特点和缺陷。在事前告知模式下被追诉人的知情权得到了保障，其能够综合考虑各方因素而做出是否接受法律援助的选择。但是，在司法实践中有相当数量的被追诉人对于公设辩护人或者援助律师的辩护充满了不信任，那么事前的缴费通知必然导致相当数量的犯罪嫌疑人或者被告人放弃律师帮助权而选择自行辩护。但是这一权利放弃是出于完全的自愿还是基于法律援助费用的担忧，必然会涉及正当法律程序的考量。如果当事人之所以选择了放弃法律援助资格，是因为担心自己由于无法交纳法律援助费用而丧失减刑假释的机会，那么其权利的放弃则很有可能被认定为是被迫而不自愿的，最终导致一审判决因为正当法律程序的缺失而被推翻。[1]除此之外，在司法实践中这一规则还经常被滥用，有些地区的法律援助机构为了减轻案件负担，蓄意夸大事后追偿法律援助费用的可能性以及相应的收费标准，用不实的信息劝说被追诉人放弃法律援助。[2]如此做法严重损害了犯罪嫌疑人或被告人的辩护权以及正当法律程序权利，因此事前通知模式虽然有其可取之处，但是也存在着很多的漏洞和不足。相比较之下法律援助费用的事后通知模式也

---

〔1〕　Johnson v. Zerbst, 304 U. S. 458, 464, 58 S. Ct 1019（1937）.——笔者译。

〔2〕　Smith，"Legal Service Offices for Persons of Moderate Means"，*J. Am. Jud. Soc'y* 31（1947），37.——笔者译。

是并含优劣，虽然其以隐瞒相关信息为手段保证了更多的被追诉人接受法律援助，但是如果最终当事人因为无力支付法律援助费用而不能被减刑或者假释，这其中的公正性必将受到质疑。

其次，关于费用的收取形式和支付对象。由于公设辩护人系统的运行是靠政府的统一拨款，其进行法律援助时是不会以个案为标准进行收费的。既然不是补交法律援助费用，那么各地在追缴公设辩护人法律援助费用时就应当设立合理的明目。在俄亥俄州和弗吉尼亚州，法律规定法庭有权以诉讼费的形式收缴法律援助费用。[1]在宾夕法尼亚州，陪审团有权最终裁决被追诉人是否需要支付相应的法律援助费用，作为对于辩护人法律援助工作的额外补偿。并且这一规则的合宪性已被宾夕法尼亚州最高法院以判决的形式所确认。[2]除此之外，依据调研结果，在 47 个调研郡县中有 22 个郡规定法律援助费用直接由法院收取，有 19 个郡规定由减刑、假释审核办公室收取，在 5 个郡中这一费用直接支付给公设辩护人或者法律援助律师，有一个郡规定被告人应当将法律援助费用交纳给郡法律援助管理委员会。如上所述，除了规定将费用支付给公设辩护人或法律援助律师的 5 个郡之外，在其余郡县中相应费用均由当地政府机关收取，作为相应的政府资金用于维护相关部门的正常运转。

另外，在佛罗里达州其采用了较为特殊的法律援助费用收缴模式，与其他各州均不相同。该州在 1963 年出台了《公设辩护人法律援助规则》其中规定，地方公设辩护人办公室可以向法院提起诉讼，要求被援助对象支付相关的辩护费用，收缴到的资金应当被用于进一步完善公设辩护人的体系运行。相关诉讼请求如果被认可，那么法庭即会对被告的各项财产设置类似长期抵押的限制性权利。如果受援助者拥有财产，法庭则可以强制执行其财产以偿付法律援助费用，而如果受援助者在那一时段并没有可执行的财产，那么其将来刑满释放或者假释出狱后的工作收入可以被用来偿还法律援助费用，当然在这之中要扣除用于维持家庭正常生活的费用。[3]在佛罗里达模式下，法律援助费用的追缴是以民事诉讼的形式进行的，因此被援助者是否完成清偿

---

[1]　Ohio Revised Code Ann. &2941. 51（Baldwin 1964）.——笔者译。

[2]　Commonwealth v. Giaccio, 415 Pa. 139, 202 A. 2d 55（1964）.——笔者译。

[3]　Fla. Stat. Ann. &27. 56（1963 Supp.）.——笔者译。

与之后的减刑或者假释并无相关，这也是与其他州和地区的最大不同。在北卡罗来纳州法律规定，法律援助相关费用的支付应当由法官写进刑事判决，并且和罚金刑一起由政府强制执行，收缴的金额应当一并统一归入州财政，用于政府和其他公共事业的建设。[1]以上两种援助费用收缴模式由于仅在个别州范围内适用，很难判断其是否适合在全美范围内推广，有待进一步的实证研究。以民事诉讼的方式追缴法律援助费用虽然需要公设辩护人另行起诉而相对复杂，但是其符合正当法律程序的要求，同时不会造成对于被追诉人正当诉讼权利的剥夺，如果在司法实践中能够简化法律援助费用请求的民事诉讼程序，那么佛罗里达模式则非常具有借鉴意义。

总的来说，佛罗里达模式以民事诉讼的模式追偿法律援助费用既不涉及正当法律程序的违反也不会妨害当事人辩护权的行使，可以说这一模式的运用并不存在违宪问题，只是其追偿程序过于复杂，需要公设辩护人单独提起民事诉讼。实践中各地公设辩护人系统普遍存在案件压力过重的问题，因此很难想象其能够抽出时间就法律援助费用提出民事诉讼，可以说这一模式在司法实践中并不具有很强的可操作性。未来法律援助费用的收缴模式应当在佛罗里达民事诉讼模式之上进行改良，提高效率的同时保障被追诉人辩护权的有效行使。

最后，关于各法律援助费用追缴模式的合宪性问题。依据美国最高法院的判决律师帮助权是一项宪法性权利，政府有义务保证被追诉人在刑事诉讼中获得律师辩护。然而在美国大多数州的司法实践中，法律援助费用的追缴模式要求最终被判定有罪的被告人补交法律援助费用，否则无法获得减刑或者假释。这一制度在美国备受学术界的质疑，众多学者指责其导致了严重的法律问题。如果一名接受法律援助的被追诉人，因为无法支付相应的辩护费用而被剥夺了减刑、假释的资格，那么最终结论则是被追诉人由于积极寻求律师辩护这一宪法性权利的有效行使而遭受了处罚。公民宪法权利的行使是不应当被任何条件所限制的，而上述制度使被追诉人陷入了两难的境地——要么放弃履行律师辩护权，要么接受法律援助而承担无法获得减刑或假释的风险。这很明显为犯罪嫌疑人或被告人诉讼权利的履行设置了障碍，而这种

---

〔1〕 N. G. Gen. Stat. &15-5（Michie 1953 and 1963 Supp.）.——笔者译。

限制被追诉人宪法性权利的制度最终却是为了收取法律援助费用，更何况为贫困者提供法律援助本就应当是政府的责任。因此此种被广泛采用的法律援助费用收缴模式既违宪，又不具备任何合理性，于法于理都应当被废除。

第四章 美国公设辩护人系统的监督管理制度

第一节 公设辩护人系统内部的行政管理制度

在所有的法律援助形式中公设辩护人制度是最为经济和高效的，这也是为什么在吉迪恩案之后，在全美国范围内普遍兴起了建立公设辩护人系统的浪潮。公设辩护人系统之所以能够相对高效地完成法律援助任务，是因为其行政性的管理模式——几乎每个地区的公设辩护人系统，都有严格的等级划分机制。例如，在新泽西州的埃塞克斯（Essex）郡，其整个公设辩护人办公室由 1 名总辩护人领导，其下又有 3 名副总辩护人分别负责系统内部不同的事务，如人员招聘、财物管理和业务履行等。这 4 名总辩护人是整个系统的领导人，在他们之下又存在各个科室，其中有行政管理部门负责维持整个系统的正常运转，例如财务科、培训管理科和案件分配科等，又有业务执行部门负责具体的法律援助工作。[1]在这样一个系统里人们所奉行的并不是民主，而是等级森严的管理模式，从案件的接受到分配再到最终的完成，以及这之中所牵涉的所有环节，都是以行政管理的模式在运行着。在这里更高级别的官员就更具有权威，下级工作人员所需要做的就是服从制度的安排和领导的命令，这也就使得公设辩护人能够非常高效地履行职责，完成法律援助任务。

一、业务部门的划分

正如上文所述，行政性的管理机构必然会在内部划分众多部门，其中有

---

〔1〕 See Paul B. Wice, *Public Defenders and the American Justice System*, Westport, Connecticut London, 2005, pp. 39~42. ——笔者译。

行政部门也有业务部门。各公设辩护人会被分配到各自的部门之中，履行特定的职责，接受相应的管理，其行政部门的划分与各行政机关大同小异。美国各地区根据人口数量的大小、辩护业务的繁重程度以及资金是否充裕，其系统内业务部门的划分也是有粗有细。以华盛顿特区为例，作为美国的首都其公设辩护人系统的构建非常完备，其中的业务执行部门被划分成了六个分支其中包括：

（一）一审程序科

在这个科室内有45名辩护人负责绝大多数案件的审前程序和庭审程序辩护。每个人平均每年能有12到15桩案子到达法庭审判程序，其余的则都以其他方式在庭审前解决。

（二）未成年科室

属于该部门的公设辩护人负责为所有的未成年犯罪嫌疑人或者被告人提供法律辩护。相较于成年人，未成年人无论在生理上还是心理上都有特殊性，刑事诉讼程序对于未成年人来说主要是为了帮助其更快的回归正常生活，而非对其进行处罚。负责未成年人辩护的公设辩护人都经过专门的培训，他们了解未成年人的各种特殊生理和信息特征以及如何与未成年人沟通，采用不同于普遍辩护的手段帮助未成年人行使辩护权利，使未成年人尽早矫正重返社会。除此之外，在该部门内还聘有专门的社会调查员，他们会定期到相关未成年犯罪嫌疑人或被告人家中做心理辅导，并将结果告知公设辩护人帮助其更全面地了解未成年人心理，为辩护做充足准备。

（三）上诉科室

在该科室有8名全职上诉辩护人专门负责上诉业务，另外还有一些其他科室的辩护人轮替着协助代理上诉案件。在美国刑事诉讼中，上诉程序和一审程序是完全不同的，因此也需要相应的辩护人具备相应的辩护能力。专门的上诉辩护科室使得公设辩护人更加精通上诉程序，能够在上诉程序中为被追诉人提供更高质量的辩护。

（四）精神健康科室

有7名辩护人、2名侦查人员和1名社会调查人员工作于此科室，负责为疑似患有精神病的被追诉人提供法律援助，所有工作人员都接受过相关精神疾病知识的培训，在与精神病人交流方面有着自己的特长。他们所负责的任务主要有两项，一是在法官宣告被追诉人因患有精神疾病而不负刑事责任前，为相关被告人提供法律援助；二是在法官宣告被告人不负刑事责任后，帮助被告人证明如果其重回社会不会继续作出危害他人安全或者社会秩序的行为，因此不需要被送往精神病监管机构。

（五）特殊诉讼科室

在这里的公设辩护人的职责主要是为被追诉人在特殊诉讼程序中提供辩护服务，例如量刑、取保候审和减刑假释等程序。特殊的诉讼阶段往往需要不同的诉讼知识和辩护技巧，这也是在华盛顿特区公设辩护人系统内部专门设有特殊辩护部门的原因。他们在特殊的诉讼阶段参与诉讼，与原有的公设辩护人共同为被追诉人提供辩护服务。

（六）诉讼调查科室

该科室的工作人员从事的是辅助辩护的工作，各公设辩护人在进行法律援助时如果遇到需要调查核实的案件信息，就由调查人员负责查明并汇报于各公设辩护人。该科室总共有27名调查人员，每名被招募的调查人员都需要经过3个星期的培训，培训的内容主要包括如何寻找相关证人、如何询问证人以及基本的犯罪现场勘验等。一旦培训完成并且通过检验考核，各调查人员就会被分配到特定的公设辩护人小组，负责小组内所有案件的侦查工作。

华盛顿特区是美国的首都，在各种机构或设施的建设上都有着相对充裕的资金，其公设辩护人系统的建设也不例外，内部职能部门的划分非常详细，可以称得上是各地效仿的典范。然而在美国并不是所有的地区都有着首都一样的特权，例如佛蒙特州、弗吉尼亚州、内华达州等大多数地区，相应的公设辩护人系统并没有在内部进行任何的业务部门划分。

二、关于公设辩护人的待遇

在美国，公设辩护人系统是负责法律相关事务的政府部门，在这一点上与检察院、警察机关并无差别。但是在这三个部门之中，公设辩护人系统往往是最不受重视的那一个，在美国很多地区由于政府拨款不足，导致了公设辩护人的工资与检察官之间有非常大的差距，大量的资深公设辩护人最终都转行做了检察官。[1]纳税人总是希望自己所纳的税款被划拨于检察院和警察

---

〔1〕　See C. Ray Falls, "The New Jersey Public Defender", *Colum. J. L. & Soc. Probs*, 1969, p. 153.——笔者译。

机关，以此来惩罚犯罪保障社会秩序。至于公设辩护人，很少有人希望他们能够为犯罪者提供更加优质的服务。这也就导致了在同一地区，公设辩护人的工资待遇一般会比检察官少很多。

在联邦公设辩护人系统内，公设辩护人的年薪 35 000 美元～125 000 美元不等，也是依据不同的行政级别，不同的工作年限来划分工资等级。虽然工资不高，但是在联邦公设辩护人系统内的工作环境是比较优越的，它配备有自己的图书馆、餐厅和其他相关设施，并且在这里工作压力相对较小，这也是其不断吸引新人应聘的最主要因素之一。

弗吉尼亚州政府为了缩小公设辩护人与检察官工资待遇的差距，制定了专门的法律规定公设辩护人的最低年薪为 41 719 美元。这仅是基本工资另外还有一部分浮动工资根据各公设辩护人每年的工作业绩和辩护质量来决定。平均下来每个公设辩护人的年收入能达到 85 000 美元～123 000 美元，这与该地区检察官的平均年薪100 000美元相差无几。

在华盛顿特区，新进人员的年薪是 47 000 美元～48 000 美元，之后随着工作年限和行政级别的提升而增长。另外，每个公设辩护人有每年 2 到 3 个星期的年休假，再加上美国的法定假日，在美国同行业中算是假期待遇比较优厚的了。

在明尼苏达州，全职的公设辩护人的年薪在 43 000 美元～82 000美元不等，不同工作年限的辩护人工资待遇不同。为了能够留住经验丰富的辩护人，该地区设计了"跳级"式的工资涨幅规定，即在工作的前 15 年内每年的工资涨幅都是上一年工资涨幅的一倍，也就是说工作年限越久工资涨幅也就越高。[1]

三、关于公设辩护人辩护工作的内部监督

在美国，几乎所有的公设辩护人系统内部都建有工作人员业绩考核机制，用来监督和鼓励各辩护人积极履行职责。例如在伊利诺伊州就有专门的规章，要求该州内各公设辩护人要记录自己所代理的所有法律援助案件，并且每个

---

〔1〕 See Akester Kate, *Public Defenders: Learning from the US Experience*, JUSTICE, 2001, pp. 29～53. ——笔者译。

月都要将本月的工作情况制作成表格并汇报给相关的负责部门。[1]这份汇报表格中包括了能够反映辩护人工作情况的各种信息：本月接受新案件的数量；本月结案数量；月出庭次数；会见当事人次数；进行案件侦查的情况等。系统内部有专门的机构对每一份报告进行总结和评估，各公设辩护人每年在获得最基本的工资保障之外，会有办案补贴和年终奖金而这一部分的金额就由个人的工作业务汇报决定。除此之外，州内各个郡县的公设辩护人办公室都规定有最低业务指标，如果辩护人无法完成指标那么就会面临扣发年终奖金的惩罚。"但是有一点是非常令人惊讶的，那就是在所有的业绩评估项目中并没有关于诉讼结果的考量，也就是说公设辩护人法律辩护的质量并不在被考核的范围内。事实上很多公设辩护人都表示，至少从官方上讲并没有人在意公设辩护人的法律援助质量，就像一名资深的公设辩护人所说：'我在这个月连赢了 10 桩案件，我的一名同事代理了 15 桩案件其中 13 桩被判了有罪，而在最后的考核中无罪判决的多少并没有任何意义，仅是这个月各人代理案件的数量起了关键作用——我的 10 桩被同事的 15 桩比了下去。'"[2]

事实上在美国大多数地区的公设辩护人系统内，其对于员工的工作业绩考核标准通常不会包括法律辩护质量这一项，除非法律援助被法院认定为无效辩护，否则并不会因为被告人最终被判定有罪而否定其工作业绩。这种考核模式也并不是没有原因的，首先，法律辩护的效果本来就没有一个可以用来衡量的标准，如果用最终的有罪判决来认定，那么就算是最优秀的辩护人也肯定会遇到很多无法扭转的案件。尽管美国律师协会曾经制定了用来判断律师辩护有效性的标准，但是既复杂又苛刻实践中很难执行。其次，现实情况不允许。在吉迪恩案之后全美国范围内公设辩护人系统的法律援助业务量激增数倍，相应的资金投入却不能有相应的提升，因此现实情况是几乎每个公设辩护人都在超负荷完成辩护任务。在这种情况下如果过分要求辩护质量是非常不现实的，也必将引起行业的动荡。因此对于公设辩护人工作的监督主要在于评价其工作的勤勉性，如果公设辩护人能够承担更多案件的法律援助，能够更多次的会见当事人，更多次的出席法庭审判，那么其就能得到积

---

　　[1]　Illinois Revised Statutes, Chap. 34, sec. 5608. ——笔者译。

　　[2]　Lisa J. McIntyre, *The Public Defender*: *The Practice of Law in the Shadows of Repute*, The University of Chicago Press, 1988, p. 105. ——笔者译。

极的评价而最终体现在物质奖励和职位晋升上。然而公设辩护人的业务能力和其在各案中的辩护效果并不能成为考核评价的标准，也导致了很多公设辩护人在具体的法律援助任务方面不负责任、草草了事，严重损害了被追诉人的诉讼权利。

四、公设辩护人系统内人员的聘用、晋升和调动

公设辩护人系统的行政属性决定了在全美国范围内，几乎所有公设辩护人的人事变动都取决于行政命令而不是民主选举。关于人员聘用、晋升，美国各地公设辩护人系统都有着自己的具体规定，但基本的运行模式也都大同小异。下文将以新泽西州的埃塞克斯郡为例，具体说明公设辩护人系统内人员的聘用、晋升与调动模式。

在埃塞克斯郡公设辩护人系统内有关新进人员聘用的最基本模式是，由各地区公设辩护人办公室向埃塞克斯郡总部呈报拟招聘人员名单，最终由郡总部决定是否录取。一般每当各地区公设辩护人办公室出现了职位的空缺，会将招聘信息向外公布，并且在特定的时间对所有的应聘者组织面试考核。通过考核的应聘人有机会参加由郡公设辩护人总部组织的第二次考核，第二次考核的结果最终决定了聘用者的名单。两次面试考核的形式基本相同，由多名资深的公设辩护人作为面试官，他们会为面试者假设案例和辩护场景，要求其迅速反应并将每个场景下的辩护策略报告给各面试官。两次考核均合格者即会被正式招募为公设辩护人。但是从确定选任人员到最终入职手续的办理是一个非常缓慢的过程，因为在美国很多地区行政事务的处理效率是比较低下的，这其中有非常多的文件需要制作和签署。司法实践中为了应对这一问题，埃塞克斯郡下辖的各公设辩护人办公室都被允许与拟招聘人员签订短期聘用合同，有效期一般为3个月到半年，在这段时间内该人员可以以准公设辩护人的身份进行法律援助，获得的报酬是以代理案件数量计算的。

在埃塞克斯郡公设辩护人系统内部，有专门的人员晋升规则。如同人员聘用，每个公设辩护人的晋升也都需要郡总部来审核。每年各地区公设辩护人办公室会根据各公设辩护人的资历、辩护能力以及工作态度，对每个人进行评估而最终决定晋升职位的人员名单，将名单呈报给总部后由其负责审核和批准。在该郡公设辩护人系统内部各辩护人被分为不同的级别，最初的级

别是助理公设辩护人（assistant public defender）。助理公设辩护人又被分为三个级别，新入职的人员是第三级助理。每个新入职的公设辩护人凭借若干年的工作资历和法律援助案件量的积累，就能够获得晋升的资格。经过地方公设辩护人办公室的推荐和总部的批准之后，各辩护人即能够完成升职，升职之后的工资待遇和工作权限都会有相应的提高。在第一级公设辩护人助理之上是首席助理，首席助理是系统内除了总辩护人之外的最高级别人员，他们享有对于其下辖职能部门的管理权，以及相应工作计划的制定权。首席助理之上便是系统内的总辩护人和副总辩护人了。通常情况下为了避免公设辩护人系统受到政治因素的过分干扰，总辩护人是由各地议会选举产生的，而副总辩护人大多由总辩护人任命。因此总辩护人这个级别的人员，一般不存在晋升的问题，而其他公设辩护人也只有通过选举和任命的方式才能成为总辩护人。

公设辩护人的调动可以分为两种形式，第一种是各公设辩护人因不满工作现状而提出辞职。这在全美国范围内都频繁发生，因为在美国各高校当中法学院的学费普遍最为昂贵，而公设辩护人的薪酬却是相对较低，因此有很多法学院的毕业生之所以最初选择公设辩护人作为职业，大多是为了提升法律职业经验，最终为进入律师事务所做准备。第二种形式是公设辩护人系统内部的调动，就是从某一地区的公设辩护人办公室调到另外一个地区。例如在埃塞克斯郡内，纽瓦克（Newark）地区是人口最多经济最为发达的，因此该地区的公设辩护人办公室有着最多的案源和最好的待遇，因此每年都会有很多其他地区的公设辩护人申请调到纽瓦克地区。具体的调动程序也是需要两级公设辩护人系统的批准，首先是地区级办公室，然后再由郡总部批准。司法实践中这种调动申请很少获得批准，就算是得到了批准也需要经过数年的等待时间。

开除或降职是系统内用来惩罚公设辩护人过错的最严厉方式。辩护人被开除往往是因为其工作出现重大过错，例如长时间拒不履行辩护职责或者连续多次法律辩护被认定为无效等。在埃塞克斯郡，开除辩护人需要总辩护人和所有首席助理辩护人集体讨论决定，集体讨论的程序比较严苛，因此在司法实践中没有人被真正开除过。除此之外，就算因为特殊情况的发生而最终决定将某位辩护人开除，也会事先给予其提出辞职的机会，以避免开除的恶劣后果影响其今后的职业生涯。关于公设辩护人的降职则分为两种形式，一是级别的降低，比如由第一级助理辩护人被降级为第二级助理。二是业务职能降级，比如从法律辩护科室被降级到行政管理科室。需要说明的是行政管理科室由于没有案件补贴所以工资会少很多，并且行政科室毕竟不是业务部门，工作于此的辩护人难以施展其诉讼能力。降职多半是因为辩护人没能很好地完成法律援助任务，系统内部凭借这种方式鞭策各辩护人认真履行职责，在埃塞克斯郡内降职的发生多半是暂时的，依据当事人的表现可能随时恢复原有级别和岗位。[1]

五、关于新进公设辩护人的培训机制

美国最高法院就吉迪恩案作出判决之后，各地不得不新建或者在原有的基础上扩建公设辩护人系统。大量的新进人员对于整个公设辩护人系统来说是一笔庞大的开销，使得原本捉襟见肘的财政状况更加雪上加霜。在美国很多地区，议员们普遍反感将政府资金过多地投入到法律援助这种为罪犯谋取福利的事业中来。各地公设辩护人系统为了完成繁重的辩护任务，在无法获得更多财政拨款的情况下不得不大量聘用新人，这就意味着为了维持系统的正常运转而需要在很多方面减少开销，很多地区就放弃了原有的新人培训模式。

例如，伊利诺伊州的库克（Cook）郡曾经具备完善的新人培训机制，每个新入职的辩护人都会接受严格的培训，并且只有通过了最后的培训考核才能有资格独立办理法律援助案件。目前根据学者的调研，该郡几乎不再为新进职员提供任何培训："尽管每个有资格进入到公设辩护人系统中来的职员，都具备相应的职业资格证书，但是事实却是他们的实践能力被大大的高估了。我们以问卷的形式采访了该地区多位新进公设辩护人，在谈到他们的最初工作经历时，很多人的回答最初会令人觉得好笑，但是却反映出了非常严峻的社会问题。'你不会相信我最初的经历是什么样的'一名受访者表示，'我去报道的第一天他们给了我一些工作指南让我学习，然后紧接着就给了我一摞案卷，告诉我马上就要开庭了。我在没有接受任何的培训的情况下上了法庭，

---

[1] Paul B. Wice, *Public Defenders and the American Justice System*, Westport, Connecticut London, 2005, pp. 61~66. ——笔者译。

我至今无法忘记法庭上人们对我发出的嘲笑。'未经任何培训既独立参加庭审的情况并不多见，事实上大多数受访者表示在最初的案件代理过程中，会有一名相对资深的公设辩护人作为其搭档参加诉讼，共同为被追诉人提供辩护的同时对新进人员进行指导。但是，这些'搭档'多半都有自己的案子需要处理，因此很快他们便会离开法庭而新进的公设辩护人仍然在法庭上不知所措。'我曾经有过一名很有资历的搭档，但是一个星期后他就被分配给了其他人员，而那时我仍然对很多事情模棱两可，但是却要一天处理 15 桩案件和会见 40 名犯罪嫌疑人，这太疯狂了'。"〔1〕

上述司法现状看似荒唐，但却是在资金严重不足的情况下，各地公设辩护人机构不得不作出的选择。不过各地公设辩护人机构普遍表示，这种在审判实践中锻炼辩护能力的方式确实效果显著，使得新进人员的诉讼能力在短时间内有质的飞跃。虽然该种模式既节省诉讼资源又能够更高效地锻炼新人，但却严重损害了被追诉人的诉讼利益。一名完全没有任何实践经历的公设辩护人，确实能够在法庭审判中积累到非常宝贵的诉讼经验，却是以牺牲被追人诉讼利益为代价的。公设辩护人制度存在的意义即是为贫困的被追诉人提供有效的法律辩护，而上述的新人诉讼模式仅仅在名义上为被追诉人提供了辩护人，而实质上根本无法为被追诉人带来任何诉讼价值，更无力实施有效辩护。因此这一模式也遭到了美国各界的广泛批判。为了缓解上述矛盾，有些地区出台了一种补救性的政策，既虽然当地公设辩护人系统没有足够的资金建立整套新人培训机制，但能够拿出一部分资金，资助新人到专门的律师诉讼能力培训机构〔2〕学习并提升个人的诉讼能力。很多情况下资助金额有限，各新进辩护人仍然不得不自掏腰包完成培训。〔3〕

关于新进公设辩护人的培训，美国多数地区并不会像上述伊利诺伊州的库克郡那样糟糕。也有很多地区虽然同样面临着严重的财政危机，却依然保有优质高效的新进公设辩护人培训机制，例如新泽西的埃塞克斯郡。事实上该地区成功的新人培训经验，并不是依赖专门的任职前培训，而是凭借"以

---

〔1〕 Lisa J. McIntyre, *The Public Defender: The Practice of Law in the Shadows of Repute*, The University of Chicago Press, 1988, pp. 102~103. ——笔者译。

〔2〕 National Institute for Trial Advocacy (NITA)

〔3〕 Lisa J. McIntyre, *The Public Defender: The Practice of Law in the Shadows of Repute*, The University of Chicago Press, 1988, p. 103. ——笔者译。

老带新"工作模式。在新泽西州已经基本看不到哪个地区的公设辩护人机构，为新进人员提供专门的入职培训。在财政情况相对较好的埃塞克斯郡，也只是为新进职员提供为期三天的指导课程，这三天的课程并没有固定的时间，有很多公设辩护人在入职几个月后才被安排学习课程。除此之外，在埃塞克斯郡公设辩护人系统内部，会为了锻炼新人而举办一些模拟辩护的练习，由新进人员为假想中的被告人做辩护，同时也会组织观看辩护教学录像等。几乎所有的埃塞克斯郡公设辩护人都表示，这些锻炼模式事实上不能起到很好的效果，真正的锻炼从其接受第一份法律援助任务时才开始。郡公设辩护人办公室会为每一名新人，精心挑选资历较深的辩护人作为其导师，在实践中为其传授经验并指导诉讼。如此即便是在复杂的案件新进人员也能参与其中，对于经验的增长和能力的提升都有着非常好的效果。

在埃塞克斯郡，这种"以赛代练"的新人培训模式无疑是非常成功的，究其原因最主要是因为在系统内部早已形成了一种"以老带新"的传统和良好的氛围。几乎所有的公设辩护人都表示，在其刚入职的时候每一次与老员工的交谈，无论是在法庭上、在餐厅抑或是下班回家的路上总能够从其中学到很多经验。每一名公设辩护人在以新人的身份入职之后都会得到老职员无私的帮助，无论是负责指导自己的导师还是其他资深辩护人，他们总是倾囊相授使得新人每时每刻都有机会学习知识提升修为。随着时间的推移，当这些新人也成长为经验丰富的资深辩护人时，他们也会投桃报李将自己所知所感传授于更年轻的辩护人，这个良性循环帮助埃塞克斯郡公设辩护人系统形成了一种互帮互助的良好气氛，虽然没有专门的新人培训阶段，但是其在系统内工作的每一分钟都有很多的机会能够学到更宝贵的知识和经验。在这种良好的氛围下，系统内的新人们并不会因为害怕被拒绝或者暴露自己的无知而羞于提出自己的问题，这也使得锻炼的效果事半功倍。

除了系统内部的良好氛围，埃塞克斯郡的公设辩护人系统也同样制定了相关的制度，帮助各辩护人补充和学习外界最先进的辩护知识和理念。系统划拨了专门的资金，帮助有兴趣的辩护人到全国范围内参加各种相关的法律讲座或者论坛，以提升业务能力。在结束外出进修之后，相关人员需要将自己所学到的先进知识传播于整个系统，或者以讲座的形式，或者通过与各位同事茶余饭后的闲聊。总之在整个系统内，每个人的辩护知识水平都会在某种程度上得到提升。丰富的实践经验加上最先进诉讼理论，这使得该地区的公设辩护人在司法实践中往往能够发挥出最高水平的法律辩护人能力，而这与埃塞克斯郡公设辩护人系统内完善的新人培训机制和良好的工作氛围是密不可分的，值得所有地区借鉴和学习。[1]

第二节　公设辩护人系统的外部监管制度

公设辩护人系统的行政属性使得其与检察院有着天然的联系，与私人律师相比公设辩护人总会凭借其特殊的身份在刑事诉讼中获得便利。例如，在庭前证据展示阶段公设辩护人就更容易从检察官处获得更有价值的证据；在辩诉交易阶段也能够帮助被追诉人争取来更优厚的"交易筹码"。然而这种利益的交换总是相互的，公设辩护人所能够给公诉人的价值则是，在诉讼中尽量与之相配合而不去制造太多麻烦。[2]这种貌似和谐的控辩关系不但严重违反了诉讼规律，同时损害了犯罪嫌疑人和被告人的诉讼利益。公设辩护人非但没有全力履行辩护职责，反而配合检察官完成控诉职能，这严重损害了公设辩护人作为法律援助机关而存在的根基，长此以往不会再有人愿意接受公设辩护人的法律帮助。除了这种相互配合的诉讼关系，公设辩护人在很多时候还会遭受来自政府的政治压力，特别在一些比较敏感的特殊案件尤其是涉及种族问题，政府的一些政策性决定使其很难放开手脚而全力为被追诉人提供辩护。[3]在美国佛蒙特州其公设辩护人系统就存在着上述情况，州政府官员总是能够通过各种渠道对其施加不正当的政治影响，使得公设辩护人在很多情况下不得不屈从于政府的治罪目的。该州的公设辩护人系统完全隶属于州政府，系统内最高辩护人的产生源于州长的任命，这也就造成了州长以及其所代表的州政府对于公设辩护人系统的全面领导。这种领导关系导致了一种不可调和的矛盾，那就是公设辩护人基于其工作性质是为犯罪提供法律辩

---

〔1〕　Paul B. Wice，"Public Defenders and the American Justice System"，*Westport*，*Connecticut London*，2005，pp. 61~63. ——笔者译。

〔2〕　Carrie Leonetti，"Painting the Roses Red: Confessions of a Recovering Public Defender"，*Ohio St. J. Crim. L*，2014~2015，p. 371. ——笔者译。

〔3〕　L. Song Richardson，& Phillip Atiba Goff，"Implicit Racial Bias in Public Defender Triage"，*122 Yale L. J*，2012~2013，p. 2626. ——笔者译。

护、助其脱罪，而政府在刑事诉讼中更多的扮演着惩罚犯罪的角色，因此在很多情况下公设辩护人总会被要求放弃其最初的职业目标而屈从于政府的治罪目的。这种矛盾则造成了在美国佛蒙特州司法实践中连续两任最高公设辩护人，因为不能做到盲目的听从政府的指令而被迫辞职。现任最高辩护人同样因为法律援助政策的问题而与州长产生了分歧，很难预测其将来是否也会被迫辞职。为了保证公设辩护人系统不受政治压力的影响，而全心全意为犯罪人辩护，有议员在州议会提议建立专门的公设辩护人管理委员会对该系统进行管理，这能够很好地帮助其摆脱不当的政治压力，但是现在其是否能够实现还犹未可知。[1]

公设辩护人的行政属性严重的限制了其诉讼能力，过多的政治影响不但阻碍了制度发展，也严重损害了相关被追诉人的诉讼权利。因此为了消除政治因素对于公设辩护人系统的不当影响，保障其能够全心全意为被追诉人提供辩护，美国各地都逐步采取了改革手段，由政府机关之外的其他部门对公设辩护人系统进行外部监督甚至是内部管理，最大限度地消除不当的政治影响。然而不同的外部监管方式却也呈现出了优劣不等的监管效果。

一、专门委员会监管

在美国弗吉尼亚州最早的公设辩护人系统具有完全的行政属性，系统内的最高长官直接由州长任命，整个系统都完全依从于政府。为了改变这一状况，保障各公设辩护人能够摆脱政治因素的不当影响，弗吉尼亚州众议院设立了公设辩护人管理委员会专门负责州内所有公设辩护人的管理事务，从长官任命到政策制定甚至具体的人事升迁都在其管辖范围内。为了保证委员会的政治中立性，委员会的成员由州众议院的议长任命，潜在的任命对象包括法官、律师和普通市民。这种集体决策的模式也在某种程度上减弱了该州公设辩护人系统的行政色彩。事实上该委员会主要负责人事任命和抽象政策的制定，而关于具体的诉讼业务其并无权干涉。各地区的公设辩护人办公室在具体法律援助案件的办理方面有很大的自主权，这也保证了公设辩护人在个案中能够独立履行辩护职责，而不受包括管理委员会在内的各种外界因素的

---

[1] Akester Kate, "Public Defenders: Learning from the US Experience", *JUSTICE*, 2001, pp. 29~53. ——笔者译。

干扰。

在华盛顿特区其公设辩护人系统听命于一个由 11 人组成的信托委员会（Board of Trustees），此委员会负责任命各地公设辩护人办公室的最高领导，制定相关辩护政策，最主要的是它能够有效地阻断公设辩护人系统与政府机关的联系，保证法律援助事业不会过分受到政治因素的影响。委员会组成人员的选任有着其固定的程序，这 11 人分别由联邦法院最高法官、上诉法院大法官、最高法院首席大法官和市长各自任命，任命之后每个委员的任期是 3 年并且只可以连任一届。除此之外相关规则对于各委员的工作领域也有特定的要求：在这 11 名委员会委员当中，从事法律相关职业的人数不得超过 7 名，而非法律相关职业的委员不得超过 4 名。公设辩护人的辩护业务本身就是服务社会，其所需要的不仅是法律相关知识还包括来自社会大众的需求，因此这种对于委员职业的限制能够很好地帮助委员会吸收更全面的社会知识，避免在将来政策制定时仅是闭门造车似的只顾及法律相关问题。另外也能避免公设辩护人委员会被法律职业圈所垄断，而对法律援助事业造成不利的影响。现阶段华盛顿特区的公设辩护人信托委员会一共有 9 名成员组成（有 2 名成员空缺等待任命）：在非法律职业方面其中一名是牧师，另一名是政府行政官员，另外 2 名空缺；在法律职业方面包括公设辩护人和私人律师。该委员会在公设辩护人相关制度构建中起到了非常重要的作用，例如在案件量过高进而导致该地区公设辩护人系统难以正常运转的情况下，委员会及时出台了政策规定每个公设辩护人在同一时间代理的案件量不得超过 30 件，保障了整个系统能够有效地运转，保证了个案的辩护质量。

明尼苏达州采用相似的监管模式，该州公设辩护人系统的管理权由州公设辩护人委员会负责。委员会成员由该州最高法院院长和州长共同任命，并且在所有被任命的委员当中必须同时包含律师和非律师，这也是为了防止委员会被某一特定职业垄断。正常情况下每个被任命的委员拥有 4 年的任期，但是期间如果有正当理由每个委员都有可能被除名，所以委员会成员一直不稳定同时这也为其职能的充分发挥制造了障碍。在明尼苏达州，其公设辩护人委员会的主要职责是对于该系统的统筹管理，包括系统内主要官员的任命、相关政策的制定以及负责在州议会中游说议员，帮助通过有利于公设辩护人的议案，然而关于具体法律援助案件的办理则各地方公设辩护人享有完全的自主权。[1]

二、法院监管

同样为了保障公设辩护人的政治中立性，一些州规定由当地法院负责公设辩护人的监管。法院的最主要职责毕竟是审判案件，由于精力的限制就导致了此处的法院监管模式相对不够全面，其主要的监管内容就是由相应法官来任命公设辩护人系统的最高长官。例如，科罗拉多州规定州最高法院的所有大法官集体决定州最高公设辩护人；康涅狄格州规定州巡回法院的法官共同决定地方最高公设辩护人。[2]中立的法院并不承担惩罚犯罪的责任，也就不会与公设辩护人产生职能上的冲突。因此相比较而言由法院负责公设辩护人系统的外部监管更能够体现公正无私，避免外部压力影响法律援助的质量。但是法院的监督仍然存在弊端，首先，法官应在法庭上保持绝对的中立，而这种上下监督关系无形之中拉近了其与公设辩护人的关系，在某种程度上打破了控辩审的等腰三角形结构，这在讲究平等对抗的英美法诉讼模式下是绝对不允许发生的。其次，虽然法官并不具有惩罚犯罪的社会角色，但是其在刑事诉讼中也有着自己的私心：尽早结束诉讼、不要二审、以最轻松的方式完成庭审，这些是每个法官都希望实现的。因此如果法院成了公设辩护人系统的监督机关，那么很难避免法官会以独特的方式对公设辩护人施加压力，例如，要求辩护人劝说被告人不要上诉等。虽然法院的监管相较于政府部门来说更具有合理性，但是其仍然具有相应的弊端，因此并不是值得推广的最优公设辩护人监管模式。

三、议会监管

相较于委员会监管模式，议会监管的不同在于地方议会并不会建立专门的委员会来负责公设辩护人系统的监管，而是由议会直接管理。例如，佛罗里达州相关法律规定："州内每个司法区的最高公设辩护人需要由各司法区议

---

[1] Akester Kate, "Public Defenders: Learning from the US Experience", *JUSTICE*, 2001, pp. 29~53. ——笔者译。

[2] COLO. REV. STAT. ANN. § 39-21-1(2) (a) (Supp. 1969); CONN. GEN. STAT. REV. §§ 54-80, 84-81a (1968). ——笔者译。

会选举产生。"[1]议会的监督则能够最大限度地实现民主，帮助公设辩护人真正摆脱各种机关的不正当影响。但是值得说明的是，每次都要召集议员来决定公设辩护人的选任和制定相应政策，其中的监督成本太过高昂。另外，议会并不是常设机构，因此无法及时应对在司法实践中出现的紧急状况，可以说此种议会监督模式具有滞后性。

---

[1] FLA. STAT. ANN. § 27.50 (1) (Supp. 1973). ——笔者译。

第五章 比较视野下的公设辩护人制度价值分析

第一节　公设辩护人与其他法律援助模式的价值比较

一、美国多元化法律援助体系

（一）美国法律援助体系的整体结构

美国法律援助体系呈现多元化发展的特点，当下主要包括三种模式，即公设辩护人模式（public defender）、法律援助律师模式（assigned counsel）和合同律师模式（contract lawyer），不同的州根据各自的实际情况也都普遍采用了不同形式。事实上，上述三种模式之间并不是非此即彼的关系，在美国的各个司法区这三种法律援助形式往往是共存的，它们相互配合、互为补充共同为贫困者提供法律援助。实践证明这种多样式的法律援助体系，能够更好地发挥其中各种援助模式的优点，更有效地应对由于社会的发展所带来的各种变数。这其中的应对策略则是将三种援助模式的主次位置进行变化，例如在案件低发的月份，援助律师制度就可能成为各地法律援助的主力，因为其运行模式相对灵活并且经济成本相对较低。然而到了案件高发的月份，公设辩护人制度就会发挥更大的作用，因为面对庞大的案件量援助律师制度很难有效地发挥作用。可以说美国的法律援助体系并不只具有单一的运行模式，而是各种法律援助形式相互配合而组成的整体。

在司法实践中，各地区依据不同的社会情况，例如人口数量、经济条件、居民受教育程度等，对于法律援助的形式都会各有侧重。在人口密集的大都市，公设辩护人往往会被作为最主要的法律援助手段，因为其行政化的管理模式能够大大地提高效率，在最大程度上为更多的贫困者提供法律援助。依据学者的调查，在美国 100 个较大城市中，有 90 个都以公设辩护人制度作为其最主要的法律援助形式。在美国一些超大城市，例如纽约，如果公设辩护人系统难堪重负，则政府会将一部分法律援助案件以合同方式承包给律所，减轻公设辩护人负担。

在人口相对较少的地区由于案件数量不多，因此援助律师制度可以游刃有余地承担法律援助任务。另外相较于公设辩护人系统的高昂运行成本，援助律师制度则十分经济，因此在人口稀疏而经济相对落后的地区，援助律师制度则是最为常用的法律援助形式。据统计在全美国 3100 个郡县之中，有 2900 个都设有援助律师制度，而其中在人口较少的地区援助律师制度则是最主要的法律援助形式。[1]

（二）援助律师制度的特点与运行

对于人口密集的大城市来说，公设辩护人系统也许是最有效的法律援助形式。但是在规模较小的城镇，援助律师制度却是最为合适的。依据学者的调查在美国 3100 个中小型郡县中，有 2900 个采用援助律师制度，作为其唯一的法律援助形式。与此同时，就算是在公设辩护人制度盛行的大都市，援助律师模式也是不可或缺的。因为根据美国刑事诉讼程序的"利益冲突"原则，当地公设辩护人系统不能为同一案件的共同被告人一并提供法律援助，而援助律师制度在此时就必须发挥作用。据调查显示，在越是人口密集的大都市团伙作案的发生几率就越高，在所有的刑事案件中有 10% 是存在 2 名或以上共同被告人的。虽然 10% 这一比例并不太高但是由于案件总量基数大，所以此类案件的数量也是非常可观的。因此可以说，在公设辩护人制度备受推崇的今天，援助律师制度仍然在美国法律援助体系中发挥着非常重要的作用。

在美国司法实践中最为典型的援助律师模式是由法官主导的，法官依据个案情况为贫困的被追诉人指派律师。法官指派律师的方式带有很大的随意性，一般都会事先制定一份法律援助律师名录并且随机从中挑选，而各律师出现在名录之中的原因或许是因为其自愿承担法律援助职责，或仅是因为其是律师协会的成员。在不同的司法区，法官对于援助律师的质量把关也呈现

---

〔1〕 See Paul B. Wice, "Public Defenders and the American Justice System", *Westport*, *Connecticut London*, 2005, p. 10. ——笔者译。

出程度不同的谨慎态度。一般来说对于较为严重的犯罪，特别是被告人可能处以死刑的案件，各法官会凭借自己对辖区内律师的了解而指派经验最为丰富的律师提供法律援助。同时司法实践中各地律师协会的成员，也会通过向法官表达其对于承担法律援助任务的主观意愿而寻求或避免被指派，当然法官会不会考虑则完全取决于法官自己。在司法实践中也普遍存在其他的援助律师指派模式，例如律师协会指派模式。在此种模式下，当地律师协会每隔一段时间会向法庭提供一份律师名录，其中包含在这段时间能够承担法律援助任务的律师姓名，供法官挑选。或者律师协会直接要求相关律师在特定的时间段内到法庭随时候命，及时承接任何法律援助任务。另外一种较为常见的指派模式就具有更大的随意性，由法官指派任何当天恰巧出现于法庭的律师承担相关案件的法律援助，不管该律师的出现基于何种原因。当然这种相对随意的指派模式，在现阶段基本只适用于人口小于 100 000 人的郡县，因为在这些地区也并没有多少职业律师可供法官选择。

司法实践中，地方政府普遍会给予承担法律援助任务的律师以经济补偿，而其中的数额是以各律师的实际工作小时为单位计算。通常情况下法庭审判阶段的经济补偿会比审前阶段要略高，但是相较于私人代理业务来讲仍然处在一个非常低的范围内。然而法庭仍然要求律师在法律援助案件中的辩护效果，应当不低于私人代理辩护，这也就造成低补偿高要求的苛刻标准。对于法律援助律师来讲，政府根本不会支付多余的资金供其聘请案件调查人员或专家证人，因此任何的诉讼支出都需要援助律师个人垫付。在如此的情势下，越是用心地辩护就越会让律师遭受更大的经济损失。通常情况下，法律援助律师所做的就是稍微投入精力，以达到《美国律师协会规则》所规定的最低辩护标准，然后尽快结束案件。在如此的法律援助之中，律师并不会在乎如何能够为贫困者争取更多的诉讼利益，其所考虑的仅是如何能够以最快的方式，并且在避免职业责任审查的前提下，摆脱法律援助案件。如此法律援助的实际效果根本不能得到保证，而究其原因主要是因为缺少有效的激励机制。[1]

依据美国律师协会所制定的《刑事司法标准》，援助律师投入到法律援助案件中的所有时间均有权得到经济补偿，而补偿的数额应当依据各地经济情

---

〔1〕 Paul B. Wice, "Public Defenders and the American Justice System", *Westport*, *Connecticut London*, 2005, p. 10. ——笔者译。

况以确保能够实现有效辩护为标准。但是在司法实践中，美国各州普遍不能为援助律师提供合理的经济补偿。在南卡罗莱纳州，其补偿标准可以说是全国最低，法庭之外的法律工作每小时 5 美元，法庭之上每小时 10 美元。除此之外，美国大多数州会提供庭外每小时 20 美元至 30 美元，庭上每小时 30 美元至 40 美元的经济补偿，但是与私人诉讼代理业务相比该标准就非常之低了。目前这一补偿标准被进一步降低了，因为各州普遍开始规定法律援助案件的经济补偿上限。例如在弗吉尼亚州，不管援助律师投入了多少工作时间，其最多只能拿到 350 美元的补偿。事实上过低的补偿额还不是最糟糕的，在司法实践中政府拖欠援助费用的情况频繁发生，有太多的律师根本拿不到自己应得的法律援助费用。据统计在西弗吉尼亚州，地方政府在 1978 年至 1979 年间，共欠下应支付的法律援助费用 17 万美元。在路易斯安那州的一个郡，有 24 万的法律援助费用没有支付。无独有偶，援助律师被拖欠费用的情况在全美国普遍发生：佛罗里达、加利福尼亚、佐治亚、马萨诸塞、俄勒冈等 12 个州，都被报道出现此类问题。[1]

（三）合同律师模式的特点与运行

在美国，由于近些年来刑事案件的发案率持续走高，相应地法律援助案件数量也随之有了大幅度的增长。在一些大城市例如纽约、波士顿，原本以援助律师配合公设辩护人为主要模式的法律援助体系，如今变得越来越官僚化并且其持续增长的财政支出也令当地政府难以承担。因此改革者们开始四处寻求制度的创新，希望能够降低法律援助体系的运营成本，而法律援助案件的合同律师模式即改革的成果。所谓的合同律师模式是指，地方政府与特定的律师事务所或者其他法律机构签订合同，由该组织承包政府辖区内的所有法律援助任务，合同期限依据各地的情况有长有短，一般是 2 到 3 年。在美国这种由私人机构代替政府，在刑事司法领域履行职责的情况已经成了一种发展趋势。最早，在马萨诸塞州和德克萨斯州出现了由私人运营的监狱系统，而且实践证明在政府财政紧张的情况下，这种私人合同模式确实能够在很大程度上节省政府开支。

在司法实践中，政府一般是通过招标的方式来确定合作对象，其在挑选

---

〔1〕 Paul B. Wice，"Public Defenders and the American Justice System"，*Westport*，*Connecticut London*，2005，p. 14. ——笔者译。

过程中首先就是要考虑各投标法律机构的整体实力，即相关单位的人员配备是否足够为一个区域内的所有法律援助案件提供有效的辩护服务。其次各机构的报价高低也是政府将着重考虑的内容，因为相关改革的最主要动因既是如何降低日益增长的法律援助开销，甚至在有些地区相关法律机构的报价成为其能否中标的最主要原因。

纽约市可以说是发展"合同律师"模式的典型，在作出相应改革之前，当地的公设辩护人系统由于过于繁重的案件量而陷入了崩溃，为了得到更多的政府拨款其工会组织策划了大规模的游行示威和罢工抗议。如此便导致了纽约市法律援助系统的全面瘫痪，每天都有大量的案件由于无法得到法律援助而不得不延期开庭。地方政府对于频繁发生的公设辩护人罢工深恶痛绝，因此在当时市长鲁道夫朱利亚尼（Rodolph Giuliani）的主导下，相关的制度改革很快就得到了通过。随后市政府与多家法律组织签订了法律援助承包合同，由其承担了近10%的法律援助任务。

二、公设辩护人与援助律师的价值比较

（一）在运行成本方面

1. 援助律师制度的运行成本

援助律师制度的运行成本来源于政府向律师支付的法律援助经济补偿。最初基于职业道德的要求，美国所有律师均是义务承担法律援助任务，而政府不会为其提供任何经济补偿。毫无疑问在那个年代，援助律师制度并不会产生任何的成本，但是随着时代发展人们普遍认识到，仅仅因为职业的特殊性和相对较高的收入就将法律援助的任务完全担于律师的肩上是不具有任何合理性的，而政府作为社会秩序的维护者理应承担起为贫困者提供法律援助的职责。[1]随后在全美国范围内，法律援助任务不再被视为是律师应尽的义务，而相应的经济补偿也成为常态。例如新泽西州最高法院通过判例作出裁决："政府应当承担起法律援助的经济开销，我们不应当强迫律师行业为政府职责买单。"随后州议会通过法案，规定政府应当为法律援助律师提供经济补

---

〔1〕 See Foster, "The Public Defender and Other Suggested System for the Defense of Indigents", *JUDICATURE* 52 （1969~1970）, p. 247. ——笔者译。

偿，而补偿数额应当是类似案件法律代理费用的 60%。[1]

关于经济补偿数额各州则有着不同的规定，正如前文所述有的州规定了相对固定的补偿数额，比如在南卡莱罗纳州每小时 5 美元~10 美元的补偿。还有一些州如前文提到的新泽西州，其关于经济补偿的规定相对灵活，要根据类似案件代理的社会收费标准来确定。在这种补偿模式下，政府部门事先根据案件的特征将其进行分类，对于不同种类的案件在综合考虑市场代理价格的基础上，确定相应的补偿数额。这种模式有其内在合理性，就如同关于死刑案件的法律辩护其需要更高的辩护能力和更多的精力投入，所以理应给予援助律师更高的补偿。如果无论案件类型而都采用统一的补偿标准，则会导致各援助律师之间对于复杂案件的相互推脱和消极怠工，严重影响法律援助的质量。新泽西州将法律援助任务进行归类，对于不同种类的案件给予不等的经济补偿，这可以说是对之前无差别补偿模式的改良。然而同一种类的案件其各自的案情也会千差万别，仅以案件种类进行划分有时并不能体现各案的特殊性。因此一些州则实施了更为细致的援助律师补偿办法。在北卡罗来纳州，法官通过自由裁量来确定各案最终的补偿数额，而依据相关法律规定："法官应当综合考虑各案的情况确定合理的补偿数额，需要参考的因素包括，所涉犯罪的严重程度、相关案情的复杂程度、援助律师投入的时间和精力、出庭证人数量等。"[2]这种灵活的经济补偿模式，能够在充分考量各案实际情况的基础上确定补偿数额，可以说能够最大限度地做到各案补偿的公平和公正，在一定程度上防止援助律师对于特定类型案件的争抢或者相互推脱。但是此种的经济补偿模式太过复杂，因此在案件高发的大城市并不适合。

2. 公设辩护人制度的运行成本

不同于援助律师制度，公设辩护人系统的经济成本并不产生于各案的经济补偿，事实上它的资金开销来源于整个系统的维持和运转。通常情况下，美国各地的公设辩护人系统都是政府的职能部门，其有专门的办公场所，有一整套的人员配备，包括职能人员、行政人员甚至是后勤人员。因此相较于援助律师制度，公设辩护人制度的运行就多出了系统维护的经济开销，包括办公场所的租赁和修缮，辩护人和行政辅助人员的工资以及其他福利等。可

---

〔1〕　46 N. J. 399, 412, 217 A. 2d 441, 448（1966）.——笔者译。

〔2〕　N. C. GEN. STAT. & 7A-458（1969）——笔者译。

以说，关于公设辩护人制度的建立需要有一个固定运行成本的投入，而依据各地公设辩护人系统的大小不同，其运行成本也是高低不同。例如根据美国学者的统计，在美国第 12 司法区内建有中等规模的公设辩护人系统，该系统每年最基本的维持费用是 53 018 美元，当然这只是成本费用。[1]

3. 公设辩护人制度与援助律师制度的经济成本比较

无论是公设辩护人制度或是援助律师制度，其都是法律援助体制下的两种具体模式，虽然说当下法律援助的政府责任被社会广泛认可，但是在司法实践中相关制度的设计理念，仍然是要求政府和律师协会共同承担法律援助任务。因此无论是哪种法律援助形式，承担援助任务的律师所能够得到的经济补偿必然比私人代理要低得多。[2]然而传统观念认为，在援助律师模式下政府会最大限度的低估律师的辩护价值，仅支付非常有限的经济对价，因此从政府的角度上讲，援助律师制度应该是成本最低的。但是学者的实证研究表明，事实并非如此。有学者对美国联邦第 14、26、12 和 18 司法区的法律援助成本进行了研究，并得出了以下的结论：

	年总支出	援助数量	每案援助额	地区人口数	人均法律援助支出
14th 司法区援助律师	\$ 61, 616	332	\$ 185. 59	131, 362	\$ 0. 47
26th 司法区援助律师	\$ 86, 000	482	\$ 178. 42	352, 006	\$ 0. 24
12th 司法区公设辩护人	\$ 53, 018	514	\$ 103. 15	222, 692	\$ 0. 24
18th 司法区公设辩护人	\$ 69, 944	741	\$ 94. 39	283, 182	\$ 0. 25

从上述的图表中我们可以看出，援助律师制度下的案均法律援助成本，要比公设辩护人制度高得多。而且在第 12 司法区和第 18 司法区的数据对比

---

〔1〕 MacCarthy，"The Chicago Federal Defender Program"，*AM. CRIM. L. Q*，1970，p. 156. ——笔者译。

〔2〕 Lee Silverstein，*Defense of The Poor in Criminal Cases in American State Courts：A Field Study and Report*，American Bar Foundation Library of Congress，1（1965），pp. 23~33. ——笔者译。

之下我们可以发现，地区内法律援助案件的总量和案均法律援助成本成反比的关系，即法律援助案件量越多，那么政府在每桩案件上所支出的法律援助经费也就越低。因此就援助律师制度与公设辩护人制度的经济成本比较，传统的观点是有所偏差的，事实是公设辩护人制度的运行成本更加低廉。[1]

4. 案件数量是决定成本优劣的关键

关于公设辩护人制度与辩护律师制度的成本比较，应当以地区人口和法律援助案件总量为条件。在不同的地区条件下，两种法律援助模式会各有优劣。公设辩护人制度的运行需要建立和维持一整套的办公系统，包括工作场所的租赁、各工作人员的工资以及很多其他形式的开销。而相比之下，援助律师制度的运转模式就相对简单，除了"一案一付"的法律援助补偿之外，也就没有更多的开销了。因此在公设辩护人模式下其有一个最低经济成本的问题，也就是说无论需要承担多少案件量，一整套公设辩护人系统的建立和维持都需要一定数量的经济支出。而在"一案一付"援助律师制度下，其经济成本则完全取决于法律援助案件量的多少，随着案件数量的增多则相应的经济成本也会成倍增长。可以说援助律师制度的运行成本并没有下限，当然如果案件量持续增长那么相应的经济成本也会以相同的速率随之增加。

经过学者的估算，一个小型公设辩护人系统的建立和运行每年需要大约53 018 美元。对于采用公设辩护人模式的地区来说，假设某一年仅有一桩法律援助案件发生，政府仍然需要承担 53 018 美元的系统运行、维护费用。这一调查所发生的时间是 20 世纪 70 年代，在那个时候政府给予援助律师人均经济补偿在 100 美元左右。因此如果某一年该地区仅有一桩援助案件，那么对于采取援助律师模式的政府来说，其需要承担的法律援助成本就是 100 美元。在这种情况下，援助律师制度的经济成本显然要比公设辩护人制度低得多。当然仅有一桩案件发生的假设是不实际的，但是这却也表明了案件数量决定了两种法律援助形式的成本高低。公设辩护人制度下53 018美元的最低成本，在援助律师模式下大约相当于 530 桩案件的经济补偿。因此也就是说，如果该地区的年法律援助案件的总量如果低于 530 桩，那么采用援助律师制度就更加经济、划算。但是如果这一数字在 530 之上，那么两种模式的对比

---

〔1〕 Richard L. Grier, "Analysis and Comparison of the Assigned Counsel and Public Defender Systems", *N. C. L. Rev*, 1970~1971, p. 705. ——笔者译。

结果就会有所不同了。

公设辩护人制度的运行有着专业化和系统化的特点，在美国以州为单位自上而下都建有各自的公设辩护人系统，其政府机关的属性和行政性的内部管理模式，都使得相应的法律援助工作变得更加高效。每个公设辩护人系统内部都有着详细的规章制度，调控内部的人员管理和外部事务处置。例如在业务工作的实施和监管方面，各地公设辩护人系统内部普遍会建有专门机构，对于各公设辩护人的工作勤勉性进行考核，而考核的结果将会成为各辩护人得到奖赏或者惩罚的依据。如此的工作考核机制，能够有效地鼓励或者督促各公设辩护人更加勤勉地完成法律援助任务，其中的效率也会得到大幅度提高。

援助律师制度则不然，其制度构成相当简单——法官自由裁量下的案件分配加之随后的律师法律援助代理，这就成为该制度的全部内容。援助律师各自为政，帮助国家担负法律援助职责，统一管理系统的缺失使其难以形成对于各案的有效监督。除此之外，松散的管理模式导致法律援助效率大打折扣。因此在案件量逐步增长的情况下，公设辩护人制度的结构化系统优势就会更加明显。在经济投入相同的情况下，其必然能够承担更多的法律援助任务。公设辩护人制度拥有着完整高效的运作体系，其内部各辩护人在工作规则的指导下相互配合、相互协作，因此作为一个系统其对于案件量的承受能力必然要比逐案聘请援助律师的法律援助模式要强得多。依据学者的研究在地区年法律援助案件量低于 530 桩时，公设辩护人制度的经济成本会相对较高。然而如果高于 530 桩，那么在援助律师制度的运行成本仍然会随着案件量成线性增长。但是反观公设辩护人系统，由于其行政化的管理模式再加上稳定而有序的组织结构，随着案件数量相应的运行成本并不会随之出现线性增长的态势，而相较于援助律师制度其经济成本的提高也会相对缓慢。事实上就算援助案件的数量增长，已经达到令原有的公设辩护人系统无法承担的地步，那么系统规模的相应扩张也就仅仅涉及聘请更多的工作人员。虽然这意味着政府要面临更重的工资负担，但是每增加一人其所能承担的业务量却是非常可观，相比之下那些工资支付就显得微不足道了。在公设辩护人制度下，建立和维持相应的系统需要一定数额的经济支出，但是一旦系统构建完成，那么在原有基础上的规模扩张，其实并不需要太多的资金投入。因此可以说法律援助数量越多，那么公设辩护人制度的低成本优势就会越发明显，这也是为什么在美国人口密度高的大城市，公设辩护人会成为最主要的法律援助形式。由此可以得出结论，在地区年案件量高于530桩时，公设辩护人制度是更加经济的法律援助模式。

（二）在法律援助质量方面

关于哪种法律援助形式能够提供更高质量的诉讼辩护，这一问题在美国学术界一直争论不断。[1]司法实践中不同的州由于社会情况各不相同，学者们在各地调研所得到的实证数据也通常会指向不同的方向。因此可以说在美国，关于援助质量的比较并没有确定的结果，而本书也只能就此问题尽量进行全面的介绍。

1. 从身份属性方面分析

公设辩护人是国家公务人员，其代替政府为贫困者提供法律援助。拥有如此身份地位，对于公设辩护人的诉讼职能履行来说，既是优势而同时又能够成为劣势。

（1）国家公务人员身份对援助质量的负面影响

之所以会有负面影响，是因为国家公务人员身份使其很难摆脱行政系统压力的影响。辩护人的诉讼职能是帮助被追诉人更好地行使诉讼权利，实现其诉讼利益的最大化。因此无论是援助律师或是公设辩护人，都应当以当事人的诉讼需求作为其诉讼行为的价值导向。然而公设辩护人的身份不仅仅是当事人诉讼利益的维护者，其同时作为国家公职人员，又多了一种帮助政府履行社会管理职能的责任。事实上法律援助的政府责任属性，是随着人权观念在全世界的发展在近些年来才被各国政府所广泛认可的。而传统观念认为，政府的最主要职责仍然是惩罚犯罪、维护社会秩序，这也在千百年来被各个社会所始终秉承着。如此公设辩护人这种既代表被追诉人又代表国家的双重身份，就在传统的政府责任观念下产生了分歧。在普通的刑事案件中，这种矛盾通常不会造成激烈的角色冲突，但是如果相关案件比较敏感和特殊，并且有着巨大的社会影响力，那么强有力的政府难免会对公设辩护人施加政治压力。例如在美国凡是涉及种族问题的案件，总是能够吸引整个社会的眼球，

---

[1] See Richard L. Grier, "Analysis and Comparison of the Assigned Counsel and Public Defender Systems", *N. C. L. Rev*, 1970~1971, p. 705. ——笔者译

而在这些案件中政府也自然希望判决结果能够尽在其掌控之中，因此在此类案件中政府对于公设辩护人的影响似乎不可避免。[1]作为国家公务人员公设辩护人是否应当听命服从于政府，帮助其实现惩罚犯罪维护社会秩序的目的，还是应当恪守法律赋予其辩护职责，全心全意帮助被追诉人谋取诉讼利益，这对于公设辩护人来说似乎很难抉择。此处公设辩护人的两难境地，完全产生于其身份和职能的冲突，如果选择不当那么辩护人就沦为政府惩治犯罪的"帮凶"，变成了除检察官之外的第二公诉人，在这种情况法律援助制度就没有了存在的意义，就更遑论其中的质量问题了。这一问题亟须制度设计者的妥善解决，否则必然导致法律援助的质量大打折扣，进而损害相关被追诉人的诉讼权益。

（2）国家公务人员身份对援助质量的积极影响

任何事情都有它的两面性，国家公务人员的身份也同样能够帮助公设辩护人更好地完成法律援助。同样作为政府工作人员接受国家的俸禄，公设辩护人与检察官之间有着天然的"亲密"关系，而在司法实践中双方也因为这种特殊的关系促成了多方面的合作。当然依照传统的诉讼理念，控辩双方的诉讼关系应当是针锋相对的，而这种略显"暧昧"的合作关系也必然有违诉讼价值。但是合作总是双向的，而公设辩护人与公诉人的"友好"关系也必然能够惠及双方。其一，就像前文所述，在美国有些地区公设辩护人与检察官会在法庭上形成一种默契，辩护人不会就相关定罪证据提出太多苛刻的程序性要求，而仅就真实性问题提出疑问。如此公诉人在法庭上履行证明责任时就轻松了很多，另外也节省了庭审时间，这也是法官所希望看到的。需要说明的是在此种合作模式下，公设辩护人并不是完全采取消极辩护的态度，而对于公诉方的主张全盘认同。其只是承诺不使用"胡搅蛮缠"的辩护手段，例如在私人代理中经常发生的过分苛求程序的辩护模式，既对所有的证据不管是否有合理的原因均提出程序瑕疵的异议。[2]如此，庭审程序就会更加顺利地进行，并且对于案件真实的发现也不会造成太大的影响。但是在这种合

---

〔1〕 See Song Richardson & Phillip Atiba Goff, "Implicit Racial Bias in Public Defender Triage", *Yale L. J*, 2012～2013, p. 2626. ——笔者译。

〔2〕 See Carrie Leonetti, "Painting The Rose Red: Confessions of a Recovering Public Defender", *Ohio St. J. Crim. L*, 2014～2015, p. 371. ——笔者译。

作形式下被告人的诉讼利益却遭受了一定的损失，辩护人本应在法庭上尽一切可能据理力争，却因为与公诉人的"亲密"关系而作出了让步。可是退一步讲，公设辩护人虽然放弃了一些特殊的诉讼手段，但是却换来了其他方面特权而这些特权是私人律师所不会享有的。

其二，上述公设辩护人在诉讼中的让步促进了控辩双方的合作关系，而因此其也同样得到了检察机关的特殊对待。例如，为了提高被告人一方的诉讼能力进而实现法庭的平等对抗，美国刑事诉讼程序规定了庭前证据开示制度，帮助处于弱势地位的辩方获取更多的诉讼信息。但是在司法实践中，检察机关为了能够获得更有利于己方的庭审效果，通常并不会将其收集的所有证据信息展示给辩方，特别是对于那些具有重要价值的证据更是讳莫如深。在收集证据方面的劣势再加上庭前证据展示程序的失灵，使得被告人一方在法庭审判中经常处于弱势地位，而在当事人主义的诉讼模式下如果不能与控方形成平等的对抗，这也往往预示着诉讼的失利。然而依据美国多地区的司法经验，如果公设辩护人与当地检察机关形成了良好的合作关系，那么在庭前证据开示阶段，公诉人普遍会将其掌握的证据更加全面的展示出来，而不像对待普通辩护律师那样有所保留。在全面掌握了诉讼信息的情况下，公设辩护人的法律辩护必然会更有针对性，同时辩护质量也能够得到大幅度的提升。司法实践中，公设辩护人除了能够在证据开示阶段获得相应的优待之外，在其他的诉讼程序中也同样受惠于上述的合作关系。特别是辩诉交易过程中，检察官在面对公设辩护人的时候更容易给出条件优厚的交易筹码，而这就意味着被追诉人在认罪之后将面临更轻缓的刑罚。[1]上述关于公设辩护人在各种诉讼程序中受到的特殊待遇，也都源于其和检察机关的合作关系，这也在很大程度上提高了法律援助的质量，被告人则成为最大的受益主体。

（3）分析结果

可以说国家公务人员身份是一把双刃剑，其既能帮助公设辩护人建立与检察机关的良好关系，进而为被告人谋取更大的诉讼利益，又令法律援助的质量有所减损。因此很难作出最终的结论，法律援助的质量是否会因为公设辩护人的特殊身份被提升或降低。在援助律师制度下，由于承担法律援助任

---

〔1〕 See Note, "Implementing the Right to Counsel in New Jersey—A Proposed Defender System", *RUTGERS L. REV*, 1966, p. 789. ——笔者译。

务的私人律师并不具有任何的特殊身份，因此不会遭受太多的政治压力，当然同时也无法在诉讼中受到检察院的优待。因此可以说仅从辩护人的社会身份来分析，很难确定公设辩护人制度和援助律师制度的优劣。

2. 从职业属性分析

（1）援助律师的职业属性。

正如前文所述，援助律师制度下并不存在全职的法律援助工作者，各律师也只是在接受法庭委托的情况下兼职承担法律援助任务，而事实上这一兼职性也成为影响法律援助质量的最主要因素之一。律师是市场经济下自负盈亏的经济主体，在法律方面的专业能力是其赖以生存的最主要手段。职业律师通过向社会提供法律代理服务赚取收益，并且以此作为生活的经济来源。然而每个人的精力也都是有限的，因此律师为了保证法律代理的质量，不可能无限制地承接案件。那么在这种情况下，与其说律师所售卖的是法律方面专业能力，不如说是其个人能够提供法律服务的有限时间。为了实现收益的最大化，律师当然愿意将更多的时间和精力投入到能够为其带来更多收益的案件中去。因此越是慷慨的被代理人越能够得到更优质的代理服务。[1] 而对于那些不能在基本价格之外额外支付费用的被代理人，律师自然会次等对待。但是关于法律援助案件的代理，律师仅能获得政府相当微薄的经济补偿。据统计美国大部分地区对于援助律师的经济补偿是按小时计算的并且遵照以下标准进行支付：律师的法庭外的辩护准备工作每小时补偿 20 美元至 30 美元，法庭上的辩护时间每小时补偿 30 美元至 40 美元。因此根据各案涉嫌罪名的严重程度和案情的复杂程度，每桩案件的法律援助补偿在 500 美元至 1500 美元不等，当然美国有很多地区设置了法律援助最高补偿限额会使得这一数额小于 1500 美元。[2] 如此的补偿标准与律师的私人代理费用相比可以说是微不足道，根本不足以调动律师的热情。

而且在美国当事人主义诉讼模式下，控辩双方的主观能动性都被突出强调，因此作为辩方律师通常在开庭前需要进行大量的案件调查，一方面寻找

---

〔1〕 Lee Silverstein, "Defense of The Poor in Criminal Cases in American State Courts A Field Study and Report", *American Bar Foundation Library of Congress*, 1（1965），1965, p. 137. ——笔者译。

〔2〕 Paul B. Wice, "Public Defenders and the American Justice System", *Westport, Connecticut London*, 2005, pp. 13~15. ——笔者译。

有利于己方的证据，另一方面聘请相关领域的专家证人辅助辩护。相关调查活动所产生的开销通常都被计算在代理费用中，而最终由被告人承担。但是在法律援助案件中政府通常不会承担相应的调查费用，那么律师就不得不为了准备辩护而自掏腰包。有太多律师表示在承担法律援助任务时，政府给予的经济补偿根本不足以支付高昂的案件调查费用，往往一场法律援助案件结束后每个律师不仅没有收益进账，反而需要倒贴费用。

"要求律师搁置私人代理案件，进而将更多的精力投入到法律援助中来，就如同要求商人不做生意转行做慈善，要求医生免费为患者治疗而不收取任何费用一样，这是违背人性的，也是无法实现的。"[1]因此在司法实践中为了能够赚取更多的诉讼费用同时避免个人的经济损失，律师群体通常都会尽量避免承接法律援助案件，而当相关职责不可避免时，其也不会在相应案件中投入太多的精力。"对于法律援助案件，有太多律师从头到尾都没有想过如何能够帮助被告人谋取更多诉讼利益，他们所考虑的只是如何能够尽快终结诉讼，摆脱当事人的纠缠。因此不会见、不调查已经成为法律援助的常态，援助律师在对于案件事实一无所知的情况下出席审判，其所能够做到的也仅是坐在被告人旁边，满足庭审最基本的程序性要求罢了。如果检察官提出了辩诉交易的要求，那么不管其是否有利援助律师都会极力劝说被告人作出认罪答辩，因为如此他们连出席法庭的时间都省下了。"[2]可以说在这种法律援助的状况下，援助律师很难作出有效的辩护。而更糟糕的是为了尽快终结案件，援助律师通常会忽视被告人的诉讼需求而做出并不恰当的诉讼建议，这在整个诉讼程序中完全起着负面的作用，严重损害了被告人的诉讼利益。因此可以说援助律师的兼职属性，会严重影响其提供法律援助的质量，这也成为相关制度的一大软肋。

事实上，在司法实践中并不是所有的执业律师都排斥法律援助。相反有两种律师会积极谋求相关案件的代理：一种是新入职的律师，他们急于积累审判经验提高个人诉讼能力，因此并不在乎法律援助案件有限的经济补偿；

---

〔1〕 Ellery E. Cuff,"Public Defender System：The Los Angeles Story", *45 Minn. L. Rev*, 1960~1961, p. 725. ——笔者译。

〔2〕 Carrie Dvorak Brennan, "The Public Defender System：A Comparative Assessment", *Ind. Int'l & Comp. L. Rev*, 2015, p. 237. ——笔者译。

另一种则是以法律援助案件为其最主要业务的私人律师，他们对于法律援助案件的各种程序轻车熟路，因此会接受大量的援助案件并且以最快的方式将案件处理完以获取最大的利润。新入职律师虽然对于案件的辩护有着极大的热忱，但是由于诉讼能力不足，因此很难为被追诉人提供有效辩护。与此同时，职业法律援助律师虽然具备一定的诉讼能力，但是为了承接更多的法律援助案件，获取更多的经济补偿，其所真正关心的是如何能够在最短的时间内处理完案件，因此基本不会在援助案件中投入太多的精力。而前文所提到的极力促成被告人有罪答辩，正是此类律师所惯常使用的手段，这与保障辩护质量是背道而驰的。

（2）公设辩护人的职业属性。

公职性是公设辩护人的最主要特点之一。身为国家公务人员，各公设辩护人接受国家的俸禄并且全职为贫困者提供法律援助。对于执业律师来说其收入的多少很大程度上取决于代理案件的数量和当事人愿意支付的数额，因此更多的精力总是会被投入到最为慷慨的当事人身上，而这就使得其他案件的辩护质量不能得到同等的保证，导致诉讼中的不平等。然而公设辩护人则不同，国家按照级别发放的工资相对稳定，公设辩护人也就不必为了赚取更多的收益而对不同的当事人厚此薄彼，其所需要做的即是认真完成每一桩法律援助案件的代理。除此之外，基于身份的特殊性，在大多数地区公设辩护人并不被允许兼职代理其他案件。如此就避免了在援助律师制度下，各援助律师为了能够得到更高的收益而将法律援助案件弃之脑后，并将主要的精力都放在了私人代理案件中去。公设辩护人的公职性和全职性帮助其摆脱了市场经济的影响，不用过分考虑收入高低的问题，如此法律援助的质量就不会因为经济原因而遭受减损，当事人的诉讼权利得到了更好的保障。

（3）分析结果

公设辩护人能够更加专注于法律援助工作，因此相应地，辩护质量也能够在很大程度上得到保证。而援助律师由于是兼职从事法律援助，因此很难全身心地投入。非但如此，在很多情况下其为了尽早了结援助任务，会做出损害被追诉人诉讼权利的行为。因此，可以说如果单从职业属性上分析，公设辩护人制度在保证法律援助的质量方面能够做出更好的保障。

3. 从组织体系上分析

（1）援助律师制度的组织体系分析

援助律师制度的运行模式相对松散，在其制度下并没有形成统一的组织管理体系。律师在被法庭指派援助任务之后通常是各自为政，没有一个专门组织或者部门对其进行统一的管理。而这也就造成了司法实践中，对于援助律师不能进行有效的监督。在美国，律师职业道德被严格要求，作为管理所有执业律师的组织——美国律师协会，制定了《美国律师执业规则》用以规范所有的法律代理行为，该规则列举了无效辩护的情形和对于相关律师的处罚措施。[1]因此，对于援助律师来说，其法律援助行为只要不落入无效辩护的范围之内，那么就不会遭受任何惩罚。事实上，无效辩护的标准是关于辩护质量的最低标准，基本上只要律师不忘记出席审判，都不会遭受处罚。在司法实践中，执业律师因为收受了当事人的代理费同时为了赚取良好的业界名声，因此并不需要相关规则的督促，也会尽职尽责地完成法律代理。然而对于法律援助案件的办理，各律师普遍就不会有太多的顾虑。因为当事人并不是支付其报酬的雇主，而且政府给予的经济补贴太过微薄并不足以调动援助律师的积极性。再加上，前文所提到得律师对于法律援助事务的抵触心理，也就导致了在司法实践中很多援助律师并不会真正考虑当事人的诉讼利益，其仅是照着无效辩护的标准，完成最低限度的要求罢了。如此，法律援助的质量自然不能够得到保障，而这其中的最主要原因就是没有一个强有力的机构能够对于各援助律师进行监督和管理，也不存在相应的部门能够针对法律援助的特殊性质，制定更有效的规则对援助律师进行鼓励或者约束。

（2）公设辩护人的组织体系分析

公设辩护人制度由专门的政府机关负责贯彻和实施。美国各地普遍建有完善的公设辩护人系统，从州到郡实现层级化管理。在州政府所在地建有州公设辩护人办公室，负责对下辖郡县的相关系统进行统筹领导。而郡公设辩护人办公室是一线实务部门并且承担了绝大多数的法律援助任务。为了能够更好地履行法律援助职责，在各地方法律援助系统内部普遍都制定有详细的规章制度，用以调控整个系统的运行。相较于前文提及的《美国律师执业规

---

〔1〕 "Model Rules of Professional Conduct", *American Bar Association*, 2016, pp. 238~245.——笔者译。

则》，公设辩护人系统地内部规则更具有针对性，能够更加有效地管理法律援助相关事务。例如，美国密苏里州的公设辩护人系统，就关于法律援助的有效性制定了专门的规则，其中规定：对于每一桩案件，各公设辩护人至少保证会见被追诉人一次；保证用于案情调查的时间在 5 个小时以上；而如果案件进入庭审程序，那么应有 2 个小时时间用于准备庭审。[1]与此同时，各地公设辩护人系统也都普遍建立了工作汇报机制，即各公设辩护人将其承接的案件以及相关的辩护信息，定期向相关部门汇报。如此的管理规则和手段，能够有效地督促各公设辩护人积极履行职责，保障法律援助的质量。

除此之外，公设辩护人系统作为政府职能部门，其有权对于各工作人员的失职行为进行处罚。而公设辩护人的政府公务人员身份，使得能够对其施加的惩罚措施也更加多样，从最轻的口头警告到扣除奖金再到最为严厉的开除公职，这都能够有效地督促各辩护人尽心尽责地履行法律援助职责。[2]与此同时，在行政体制内工作的各公设辩护人普遍都怀有不断晋升的期望，因此为了这一目标的实现其通常会尽心尽职地完成法律援助任务。而且就算不为晋升，每个季度的奖金也都与工作质量考核相挂钩。如此奖惩机制能够有效地激励和监督公设辩护人积极履行职责，保证法律援助的质量。[3]

（3）分析结果

从组织结构上相比较，由于公设辩护人制度有着完整的监督和管理模式，因此相关人员在具体法律援助任务的履行上就会更加勤勉。但是在援助律师制度下，并没有一个机构能够对各律师实施有效的管理，对于法律援助质量的保障全凭律师的职业道德。因此可以得出结论，公设辩护人制度的组织管理模式是法律援助质量的坚实保障。在援助律师制度下，虽然不能排除个案的例外，但从整体上看很难形成有效的机制，对于法律援助质量进行整体的把关。

---

〔1〕 See Sean D, O'Brien, "Missouri's Public Defender Crisis: Shouldering the Burden Alone", *Mo. L. Rev*, 2010, p. 853. ——笔者译。

〔2〕 See Carrie Dvorak Brennan, "The Public Defender System A Comparative Assessment", *Ind. Int'l & Comp. L. Rev*, 2015, p. 237. ——笔者译。

〔3〕 See Richard L. Grier, "Analysis and Comparison of the Assigned Counsel and Public Defender Systems", *49 N. C. L. Rev*, 1970~1971, p. 705. ——笔者译。

4. 其他方面的分析

（1）辅助人员配备方面的比较

公设辩护人系统作为政府职能部门，有着相对庞大的组织体系。在司法实践中各地公设辩护人系统内部，除聘有辩护人员负责法律援助事务之外，还存在大量的辅助人员。他们或者负责行政事务的处理，例如工作人员的薪水发放；或者负责法律援助事务的辅助工作，例如相关案件信息的调查。可以说系统内部的其他工作人员，能够帮助公设辩护人更好地完成法律援助任务，特别是负责辅助性工作的侦查人员和专家。例如，弗吉尼亚州亚历山大郡的公设辩护人办公室就聘有专门的案件调查人员，负责寻找和询问证人、勘验犯罪现场等。每有新的案件，公设辩护人都会将需要调查的事项告知案件调查人员，由其负责相关事项的办理。除此之外，该郡公设辩护人系统还聘有专门量刑协调员，负责就起诉的罪名和量刑的建议与检察官交涉，为被告人争取最有利的判决结果。[1] 如此，有了案件调查人员的协助，公设辩护人就能够发现和掌握更多的案件信息，获得更多有利的证据，而法律援助的质量也必然能够得到更好的保障。而量刑协调员凭借着其专业的协商能力，能够帮助被追诉人争取更有利的判决结果，实现法律援助价值的最大化。因此可以说，公设辩护人系统内全面的人员配置能在很大程度上提高法律援助的质量和效果。

但是在援助律师制度下，各援助律师无论面对怎样复杂的案件也只能孤军奋战。其在诉讼代理过程中对于专家和侦查人员的需求，也只能通过私人聘请的方式解决。但是正如前文所述，通常情况下政府并不会为额外的诉讼支出买单，援助律师则不得不自掏腰包寻求专家或侦查人员的帮助。这也就导致了在相关案件的诉讼进程中，很少会有专职调查人员负责庭前证据的收集，也很少存在专家证人在庭审阶段发表有利于被追诉人的意见，如此情况大大减损了援助律师所提供法律援助的质量。总体来说，公设辩护人能够在法律援助的过程中得到诉讼辅助人员的大力帮助，因此仅从这一方面来看其有条件为被追诉人提供更加优质的法律援助服务。

---

　　[1]　Akester Kate, *Public Defenders: Learning from the US Experience*, JUSTICE, 2001, p. 36. ——笔者译。

（2）人员构成上的比较

公设辩护人系统有着相对稳定的人员结构，各公设辩护人在入职之后就专职负责法律援助事务。如此的特点对于法律援助的质量来说，既是一种保障而又可能成为拖累。之所以称之为保障是因为，由固定的公设辩护人从事特定的法律援助事务，其必然对于相关业务更加精通。法律援助案件的办理有其自身的特殊性，无论是法庭辩论技巧还是与当事人的沟通，都与普通的诉讼代理案件有所区别，而公设辩护人由于多年的法律援助经验则必然深谙此道。因此可以说，公设辩护人系统内相对稳定的人员结构，使其能够为被追诉人提供更有针对性、也更为有效的法律援助服务。而相比之下，援助律师制度就没有这种优势。对于职业律师来说，其被法庭指派承担法律援助任务的机会并不多见，很多律师几年都不会轮到一次。可以说在普通案件的代理方面，职业律师是绝对的专家，然而面对法律援助事务公设辩护人则更加专业。

然而任何事情都有两面性，稳定的人员构成也同样可能妨碍法律援助质量的提高。在美国当事人主义的诉讼模式下，控辩双方法庭对抗的能力往往能够决定最终判决的走向。因此律师对于法庭审判的准备，不仅包括相关案件信息的调查，更涉及就对方辩护律师所进行的研究。研究的内容则主要包括其擅长的诉讼领域、惯用的辩护策略等。在公设辩护人系统内相对固定的辩护人常年从事法律援助事务，这也就导致了其中辩护策略模式化，辩护技巧单一化。在法庭上面对公设辩护人，公诉方早就有了针对性极强的诉讼策略，而这在很大程度上抑制了辩护人诉讼能力的发挥，使得法律援助效果大打折扣。然而在援助律师制度下就不会存在这一问题，律师作为一个庞大的职业群体，不会形成固定的辩护模式，法官从中随机选任的法律援助主体，能够不断为法律援助辩护补充新鲜的血液。可以说在援助律师制度下，公诉人在每一桩案件中基本都会面对不同的辩护人，而由他们带来的多样化的辩护策略通常会起到更好的诉讼效果。[1]

5. 学者们实证研究的结果

关于公设辩护人制度和援助律师制度的研究和比较，可以说是美国学术界一大热点。有不计其数的学者就相关问题进行了深入研究。实证调研的结

---

〔1〕 Richard L. Grier, "Analysis and Comparison of the Assigned Counsel and Public Defender Systems", *49 N. C. L. Rev*, 1970~1971, p. 705. ——笔者译。

果往往更具有说服力，下表即是学者在北卡罗来纳州和明尼苏达州进行调研时所得到的数据——其在多个方面对援助律师和公设辩护人，这两种法律援助形式进行了比较。

实证调研的数据能够在一定程度上反映出，相关制度在司法实践中的运行效果。依照上表所示，公设辩护人能够帮助被追诉人获得更高的不起诉比例，特别是在明尼苏达州，相关的对比则是更加明显。不起诉决定发生在法庭审判之前的侦查程序中，而这从侧面证明了公设辩护人普遍能够在更早的阶段介入诉讼，并对检察机关施加影响促进其作出不起诉决定。直接帮助被追诉人摆脱诉讼的纠缠，可以说达到了最高的法律援助效果。而由援助律师提供辩护的案件，则有着更高的认罪比例。虽然二者之间的差别并不是非常明显，但是也在一定程度上证明了前文的论述，一些援助律师为了尽快终结案件，而大力劝说被追诉人做认罪答辩。除此之外，公设辩护人制度下更高的庭审比例，也进一步佐证了上述观点。无罪辩护的比例则是最能够体现法律援助质量的数据，依据学者调研的结果，在公设辩护人法律援助模式下更多的被告人获得了无罪的判决。这也在一定程度上证明了公设辩护人能够为被追诉人提供更加有效的法律援助服务。[1]

	北卡罗莱纳州的司法区			明尼苏达州	
	援助律师	公设辩护人		公设辩护人	援助律师
	第14司法区	第18司法区	第12司法区		
不起诉比例	10.3%	17.4%	23.7%	8.5%	18.1%
有罪答辩比例	85.5%	83.6%	73.3%	85.8%	85.5%
开庭审判比例	12.9%	13.5%	20.6%	12.8%	14.5%
判处缓刑的比例	38.9%	43.2%	57.6%	49.5%	62.8%
判处无罪比例	12.5%	43.0%	51.0%	31.3%	22.5%

---

〔1〕　See Benjamin & Pedeliski, "The Minnesota Public Defender System and the Criminal Law Process: A Comparative Study of Behavior at the Judicial District Level", *4 LAW& SOC'Y REV*, 1969, p. 279. ——笔者译。

另外，还有其他的学者就这两种法律援助形式，进行了实证研究和比较，而其得出的结果也是更加偏向于公设辩护人制度。费城作为美国的第五大城市，有着完善的法律援助体系，其中公设辩护人和援助律师几乎承担了所有的法律援助案件。保罗西顿在费城公设辩护人系统工作了近十年，他和另外一名同事詹姆斯就两种法律援助形式作了详细的实证研究。研究结果表明，由公设辩护人负责的法律援助案件，明显会有更好的辩护效果。数据显示，与援助律师制度相比，公设辩护人能够将有罪判决率降低 19 个百分点，被判处无期徒刑的概率减少了 62 个百分点。公设辩护人同样有能力影响量刑程序，在量刑阶段公设辩护人使得被告人所最终获得的刑期降低了近 1/3。[1]

（三）在法律援助容量方面

所谓法律援助容量，指的是相关制度能为社会提供法律援助数量的上限。法律援助不仅仅是一项有关无偿辩护的法律制度，其更是社会福利体系的重要组成部分。如果抛开法律制度而站在社会民生角度审视这一问题，法律援助制度能否有效地运行实则关乎社会公平正义的贯彻，其是影响社会平稳运行的重要因素之一。因此对于一种法律援助形式来说，其能够在多大范围内满足社会对于辩护律师的需求，也是非常重要的一种品质。

1. 公设辩护人制度有着更加高效的运行体系

在 20 世纪初，美国法律援助的主要运行模式是由法庭为被告人指定援助律师。审判法官在综合考虑各案情况之后，如果认为律师辩护对于案件审理的正常进行是非常必要的，那么即有权在职业律师中，任选一名为被告人提供辩护服务。[2]在那个时代，这种相对松散的援助律师制度很好地满足了美国社会对于法律援助的需求。因为在那时美国大多数地区的人口处在一个相对较低的水平，再加上较低的刑事案件发案率，所以并没有太多案件需要律师辩护。但是随着吉迪恩案的判决，美国最高法院将政府对于律师辩护权的保证义务，推广到几乎所有案件。这一判决使得大量的案件涌入法律援助系统，而这庞大的案件量几乎摧垮了以援助律师模式为主导的各地法律

---

〔1〕 See Lee Silverstein, "Defense of The Poor in Criminal Cases in American State Courts: A Field Study and Report", *American Bar Foundation Library of Congress*, 1 (1965), p. 78. ——笔者译。

〔2〕 See Anatole France, "Representation of Indigents in California——A Field Study of the Public Defender and Assigned Counsel Systems", *13 Stan. L. Rev*, 1960~1961, p. 522. ——笔者译。

援助系统。[1]在那段时间由于法律援助不能及时到位，进而导致了大量的案件无法正常进入诉讼程序。案件积压成山使得整个刑事诉讼体系都陷入了瘫痪，最终导致的结果则是犯罪率极速上升，社会秩序遭到了破坏。虽然说援助律师制度有其自身的价值，比如更具灵活性、更经济等，但是其诉讼价值的发挥受到了法律援助案件数量的限制。因此援助律师制度所能够承受的案件容量是相对较低的，这也严重影响了其服务社会的价值。

美国法律援助制度在遭受了上述危机之后，各地也都普遍采取了改革措施，而这一改革的最主要内容即广泛建立公设辩护人制度。事实证明，公设辩护人系统确实有着更加高效的运行模式，其能够为更多的案件提供有效的法律援助，避免系统因为案件量的飞升而崩溃。究其原因，公设辩护人制度在法律援助容量上的优势，来源于其系统化的运行模式。公设辩护人系统是有着完整组织机构的政府机关，其行政性的运转模式使得工作效率大幅度提高。在人事管理上各公设辩护人按照行政级别互相服从，在工作任务履行上其内部有着完整的规章制度，这些都帮助整个系统能够更有序地运转，为更多的贫困者提供法律援助。规则秩序的缺失总容易产生混乱，就如同援助律师模式其没有固定组织体系更没有详细的运行规则，因此在面对繁重的案件压力时，无序的工作模式也注定会导致系统的崩溃。公设辩护人系统的行政性管理模式和详细的工作规章制度，使其能够更加稳定且高效地运转，保障政府法律援助事业的有效进行。

2. 公设辩护人系统对于法律援助事业有着更好的宏观把握

公设辩护人系统是以政府部门的姿态，对外承担法律援助事务，其所服务的对象是整个社会，是社会中所有潜在的贫困被追诉人。因此在履行职责时，公设辩护人系统所着眼的是完整的法律援助事业，而不是单个的法律援助案件，如此便能更为宏观地从整体上把握法律援助事业的进展。这也就使得公设辩护人系统，能够在社会情况发生变化之前及时作出应对的策略，避免不利后果的发生。例如，在某一时段出现了案件量急升的情况，那么系统会随之作出相应的调整，或者聘请更多的公设辩护人，或者督促原有工作人员加快工作进度。对于社会情势的准确把握，再加上及时有效的应对策略，

---

[1] See Suzanne E. Mounts, "Public Defender Programs, Professional Responsibility, and Competent Representation", *1982 Wis. L. Rev*, 1982, p. 473. ——笔者译。

使得公设辩护人系统能够很好地掌控案件量的变化，可以说这从另外一个方面提升了其法律援助的容量。

然而在援助律师制度之下，则很难形成对于法律援助事务的宏观把握。每个援助律师在接受了案件的委派之后，仅是自顾自地完成法律援助任务，没有人会关注法律援助事务的整体发展趋势。那么如果社会情况发生了重大变化，例如在吉迪恩案之后案件量骤升，援助律师制度则很难做出快速的反应。面对大量涌入的法律援助案件整个制度体系也就陷入了崩溃。如此的制度设计也就在很大程度上，限制了援助律师制度能够承担的案件容量。

三、公设辩护人与合同律师的价值比较

前文论及，在与援助律师的价值比较中公设辩护人在多个方面均具有一定优势。事实上，合同律师与援助律师系以相同的模式提供法律援助服务，其不同点仅在于法律援助发生前的阶段，即援助律师是由法庭或法律援助机构在个案中指派，而合同律师是由签订承包合同的律师事务所负责指派援助律师。因此，公设辩护人与援助律师在法律援助成本、质量和容量的比较结果同样适用于合同律师，只是差距程度上有所不同。

（一）合同律师模式具有利润导向性

在人口稀疏、案件量少的地区援助律师成本最低，而合同律师的成本将小于公设辩护人，因为合同律师同样不需要建立一整套齐备的运转体系。[1]在案件频发的大城市，合同律师的运行成本通常会高于公设辩护人且同样高于援助律师。因为，合同律师模式以合同为基础，在平等自愿下签订合同，律师事务所当然会考虑其中收益，否则即不愿承揽。在利润导向下，合同律师通常会有更高的运行成本。相较之下，援助律师与公设辩护人的运行并不以经济收益为目标，因此成本也会相对较低。

（二）合同律师模式具备一定的运行体系

合同律师系以承揽律所为中心运转，那么在律师事务所内部通常会形成支持法律援助的部门体系，这其中即涉及案件的分配、案件办理所需的职能辅助以及案件的监督。此外合同律师以盈利为目标，因此签约律所为了能够

---

〔1〕 事实上，基于经济成本的考虑，在案件量很低的地区，政府是不会建立公设辩护人系统或者以合同形式外包法律援助的，本节中的比较实为假设。

获得政府信任以持续承接援助合同，通常会对尽力辅助且严格监管。那么相较于管理缺失的援助律师模式，合同律师模式在法律援助质量和容量方面会有一定优势。但是相较于公设辩护人而言，律师事务所毕竟不以法律援助为主业。因此其内部所建立之法律援助运行、监管体系自不可与公设辩护人系统相比，进而援助质量与容量方面合同律师均逊于公设辩护人。

第二节　公设辩护人与私人律师的价值比较

相较于其他法律援助形式，公设辩护人制度有着其自身的优势，这也被美国司法界广泛认可。但是公设辩护人的法律援助质量，能否达到私人律师委托辩护的标准，学界观点不一。而大多数学者认为，私人律师能够提供更高质量的法律辩护，这是毋庸置疑的。美国学者李西尔弗斯坦（Lee Silverstein）与其所率领的调研团队，就公设辩护人与私人律师的辩护质量问题，在全美国范围内进行了广泛的研究。该团队在遍布美国 14 个州 19 个郡进行了实证调研，对上述问题进行了深入探讨。

一、认罪答辩率的对比研究

在实务界有这样一种观点，相较于私人律师，公设辩护人更希望通过辩诉交易的方式尽早结束案件。因为法庭审判能够给私人律师赚取更多的代理费，而对于公设辩护人的工资收入却没有太多影响，反而会牵扯其更多的精力。以下是调研所得到的数据：

州，郡	案件样本数量（件）	犯罪嫌疑人做认罪答辩的比例（%）	
		公设辩护人辩护	私人律师辩护
加利福尼亚，洛杉矶	244	65	47
加利福尼亚，旧金山	141	73	56
康涅狄格，纽黑文	48	81	77

续

州，郡	案件样本数量（件）	犯罪嫌疑人做认罪答辩的比例（%）	
		公设辩护人辩护	私人律师辩护
华盛顿特区	58	62	48
佛罗里达，迈阿密	163	52	38
伊利诺伊，库克	204	77	62
伊利诺伊，杜页	39	86	59
伊利诺伊，桑加蒙	32	86	73
马萨诸塞，伍斯特	56	84	63
密苏里，路易斯市	118	96	81
内布拉斯加，道格拉斯	88	91	71
纽约，皇后	63	94	83
俄克拉荷马，俄克拉荷马市	78	81	49
俄克拉荷马，塔尔萨	42	69	58
宾夕法尼亚，阿勒格尼	59	60	50
宾夕法尼亚，蒙哥马利	84	96	58
田纳西，戴维森	77	70	53
田纳西，谢尔比	64	90	82
平均	90	84	59

上述的调研结果显示，由公设辩护人所承接的案件有着更高的有罪答辩率，平均比私人律师所代理的案件高出 25 个百分点。这充分印证了学者们关于公设辩护人更多以辩诉交易来终结案件的观点。然而关于相应观点的另外一部分，公设辩护人是否为了尽快终结案件而有意促成认罪答辩，仅从数据的分析我们很难得出结论。如果武断的将过高的认罪答辩率归咎于公设辩护人，认定其为了尽早结束案件而置被追诉人诉讼利益于不顾，那么也同样可以依照相同的推论方式，将上述认罪答辩率的悬殊归责于私人律师。私人律师依据其代理案件的诉讼进度获取收益，因此如果一桩案件进入审判程序，那么相关律师会得到更多的律师费。以这一事实为前提，那么私人律师在代理案件的过程中，当然希望案件进入审判程序，而其也就有了劝说犯罪嫌疑人不要做出认罪答辩的动机。

除此之外还有学者主张，有罪答辩率的悬殊，也可能源于两种辩护模式下被追人诉自身特点的不同。"由公设辩护人提供法律援助的犯罪嫌疑人基本都是非常贫穷的，因此其所犯之罪大多数与物理暴力有关。而涉嫌经济犯罪的嫌疑人普遍有着殷实的家底，通常会聘请私人律师。两种犯罪类型的特点决定了，经济犯罪往往更加复杂而不容易被证明有罪，因此被追诉人做出无罪答辩的概率也就自然偏高。"[1] 从上述两种观点我们可以得出结论，偏高的有罪答辩率并不能证明公设辩护人对于法律援助事务，持有不负责任的态度。因此，仅凭这一点并不能区别公设辩护人与私人律师辩护效果的好坏。

二、关于最终判决结果的对比研究

李西尔弗斯坦教授的调研团队，在全美国范围内随机挑选了 28 个郡县，就判决结果方面对公设辩护人和私人律师进行了比较。其中 26 个郡县的统计结果表明，由公设辩护人提供法律服务的被告人有更高的几率被判处有期徒刑以上刑罚。其余的两个郡县，公设辩护人与私人律师在这一方面有着相同的比例。除此之外，在量刑方面的比较，由私人律师代理的被告人普遍获得较轻的刑罚。在 19 个郡县中，接受公设辩护人法律援助的被告人所遭受的刑期，要比聘请私人律师的被告人高出 15%。在 10 个郡县中这一数字达到了

---

〔1〕　Lee Silverstein, "Defense of The Poor in Criminal Cases in American State Courts A Field Study and Report", *American Bar Foundation Library of Congress*, 1 (1965), p. 53. ——笔者译。

25%或者更多。

这一调研结果显示了公设辩护人在辩护结果方面与私人律师的差距。而这其中的原因是多方面的，可能是因为私人律师会在量刑程序中做出更大的努力，或者因为私人律师在聘请调查人员和专家证人方面有着更多的经济支持。总的来说仅从最终的辩护结果来看，私人律师还是比公设辩护人更有优势。当然这也符合大多数人的预期，毕竟那句谚语"你付出多少金钱，就能得到多少服务"被这个社会广泛接受。[1]

---

[1] Lee Silverstein，"Defense of The Poor in Criminal Cases in American State Courts A Field Study and Report"，*American Bar Foundation Library of Congress*，1（1965），p. 53. ——笔者译。

第六章 美国公设辩护人制度存在的问题与改革手段

美国公设辩护人制度经历了近百年的发展，如今已经相对成熟。但是纵观历史，其整个发展的过程却并不一帆风顺，影响制度有效运行的问题层出不穷。可以说直到今天，美国法律援助系统仍然在不断地经历着改革，以应对司法实践中出现的各种变故。

第一节 关于法律援助任务过重的问题

一、司法现状

最高法院通过吉迪恩案，确定了州司法系统对于律师辩护权的保障义务，而这一决策也使得各州、郡法律援助系统所需承担的案件量飞速增加。据统计，在吉迪恩案之前，全美国范围内每年只有 15 万重罪案件需要法律援助，而如今 50 多年过去了这一数字上涨到了 220 万。[1]除此之外，在吉迪恩案之后的几十年，美国社会的犯罪率呈逐步上升的态势，监狱服刑人员的数量也随之有了近 10 倍的增长，从 21 万人增长到 230 万人。[2]更多的刑事犯罪，更广的法律援助范围，这使得美国各地法律援助体系面临着前所未有的压力，而公设辩护人系统作为最主要的法律援助形式更是数一数二。

公设辩护人系统是办案效率最高、案件容量最为庞大的法律援助模式。

---

〔1〕 See Irene Oritseweyinmi Joe, "Systematizing Public Defender Rationing", *93 Denv. L. Rev*, 2015 ~ 2016, p. 389. ——笔者译。

〔2〕 See Carrie Dvorak Brennan, "The Public Defender System A Comparative Assessment", *25 Ind. Int'l & Comp. L. Rev*, 2015, p. 237. ——笔者译。

但是无论多么高效的体系，其所能够负担的案件数量也总有上限，因此增加经济投入扩大公设辩护人系统的规模，应当是各地应对案件量激增的有效措施。然而，由于对犯罪分子的偏见和对惩罚犯罪维护社会秩序的热衷，在美国各地的议会凡是关于增加公设辩护人财政预算的议案总是无法得到通过。非但如此，由于美国经济形势的下滑，各地对于公设辩护人的财政拨款在逐年减少，使其更加难以有效地完成法律援助任务。据统计，2013年对于全美国公设辩护人系统的财政拨款比同期减少了近10%。而在经济环境严重恶化的情况下，联邦公设辩护人系统不得不制定了一系列降低成本的举措，其中包括降低公设辩护人工资；缩小新人培训规模；辞退行政辅助人员等。甚至有很多地区由于无力负担公设辩护人系统的运行费用，而不得不与邻近地区共用同一系统。经济投入的不升反降，使得本就捉襟见肘的法律援助体系更加难以维持。

二、造成的后果

（一）法律援助的质量大打折扣

案件数量的飞速增长和逐年减少的财政预算，使得美国各地法律援助系统陷入了前所未有的困境。没有更多的经济投入就无法实现法律援助规模的扩大，而这也就意味着每个公设辩护人都需要承担几倍于从前的业务数量。人的精力总是有限的，过重的业务量也就必然导致各案法律援助质量的降低。

在美国当事人主义诉讼模式下，控辩双方的法庭对抗结果在很大程度上影响了最终的判决。而辩护律师是否进行了充分的庭前准备，则是影响其法庭对抗能力的最主要因素之一，其中包括证据的调查、证人的会见、专家的聘请等。然而案件量的大幅增长，使得公设辩护人根本没有精力对于每个案件进行充分的准备。事实上，在接受案件的委派之后，公设辩护人基本无暇顾及案情的调查，他们真正想做的只有一件事，那就是尽快终结案件。为了达到这一目的，在司法实践中美国各地依据不同的情况普遍采取两种手段：

第一，以最小的代价、最快的速度完成一桩法律援助案件的办理。当事人主义诉讼模式下的庭审程序是非常复杂和耗时的，而如果一桩案件最终进入了审判程序那么往往会持续几个月甚至几年的时间。因此为了能够尽快终结案件，在很多情况下公设辩护人会极力劝说犯罪嫌疑人接受检察官的辩诉交易要求，如此审判程序就能够在最大程度上得以简化。

"罗伯特是美国乔治亚州一名有着 14 年工龄的公设辩护人，在他以一名年轻律师的身份加入公设辩护人系统之后，所学到的最重要经验即尽最大努力快速解决案件，而这也是在公设辩护人系统内能够继续生存的前提。在正式入职后的第一个四年任期内，罗伯特一共承接了 1493 桩案件，其中有 1479桩（超过 99% 的比例）以认罪答辩终结。这也成为其能够快速处理案件的手段。"〔1〕"此种情况经常发生，繁重的案件压力使得公设辩护人根本没有时间和精力专注于案件的调查和辩护之中。而相应的法律援助制度也被戏称为'会见和认罪'制度，既公设辩护人在完成简单的会见之后，就立即劝说犯罪嫌疑人做认罪答辩，以期案件能够得到最快速的处理。"〔2〕

此种辩护模式严重影响了被追诉人诉讼权利的行使，在繁重的案件压力下公设辩护人除了极力促成辩诉交易外，也并不能发挥太大的价值。"通常情况下，公设辩护人在每桩案件上花费的时间非常有限，在明尼苏达州各公设辩护人平均每桩案件花费 7.7 个小时，其中包括侦查程序、审判程序和上诉程序。而这些时间根本不足以保障有效辩护的提供，明尼苏达州法律援助系统所能够为贫困者提供的，不过是一个辩护人的泡影罢了。"〔3〕

除此之外在美国司法实践中，对于法庭辩护质量的评价体系一直不能发挥作用，因此在缺乏有效监督的情况下，公设辩护人的法律援助质量更加难以保证。美国联邦最高法院通过吉迪恩案扩大了律师辩护权的保障范围，但是对于律师辩护的质量却没有明确要求。这也导致了在那之后，法律援助的质量一直无法得到提高。为了应对司法实践中出现的问题，最高法院通过斯特里克兰德诉华盛顿（Strickland V. Washington）〔4〕一案明确了有效辩护的标准。要求无论何种形式的法律辩护必须符合相应的条件，否则上诉法院可以依据无效辩护的原因而撤销一审判决。具体来说，联邦最高法院创建了一项两个步骤的证明程序，由被追诉人承担证明责任向法庭举证辩护律师的无效

---

〔1〕　Charles J. Ogletree, "Keeping Gideon's Promise", *29 N. Y. U. REV. L. & Soc. CHANGE*, 2004, p. 203. ——笔者译。

〔2〕　Richard Klein, "The Role of Defense Counsel in Ensuring a Fair Justice System", *CHAMPION*, 2012, p. 38. ——笔者译。

〔3〕　Mo. Pub. Defender Comm'n v. Pratte, 298 S. W. 3d 870, 873 (Mo. 2009). ——笔者译。

〔4〕　Strickland v. Washington, 466 U. S. 668 (1984). ——笔者译。

辩护行为。首先，被追诉人应当向法庭证明，辩护人确实存在不积极履行职责的行为。例如，辩护人以醉酒的姿态出现于法庭；在法庭上打瞌睡；或者没有做任何的庭前准备等。[1]其次，在完成了第一步的举证责任后，被追诉人还需要进一步证明，假如其得到了一名清醒、清楚并且进行了充分庭前准备的辩护律师，那么该案件判决结果有可能会发生改变。"这一标准基本上是不可能实现的，各州都从联邦最高法院的判决中得到了这样的消息——他们确实需要为贫困的被追诉人提供法律援助，但是关于法律援助的质量则可以不必考虑。随着案件数量的逐年增长，繁重的法律援助任务和有限的财政预算之间的矛盾愈发突出。而法律援助的质量就成了普遍被各州牺牲的对象。"[2]

第二，减少案件的涌入。除了提高工作效率之外，另外一种能够减轻公设辩护人系统案件压力的方式，即控制案件的涌入。在美国很多地区，当地公设辩护人系统为了控制案件的数量，就采取了提高法律援助资格要求的措施，例如提高关于贫困的认定标准等。如此便使得原本符合条件的被追诉人，被排除在了法律援助范围之外。

"为了应对繁重的案件量，明尼苏达州公设辩护人系统采取了极不负责任的应对策略：对法律援助申请者采取更为严格的资格审查标准，事实上就是人为控制法律援助案件的数量。据统计在全州范围内，法律援助的拒绝比例达到了9%，而在其中的6个司法区，这一比例达到了20%。虽然这一手段能够在一定程度上缓解公设辩护人系统的案件压力，但却造成了大量的贫困者被剥夺了获得法律援助的机会。"[3]除此之外，对于特定类型案件的排除，也是各地公设辩护人系统所惯常使用的手段。"为了尽可能降低案件成本，各地法律援助系统普遍会有选择性地受理法律援助案件，主动拒绝那些案情复杂需要牵涉过多精力的案件。通常情况下一桩案件如果需要聘请专家进行鉴定，或者聘请侦查人员进行案件调查，那么内部案件审核部门一般都不会受理。

---

〔1〕 See Stephen B. Bright, "Counsel for the Poor：The Death Sentence Nor for the Worst Crime But for The Worst Lawyer", *103 YALE L. J*, 1994, pp. 1835~1842 . ——笔者译。

〔2〕 Jonathan A. Rapping, "Reclaiming Our Rightful Place：Reviving the Hero Image of the Public Defender", *99 Iowa L. Rev*, 2013~2014, p. 1893. ——笔者译。

〔3〕 Benjamin & Pedeliske, "The Minnesota Public Defender System and the Criminal Law Process：A Comparative Study of Behavior at the Judicial District Level", *4 LAW& SOC'Y REV*, 1969, pp. 279 ~ 291. ——笔者译。

例如，近期爱达荷州公设辩护人系统，刚刚从一件关于乌兹别克斯坦恐怖组织的案件中撤出；旧金山公设辩护人系统明确表示拒绝接受死刑案件和保险诈骗案件的法律援助辩护。可以说财政紧缺，严重限制了公设辩护人诉讼功能的发挥。"[1]公设辩护人系统有选择性的排除案情复杂的案件，确实在缓解案件压力方面有着很好的效果。然而事实情况确是，越是复杂的案件，犯罪嫌疑人或被告人越是难以完成自我辩护，而对于法律援助的需求也就更加紧迫。而在这种情况下，公设辩护人系统将其排除在法律援助范围之外是极其不负责任的，这也严重损害了当事人的诉讼利益，有违正当法律程序的要求。

（二）公设辩护人系统人员流失严重

法律援助案件量的不断增加，连同政府财政拨款的逐年减少，使得公设辩护人承担着极其繁重的法律援助任务却拿着相当微薄的工资。与律师、检察官等其他法律职业相比，公设辩护人并不具有吸引力。因此现实情况是，并没有太多的高校毕业生愿意选择公设辩护人作为职业。

然而那些被招募前来的新进人员也都普遍存在着跳槽的想法。依据各地的统计，公设辩护人系统普遍有着非常高的辞职率。由于业务繁重、人手不足，因此公设辩护人系统能够让新进职员在最短的时间内独立承接案件，可以说这是最好的积攒实践经验的机会。但是对于很多新进人员来说，成为公设辩护人就是为了积攒足够的实践经验，为之后转行做律师来准备。如此便造成了整个公设辩护人系统诉讼能力的下降，每当新进辩护人成长到可以独当一面的时候，就会选择离开。而公设辩护人系统成了为律师事务所培训新人的场所，这也就导致了法律援助效率和质量一直无法得到提高。[2]

如此便形成了一种恶性循环，繁重的法律援助任务和微薄的收入导致了人员的大量流失，而人手不足的局面又进一步加剧了案件数量对于整个公设辩护人系统的压力。如此的循环使得公设辩护人制度很难有效地运行下去，而相应的法律援助质量更是无法保障。

---

〔1〕　See Donna Lee Elm & Richard S. Dellinger, "Dismantling Gideon's Legacy Sequestration's Impact on Public Defender Services", *60 Fed. Law.*, 2013, p. 11. ——笔者译。

〔2〕　See Irene Oritseweyinmi Joe, "Systematizing Public Defender Rationing", *93 Denv. L. Rev*, 2015 ~ 2016, p. 389. ——笔者译。

三、应对策略

（一）制定关于法律援助业务量的标准

过于繁重的业务量使得公设辩护人的法律援助效果大打折扣，而这也引起了美国司法界的高度关注。美国最高公设辩护人委员会（American Council of Chief Defenders）与美国刑事辩护部（U. S. Department of Defense）联合出台了关于限制公设辩护人业务量的指导性规则。其中明确表示，每名公设辩护人每年所承担的业务量不得超过下列标准的任何一项：150 桩重罪案件；400 桩除交通肇事以外的轻罪案件；200 桩未成年人案件；200 桩关于精神不正常被告人的代理案件；25 桩非死刑上诉案件。[1]在这之后美国律师协会，以及各州的相应司法部门也都相继出台了关于限制公设辩护人承担案件数量的标准。可以说相关标准的制定，对于减轻公设辩护人的案件压力有着积极的意义，但是在司法实践中其效果并不明显。究其原因，是因为这些所谓的标准仅具有指导性意义，而并没有强制执行的手段。就算各地公设辩护人所承担的案件量几倍于相应标准，在司法实践中也并不会导致任何后果。因此各地政府为了应对频发的犯罪案件和不断恶化的经济形势，普遍还是会要求公设辩护人系统超负荷地承担法律援助任务。事实证明，仅凭指导性标准并不能有效地缓解公设辩护人系统的案件压力，而进一步的改革措施势在必行。2013 年，佛罗里达州最高法院通过判决，赋予该州公设辩护人对于法律援助案件的拒绝权。该权利的行使能够保障公设辩护人系统依据其案件承载能力，将法律援助业务数量维持在一个可控的范围内，保证个案的辩护质量。

（二）赋予公设辩护人拒绝辩护权

2013 年，佛罗里达州第 11 司法区将州政府告上法庭，诉由是该地区公设辩护人系统因为业务量过大的原因，拒绝接受法官指派的法律援助案件。"事实上当地公设辩护人系统承载着十分繁重的法律援助任务，每周大约都有 50 桩案件需要开庭。如此的案件量使得公设辩护人很难为被追诉人提供有效的法律辩护，他们没有时间会见、没有时间调查，甚至没有时间在辩诉交易过

---

〔1〕 American Council of Chief Defenders, "Statement on Caseloads and Workloads, Aug. 24, 2007, at 1, available at http://www. nlada. org/DMS/Documents. ——笔者译。

程中为犯罪嫌疑人提供帮助。因此在这种业务量下，公设辩护人基本不可能为被告人提供有效的辩护，而相关制度也就仅剩下了形式上的价值，即帮助法庭满足正当法律程序的要求——必须有辩护律师出庭。在这种情况下，与其说公设辩护人的存在是为了保障被追诉人的诉讼利益，倒不如说其是为了帮助政府规避《宪法修正案》关于律师辩护权的要求，耽误了被追诉人律师辩护权的真正实现。"[1]为了保障法律援助的质量，最终佛罗里达州最高法院以 5 票赞成 2 票反对的结果作出判决：如果公设辩护人所承担的案件数量严重影响了其提供有效辩护的能力，那么就有权拒绝接受新的任务。法律援助任务的拒绝权，可以由法律援助系统整体行使，也可以由公设辩护人个人行使，只是在两种情况下权利行使的对象不同。公设辩护人系统作为一个整体，其拒绝的是法院或其他案件分配部门的指派，而对于这些被拒绝的案件，法庭会提供其他的法律援助形式。公设辩护人个人所拒绝的是公设辩护人系统内部所分配的案件，而这些案件要么被转派给其他公设辩护人处理，要么就需要等到相关人员终结了其他案件之后再递补。[2]

（三）公设辩护人系统的扩建

法律援助中拒绝辩护的权利，能够非常有效的控制案件量。但是这毕竟不是一个能从根本上解决问题的手段。因为需要法律援助的案件总量并没有减少，公设辩护人拒绝辩护则意味着其他法律援助形式需要承担更多的案件。事实上，对于法律援助任务过于繁重的问题，最根本有效的解决途径即是扩建公设辩护人系统的规模，以提高其案件承载能力。而系统的扩建则必然涉及政府财政投入的增加。

2012 年 3 月，美国联邦最高法院大法官布莱耶（Breyer），向众议院财政拨款委员会提出了下列意见："事实上，缩减公设辩护人系统的财政拨款是非常不明智的，因为从这里节省出来的钱，会被成倍用在犯罪控制和其他法律援助形式之上。在吉迪恩案之后法律援助的案件数量呈不断上升态势，然而削减预算的政府议案却严重影响了公设辩护人系统所能够承载的案件数量，那么这也就意味着援助律师等其他法律援助形式需要承担更大的案件量。政

---

〔1〕　Eleventh Judicial Circuit v. State, 115 So. 3D 261 (Fla 2013). ——笔者译。

〔2〕　William Lawrence, "The Public Defender Crisis in America: Gideon, the War on Drugs and the Fight for Equality", 5 U. Miami Race & Soc. Just. L. Rev, 2015, p. 167. ——笔者译。

府在公设辩护人系统中节省的财政拨款，会被其他法律援助模式所消耗。除此之外，美国各地议会普遍不愿意在犯罪辩护方面投入过多的资金，大量的案件因为辩护人的缺席而无法进入审判程序。大量的案件积压导致了社会正义的缺失，而犯罪率也会随之升高。那么在这种情况下，政府则需要将更多的资金投入到警察局和检察院用以维护社会秩序。虽然美国各地议会在控制犯罪方面的投入总是毫不吝啬，但是这额外的经济投入完全可以避免，只要各地议会适当增加对于公设辩护人系统的经济投入。由此看来，议会降低公设辩护人系统财政预算的做法，完全是得不偿失的。"〔1〕与此同时，美国众议院多名议员联名向最高法院首席大法官罗伯特（Roberts）写信，要求其对于缩减法律援助财政支出的议案进行干涉。最终，为公设辩护人提供额外经济补偿的议案在美国众议院得到通过，在一定程度上缓解了现有的危机。〔2〕

总的来说，为公设辩护人系统在议会中争取到更多的财政投入是比较困难的。在美国各地，公设辩护人系统普遍面临着财政短缺的局面。司法实践中绝大多数地区的公设辩护人系统还是在繁重的法律援助任务中挣扎。不过相信随着法律援助的重要性在社会中逐步普及，案件压力过重的问题在不久的将来就能够得到解决。

（四）充分发挥高校法学院的作用

导致刑事法律援助任务过于繁重的原因主要有两个：一是因为案件量的逐年攀升，二是因为从事相关业务的法律工作者数量的减少。依据美国职业律师委员会的调查，刑事方面的案件是律师最不愿意染指的，而法学院的在校学生也普遍在将来的职业规划中，将刑事领域作为最后的选择。〔3〕其中的原因是多方面的，最主要的一点是由于刑事案件的收益相对微薄。美国很多地区的律师行业都形成了这样一种风气，承接刑事案件的律师通常会被轻视。因为业界的共识是，但凡有能力的律师会选择收益更高，并且客户更有修养的经济或民商事案件。这种风气助长了法学院学生对于刑事代理的偏见，使

---

〔1〕 See William Lawrence, "The Public Defender Crisis in America: Gideon, the War on Drugs and the Fight for Equality", *5 U. Miami Race & Soc. Just. L. Rev*, 2015, p. 173. ——笔者译。

〔2〕 See William Lawrence, "The Public Defender Crisis in America: Gideon, the War on Drugs and the Fight for Equality", *5 U. Miami Race & Soc. Just. L. Rev*, 2015, p. 186. ——笔者译。

〔3〕 Slovenko, "Attitudes on Legal Representation of Accused Persons", *2 Am. Crim. L. Q*, 1964, p. 101. ——笔者译。

得很多学生在并没有任何客观经验的情况下就形成了思维定势，最终导致了其对于刑事课程的忽视，而相关的社会实践也被冷落。

可以说学生们对于刑事领域的偏见既影响了其职业发展的全面性，也在一定程度上阻碍了刑事法律援助事业的发展。因此很多学者提出建议希望能够在法学院设置必修性法律援助实践课程。如此便可以让学生们通过亲身体验的方式，客观了解刑事辩护，消除偏见。另外，大量学生的加入能够很好地缓解司法实践中法律援助从业人员不足的情况。在佛罗里达州和新泽西州的一些高校已经率先实施了改革，在法律援助机构实习的学生会被给予额外的学分，而法律援助经验被规定为获得毕业资格的强制性条件。[1]

实践证明，法学院在校学生能够给各地法律援助事业的发展带来很大的帮助，他们以援助律师或者公设辩护人的身份参加到刑事诉讼中来，在很大程度上为相关部门减轻了案件压力。但是，大多数法学院学生没有通过法律职业资格考试，并且相关诉讼能力和经验的缺乏，很可能损害被追诉人的诉讼权利。因此实习学生的法律援助范围通常会被严格限制。在相关制度开展的最初，他们仅负责法律检索方面的任务，后来其权限被逐步扩大——证据调查、证人会见，甚至有些地区允许实习学生出席法庭审判。事实上，通过有效的监督和管理能够保证实习学生的法律援助质量，而且他们有兴趣有热心，在某些方面很可能会比公设辩护人或援助律师做得更好。已经有一些州，例如马萨诸塞州、科罗拉多州等，率先作出规定，允许实习学生在法庭上为贫困者提供辩护，但是必须在合适的条件和必要的监督手段之下。条件通常是指案情简单的轻罪案件，而监督手段一般是有公设辩护人或援助律师在旁指导。

第二节　关于公设辩护人职能与身份的冲突

一、问题概述

惩罚犯罪、维护社会秩序一直被认为是政府的最主要责任，而这也根深蒂固地存在于社会民众心中。直到最近几十年，为被追诉人提供法律辩护的

---

〔1〕 Lee Silverstein, "Defense of The Poor in Criminal Cases in American State Courts A Field Study and Report", *American Bar Foundation Library of Congress*, 1 (1965), p. 148. ——笔者译。

职责才逐步被政府所广泛承担。但是在当今社会现实下，"无罪推定"仍然只在法学教育中普及，普通民众依然怀有最朴素的情怀，将犯罪嫌疑人和被告人视为社会秩序的最大破坏者。但是公设辩护人的职责却是为被追诉人提供法律辩护，而这也就受到了社会民众的广泛质疑。除此之外，公设辩护人具有国家公务人员的身份，政府本应惩罚犯罪、维护社会秩序，而公设辩护人却代表国家行使保护犯罪分子的职责。如此矛盾的职能属性，使得社会民众对于公设辩护人的职业设置很难认同，同时也在很大程度上限制了公设辩护人制度的诉讼价值发挥。[1]

二、造成的后果

在美国，对于公设辩护人的批评和质疑在社会中广泛存在。特别是在治安不理想的地区，糟糕的社会秩序使得人民怨声载道，这些怨愤经常会被转移到承担法律援助任务的公设辩护人身上。社会民众将公设辩护人视为罪犯的帮凶，看作社会秩序的破坏者。如此职业认同感的缺失，则为美国法律援助事业造成了严重的后果。[2]

（一）减损了法律援助的质量

缺乏应有的激励，这使得公设辩护人工作消极，法律援助质量难以保障。在社会中任何职业的从业者都怀有着这样的目标，那就是通过自身兢兢业业地努力，以求得在事业上的发展并且获得社会的认可，这也是激励人们努力工作并为社会服务的最基本动力。但是，在美国很多地区公设辩护人这一职业往往承受着社会的敌意。各公设辩护人越是全心全意地履行职责，越会招来社会的不满，因为在普通民众心里，高质量的法律援助会帮助有罪之人逃脱惩罚，而这会对社会秩序造成进一步的破坏。因此公设辩护人的辛勤工作往往会被社会谴责，如此也就没有了积极履行职责的动力，相关法律援助工作的质量就会大打折扣。

（二）丧失了职业吸引力

社会认同感的缺失，使得公设辩护人这一职业更加缺乏吸引力。在美国，

---

〔1〕 See Suzanne E. Mounts, "Public Defender Programs, Professional Responsibility, and Competent Representation", *Wis. L. Rev*, 1982, p. 473. ——笔者译。

〔2〕 See Charles J. Ogletree, "An Essay on the New Public Defender for the 21st Century", *58 L. & CONTEMP. PROBS*, 1995, p. 81. ——笔者译。

检察官有着崇高的社会地位，因为其承担着追诉犯罪的职责并被普通民众看作是社会秩序的维护者。因此，选择检察官作为职业是很多法学院毕业生的首要选择。除此之外，律师行业由于具有相对较高的收入，也会吸引大量的法律人士加入。相比之下，公设辩护人无论在社会地位方面，还是在经济收入方面都处于绝对的劣势。这也就导致了美国很多地区的公设辩护人系统，很难招揽到优秀的人才。然而，有大量的法科学生之所以在毕业之初选择公设辩护人作为职业，则是因为其希望通过法律援助这一平台，在最短的时间内提升诉讼能力，以便今后跳槽到律师事务所或者检察院。如此的情况导致了公设辩护人系统很难吸引和留住人才，在美国很多的地区公设辩护人都有着很高的辞职率。依据学者对伊利诺伊州库克郡的实证调研，在 67 名现任或已经辞职的公设辩护人中，有 72% 的人明确表示，其之所以最初选择公设辩护人作为职业，仅仅是因为这样能够帮助其在最短的时间内获得单独处理案件的机会，进而以最快的方式提高诉讼能力，以便为后续职业的选择做铺垫。[1]

（三）难以获得议会在财政上的支持

公设辩护人系统作为政府的一个分支，无论是人事、财政或者是内部规则的制定，都离不开政府或议会的监管。特别是在财政方面，每年甚至每个季度的财政拨款预算，都需要经过地方议会的批准。案件数量在不断增长但是各地对于公设辩护人系统的财政投入却呈现下降态势。这其中最主要的原因在于，社会对于犯罪分子仍然充满了敌意，而纳税人并不愿意在法律援助方面花费太多。因此，关于提高公设辩护人系统财政预算的议案，总是很难在议会得到通过。社会民众对于法律援助事业的曲解，以及对于公设辩护人职业的不认同，造成了相关系统的财政恶化。缺少了资金上的支持，美国法律援助事业的进一步发展遭受了巨大的阻碍。

相反，公诉人却能够得到议会在财政上不遗余力的支持。在英美法系对抗制诉讼模式下，因为被动且中立的法官很少会主动伸张正义，所以刑事诉讼的结果很大程度上取决于控辩双方的诉讼实力。而关于诉讼实力，其不仅仅包括控辩双方在法律上的修为，更是经济实力和诉讼资源的体现。案情的

---

〔1〕 Lisa J. McIntyre, *The Public Defender-The Practice of Law in the Shadows of Repute*, The University of Chicago Press, 1988, pp. 86~87. ——笔者译。

调查、证据的收集以及专家的聘请，都需要金钱的支持。控方是以打击犯罪、维护社会秩序为主要职责的检察院，所以各地议会总是不遗余力地为其增加财政预算。而公设辩护人系统，在财政方面很少能够得到议会的青睐。如此悬殊的经济能力，一正一反更加影响了法律援助的实际效果，使得公设辩护人或者援助律师，很难在司法实践中发挥其应有的价值，法律援助的效果更加难以得到保证。

三、应对策略

公设辩护人系统在社会中所遭受的歧视，严重影响了法律援助事业的发展，也受到了美国司法界的关注。随后，各州或郡县的相关司法部门也都采取了不同措施，希望能够有效地解决这一问题。

（一）加强法学院在法律援助方面的教育

法律从业人员法律思维通常形成于法学院校，因此有针对性的法学教育，能够帮助法科学生在最初的阶段就形成对于法律援助的正确认识，防止以讹传讹的偏见对于法律援助造成不公正的影响。

在美国律师协会的推动下，很多高校的法学院都意识到了法律援助课程的重要性。依据有关部门的调查，在美国已经有 133 所法学院设立了专门的法律援助课程，而其中有 24 所将法律援助课程设置为必修。除此之外，绝大多数法学院都为学生提供关于法律援助的社会实践活动。申请者会被安排到地区公设辩护人办公室进行实习，了解和掌握关于法律援助的工作性质与具体实施过程。帮助学生矫正原有的偏见，树立其对于法律援助事业的正确认识。除此之外，几乎美国的所有法学院都会开设法律职业道德这一门课，其中将法律援助作为最重要的部分进行讲授。帮助学生认识到，为贫困者提供法律帮助是每个法律从业者应尽的责任。[1]

（二）财政拨款的统一管理

最初，各州的公设辩护人系统都是由各郡县自主建立，其人事、财政等事务由郡县议会或政府负责。各地区或者因为财政的赤字，或者为了打击犯罪的需要，经常会削减对于公设辩护人系统的拨款。这也在很大程度上造成

---

[1] Lee Silverstein, *Defense of The Poor in Criminal Cases in American State Courts A Field Study and Report*, American Bar Foundation Library of Congress, 1 (1965), p. 148. ——笔者译。

了地方公设辩护人系统的财政危机。为了改变这一现状，一些地区率先作出了改革（佛罗里达州、阿拉斯加州等），消除了地方政府对于公设辩护人系统的经济控制，并且要求州辖区内公设辩护人系统的财政划拨由州一级公设辩护人办公室统一负责。具体说来，州议会每年或者每个季度会为州公设辩护人系统进行拨款，而这一款项直接从州财政支出。之后，再由州公设辩护人办公室，向其辖区内各郡县公设辩护人系统进行分配。如此的改革手段，改变了之前由郡县议会和政府把持该地方公设辩护人系统财政的情况。地方公设辩护人系统的财政也就不再受制于地方议会，资金拨款也不会因为各郡县的经济实力而差异明显。最主要的是，越是小规模的议会越是容易受到民意的过分影响，并在很大程度上忽略其他重要的社会价值。那么相比之下，州这一级别的议会则更能够坚守社会的价值理念，而不仅仅是为了迎合多数民众的愿望。因此在州议会，公设辩护人的财政预算能够在很大程度上得到保证。虽然在进行财政改革的各州，其公设辩护人系统的经费也会时常遭到削减，但是相较于改革之前，州辖区内各郡县公设辩护人系统的财政状况都会有明显的好转。[1]

（三）加强社会宣传

对于法律援助事业缺乏相应的了解，导致了社会民众对于公设辩护人的误会和偏见。为了改善公设辩护人的社会形象，消除相应的误解，美国多地的律师协会和公设辩护人系统，在完成法律相关工作之余都会开展法律援助的社会宣传活动。向社会普及法律援助的重要意义，以及其对于每个公民的潜在价值。宣传的形式多种多样，包括到各个社区做宣传讲座；在电视台打广告；在路边散发传单；以及邀请社会民众亲历现场感受法律援助的工作过程等。[2]虽然相应的宣传手段很难有立竿见影的效果，但是相信在不久的将来，通过法律援助工作者的不懈努力，法律援助事业终会取得更为广泛的社会认可。

〔1〕　Gregory S. Bell，"The Organization and Financing of Public Defender System"，*U. Ⅲ. L. F*，1974，p. 451. ——笔者译。

〔2〕　Lisa J. McIntyre，*The Public Defender-The Practice of Law in the Shadows of Repute*，The University of Chicago Press，1988，pp. 90~101. ——笔者译。

第三节　关于公设辩护人的独立性

一、问题概述

公设辩护人系统属于政府组成部分，然而其却履行着与政府传统职能截然相反的职责。保证社会的平稳运行一直都是政府的最主要责任，因此警察机关、检察机关被广泛建立，用以惩罚犯罪维护社会秩序。随着时代的发展，政府的职责从单纯的打击犯罪逐渐演变为打击犯罪与保障人权并重，而为贫困者提供法律援助，则成了政府在刑事诉讼中履行人权保障职责的最主要形式之一。事实上，政府在刑事诉讼中承担了双重职责：警察机关和检察院作为国家机关，代表国家侦查犯罪并将犯罪嫌疑人起诉于法庭，而公设辩护人则负责为被告人提供法律援助帮助其脱罪。在很多情况下这两种相互对立的职责并不能同时保全，而惩罚犯罪维护社会秩序一直是政府最主要的责任，面对一起臭名昭著的恶性案件，政府总是希望尽早查明真相，以平息民众的恐慌和愤怒。这也就使得政府不得不有选择性地放弃为被追诉人提供辩护的职责，而强调打击犯罪的任务。例如，在美国佛蒙特州其公设辩护人系统就存在着上述情况，州政府官员总是能够通过各种渠道对其施加不正当的政治影响，使得公设辩护人在很多情况下不得不屈从于政府的治罪目的，而不能全心全意地为被追诉人提供法律帮助。[1]

二、造成的后果

（一）对被追诉人诉讼权利的损害

在政治压力之下公设辩护人的法律援助职能很难得到充分的发挥，在这种情况下被援助者的诉讼权利必将受到严重的损害。辩护人是犯罪嫌疑人或被告人的最坚实同盟，并在刑事诉讼中与代表国家的侦查和检察机关对抗。大多数情况下，被追诉人在法律知识方面的欠缺阻碍了其诉讼权利地行使，而辩护人的参与则弥补了辩方在诉讼能力方面的不足，维护了诉讼平等。但

---

〔1〕 See Akester Kate, *Public Defenders: Learning from the U. S. Experience*, JUSTICE, 2001, p. 89. ——笔者译。

是，巨大的政治压力使得公设辩护人放弃了本应坚守的职业目标，在很多情况下其诉讼功能仅是为了满足宪法对于辩护人的硬性要求，并不会为被追诉人的利益而据理力争。甚至在有些时候，公设辩护人却扮演了第二公诉人的角色，他们劝说被追诉人早点认罪，以帮助检察机关节省诉讼时间。在如此的情况下，公设辩护人所提供的法律援助形同虚设，而被援助者的诉讼权利则遭受了极大的损害。

（二）不利于公设辩护人制度的长期发展

公设辩护人本应尽职履行辩护人职责，全心全意为被追诉人谋求诉讼利益。然而在政治压力的影响下，公设辩护人非但不能帮助被追诉人维护诉讼权利，反而有可能成为第二公诉人，帮助政府实现打击犯罪的目的。面对如此的威胁，被追诉人必然会极力拒绝公设辩护人的法律援助形式。甚至宁愿选择放弃律师帮助权，也不允许公设辩护人成为其诉讼权利的潜在威胁。可以说上述情况从根本上否定了公设辩护人系统存在的意义，在政府的命令下公设辩护人非但没能保护被追诉人，反而成了惩罚犯罪的"帮凶"。长此以往不会再有人愿意接受公设辩护人的法律援助，而该制度最终也必将荒废。

三、应对策略

（一）改革管理模式

最初，美国各州公设辩护人系统大多由地方政府直接管理。每个地区的总辩护人一般由地方行政长官任命，而系统内的资金需求也多于地方财政。如此，公设辩护人系统几乎完全受制于地方政府，而相关的政治压力也就更加难以抗拒。例如在康涅狄格州，其州和下辖郡县都有各自独立的公设辩护人系统。郡县长官和地方议会，都能够直接干预公设辩护人的职能履行。[1]因此，为了最大程度地消除这种不当影响，相关的制度改革也是应运而生。

其中最为主要的改革手段之一，即是改变原有的分散管理模式，在州内建立统一的公设辩护人系统。例如，佛罗里达州就建立了由州最高公设辩护人办公室垂直管理的封闭系统。之所以说其封闭，是因为各郡县公设辩护人

---

〔1〕 See Gregory S. Bell, "The Organization and Financing of Public Defender System", *U. Ⅲ. L. F*, 1974, p. 451. ——笔者译。

办公室，无论关于财政还是人员任命仅听从于系统内的安排，完全不受地方政府的影响。如此，公设辩护人在履行法律援助职责时，就避免了郡县一级政府的不当干预，保证了法律援助的质量。

可以说，上述的改革手段能够有效地保障公设辩护人摆脱郡县一级政府的影响。然而在司法实践中，州一级政府对于公设辩护人施加压力的情况也同样频繁。因此进一步的改革方向变得愈发明显，那就是帮助公设辩护人系统完全脱离政府的管理，使其在办理特定案件时不再需要屈从于上级行政机关的需求。相关的改革方式有很多，具体包括：

1. 法院监管模式

科罗拉多州规定州最高法院的所有大法官集体决定州最高公设辩护人的任免。[1]可以说在此种模式下，法院对于公设辩护人系统有着很强的影响力，其可以通过人事任免的手段影响系统内相关决策的制定。事实上，与行政机关相比法院具有更加中立的特点，因此由法院负责公设辩护人的外部监督和管理，能够有效地避免不当政治压力的施加。但是值得注意的是，由法院承担外部监管虽然能够避免政治压力，但是其管理效果却很难保证。因为法院毕竟是审判机关，其主要职责仍然是审理案件。所以在面对大量待审案件的情况下，其很难再有多余的精力负责公设辩护人系统的管理。

2. 议会监管模式

也就是由地方议会负责公设辩护人系统内重大事务的决策，其有着与法院管理模式相同的优点，但也同时存在着管理效果不佳的问题。

3. 专门委员会的监管模式

具体说来在此种模式下，由相关部门设立专门的委员会负责公设辩护人系统的管理。而委员会的设立过程和之后的职能运作也都会充分体现独立和公平。例如在美国华盛顿特区，其公设辩护人系统就是由一个信托委员会负责管理。该委员会由 11 名成员组成，其选任程序是由联邦法院大法官、地区巡回法院大法官和市长，逐一轮流任命。并且委员会在组建完成后，独立履

---

〔1〕 See COLO. REV. STAT. ANN. § 39-21-1 (2) (a) (Supp. 1969)；CONN. GEN. STAT. REV. § § 54-80, 84-81a (1968). ——笔者译。

行职责不受任何机构影响。[1] 委员会是专职的管理机构，其有精力也有能力对公设辩护人系统进行有效的监管。如此的模式也就避免了，像法院、议会等机关因为无暇管理而造成的监管不力的情况。另外，无论是委员会成员的选任程序，还是其成立之后的议事方式，都能够在很大程度上保证独立和公正，而这也帮助公设辩护人系统摆脱了不当政治压力的影响，全心全意履行法律援助职责。

（二）司法途径解决

以无效辩护为理由提出上诉，是被告人保障其律师辩护权能够有效行使的最主要手段之一。律师辩护一旦被认定无效，那么一审判决将面临被撤销的可能，而相关律师也将会遭受律师协会的处罚。因此，无论基于什么样的原因，不当的政治压力或是自身的懈怠，如果公设辩护人不能有效地履行法律援助职责，那么就很有可能被上诉法院认定为无效辩护。而之后重新启动的审判程序不但结果难以预测，而且造成了诉讼资源的浪费，这与政府维护社会秩序的目标相去甚远。因此，如果上诉法院对于一审辩护的司法审查功能可以真正落到实处，那么迫于司法审查的压力，上级政府机关也就不会对公设辩护人系统施加过多的政治压力。

但是就目前而言，司法审查的措施却是难以落到实处。联邦最高法院对于无效辩护的认定还是持有很谨慎的态度，两步骤的证明标准和证明程序使得被追诉人很难完成相关的举证责任。当然，联邦最高法院有充足的理由限制无效辩护的认定，因为就目前的司法实践来说，各州法律援助事业的发展都是举步维艰。逐年增长的案件数量和相对不足的财政投入，使得公设辩护人以及其他法律援助模式，都很难保证个案的辩护质量。在目前有限的诉讼资源下大多数地区对于法律援助的基本策略都是，只求满足最高法院对于律师辩护的形式要件，即有律师出庭为被追诉人进行辩护。而关于个案的法律援助质量，则不得不被适当地放弃。因此，如果联邦最高法院放松了对于无效辩护的认定标准，那么也就意味着大量的法律援助案件，会因为辩护效果的问题而被认定为无效。在如此的情况下，为了满足关于辩护质量的要求，政府就不得不在法律援助事业方面作出更大的经济投入。对于法律援助数量

---

　　[1]　See Akester Kate, *Public Defenders*: *Learning from the US Experience*, JUSTICE, 2001, pp. 29 ~ 53. ——笔者译。

和质量的双重保障，必然会消耗大量的司法资源，而各地政府的资金投入也将会数倍于从前。在美国，不同的地区经济状况差异悬殊，从客观上讲在贫困且案件高发的地区其是否有相应的经济能力用于保证各案的法律援助质量，是一个需要考虑的问题。此外从主观方面看，就算是经济富裕的地区其议会代表是否同意为公设辩护人系统或者其他法律援助形式投入更多的资金，又是另外一个问题。因此总得来说，在现阶段并不具备全面提高法律援助辩护质量的社会条件，而美国联邦最高法院也是深谙此道。

可以说在现阶段，通过司法审查的手段来保障公设辩护人系统的政治中立性，还具有一定的障碍。但是相信在不久的将来，关于被追诉人诉讼权利保障的观念会进一步普及，而同时各地经济水平也会逐步提高。在那时，美国联邦最高法院将会通过相关案例，确定对于法律援助质量的认定标准，就像在 20 世纪 60 年代，其通过吉迪恩案在全国范围内普及了律师辩护权一样。

第四节　公设辩护人与律师协会的冲突

一、问题概述

如今，美国的很多州和地区都在尝试着通过改革的手段，提高法律援助的质量。努力为公设辩护人系统提供更加充分的人力和物力资源，以实现辩护质量的突破。可以说，以提高辩护质量作为改革的方向是非常正确的。毕竟如果没有辩护质量作为前提，那么法律援助也就沦为了政府用来敷衍联邦最高法院的手段，而被追诉人的诉讼权利也很难得到保障。[1]虽然就目前而言，囿于繁重的案件压力和相对短缺的诉讼资源，美国各地公设辩护人系统很难在法律援助效果上实现质的突破。但是，有了明确的改革方向作为指引，相信在不久的将来法律援助的质量能够在很大程度上得到提高。

一旦法律援助质量得到了显著的提高，那么就很可能会导致公设辩护人系统与律师协会的矛盾。当然在美国还没有出现此种情况，因为至今其还没

---

〔1〕　See Darryl K. Brown, "Epiphenomenal Indigent Defense", 75 *Mo. L. REV*, 2010, pp. 907 ~ 910. ——笔者译。

有在保障法律援助质量方面有实质性的突破。相反在英国，由于很多地区率先实现了提高法律援助质量的改革目标，因此当地律师协会的抗议也就随之而来。在 1999 年，英国通过了"获得正义法案"（Access to Justice Act），规定了法律援助的质量标准，同时废除了关于被援助者的资格审查程序，任何申请者不用经过任何审核程序，即可获得无偿的法律援助。由此导致了司法实践中很少再有人愿意聘请私人律师，并且都转向了法律援助。[1]政府所提供的法律援助严重挤压了律师的业务空间，迫使大量从事刑事辩护的律师由于缺少案源而转投其他方向。这造成了律师协会的严重不满，抗议和游行频繁发生。

二、造成的后果

依据英国的司法经验，在完善法律援助质量之后，其所带来的最直接后果即是律师界的不满。频发的游行和罢工为司法机关带来了很多的麻烦。当然这仅是最直接的后果，而相关问题如果一直得不到妥善解决，则很可能会成为引发司法危机的导火索。

抛开经济因素不谈，被追诉人通常更倾向于聘请私人律师，而不是去申请法律援助。其中的原因非常明显，因为私人律师的辩护质量往往更能够得到保证。但是在英国司法改革的推动下，政府加大了对于法律援助事业的扶持力度，大量人力、财力的投入使得法律援助的质量得到了空前的提高，甚至在很多情况下能够与私人律师的代理辩护相比肩。既不需要支付相关费用，又能够得到高质量的法律服务，因此申请法律援助就成为被追诉人的首要选择，同时也就导致了刑辩律师的案源流失。如果任由此种情况发展，那么必然会导致刑辩律师行业的萎缩。刑事辩护本就具有高风险、低收入的特征，再加上如今案源无法得到保证，那么相关行业很可能在将来的发展过程中趋于消亡。当然对于上述情况的发生，目前也只是预测，但是就目前的发展趋势来看，其确有发生的可能。然而，如果刑辩律师行业萎缩到了极小的范围，或者趋于消失，那么反过来对于法律援助事业和被追诉人权利的保障，都会产生极大的负面影响。

---

〔1〕　See Lee Bridges, *The Right to Representation and Legal Aid*, in Mike McConvile & Geoffrey Wilson eds, 2002, pp. 1938~1942. ——笔者译。

（一）法律援助体系将会变得单一化

美国的法律援助体系以多元化著称，其中包括：公设辩护人、援助律师以及合同律师三种主要模式。而这种多元化的模式，也帮助美国各郡县能够依据自身的地区特点和特定时期的社会情况，采取相互搭配的法律援助模式。但是值得注意的是，在上述三种法律援助模式当中有两种是依靠刑辩律师完成的。而一旦刑辩律师行业萎缩那么在缺乏律师资源的情况下，援助律师模式和合同律师模式也就无法正常运行。

不同的法律援助模式各有优缺点，而只有因地制宜在不同的社会情况下采用不同搭配形式，才能够发挥更好的社会效果。如果刑辩律师行业消亡，那么公设辩护人将单独承担所有的法律援助任务。在这种情况下，首先，政府财政不得不承担一笔巨大的法律援助开销。面对如此沉重的经济负担，相信再富有的政府也难以长久支撑。其次，公设辩护人系统相对封闭，其有着固定的人员，统一的培训机制，以及唯一的考核标准。因此系统内各公设辩护人的法律思维、辩护策略和手段都会趋于模式化。而如此单一的法律援助模式，会对于刑事辩护领域的多样化发展带来极大的负面影响，使得刑事辩护策略和手段都难以获得创新。同时，刑事辩护的效果也必然随之大打折扣——面对一成不变的庭审对手，检察官当然能够更加游刃有余地应对。最后，政府在履行法律援助职责时缺少了可以选择的手段。无论一个地区的经济发达与落后、人口稠密或稀疏、刑事发案率高或低，地方政府也无法依据具体情况，选择最适合的法律援助形式。而这必将导致诉讼资源的浪费和法律援助效果的不理想。

（二）公设辩护人系统的行政属性将难以抑制

公设辩护人系统有着相互矛盾的身份属性，其属于政府行政部门，但是却从事着与政府传统职能相抵触的工作。这种矛盾也注定了其非常容易受到政府的影响，进而放弃维护被追诉人诉讼利益的职业初衷。当然，为了防止不当政治因素的影响，保障公设辩护人能够全力履行法律援助职责，美国各地区也都采取了不同的措施。例如，规定法律援助质量标准，建立无效辩护认定机制等。但是，监督手段能够发挥作用有其必要的前提，那就是需要存在其他法律援助手段能够代替公设辩护人系统。在各种法律援助模式齐全的情况下，如果公设辩护人受到了过多的政治压力，那么无效的法律辩护必然会受到被追诉人的排斥，并且促使其要求以其他法律援助形式加以代替。因此，多元化的模式使得政府不能完全控制整个法律援助体系，其对于公设辩护人的影响也势必减弱。另外，政治的压力对于公设辩护人系统来说，意味着一整串恶性循环的开始。不当的政治压力导致法律援助质量的降低，进而更多地被追诉人会选择其他法律援助形式。长此以往，逐渐减少的案源会严重危及公设辩护人制度的存在基础，而在如此的危机下其必当全力抵制政治压力的影响，保障法律援助的质量。

可以说，帮助公设辩护人系统抵御政治压力侵蚀的是多元化的法律援助体系。如果法律援助体系只剩下了公设辩护人这一种模式，那么其也就完全处在了政府的掌控之下。与此同时，没有了其他的法律援助形式被追诉人也就丧失了选择的权利，那么以供需为手段控制公设辩护人的方法也就难以发挥作用。如此，公设辩护人系统的行政属性就会更加难以抑制，而在其履行法律援助任务时难免会受到更多的政治影响。

三、应对策略

提高法律援助的质量，扩大法律援助的范围，当然是相关制度今后发展的主要方向。但是，在发展的过程中也同时需要注意，其可能对于整个司法体系所带来的负面影响。而如果忽略了其中潜在的危机，导致了法律援助体系与律师协会的冲突，甚至致使法律援助体系走向单一化模式，必然会对整个法律系统造成严重的危害。因此，在发展法律援助事业的过程中，必须采取相应的措施避免上述情况的发生。

（一）设置严格的资格审查机制

针对上述问题，最直接也是最有效的方法，就是为申请法律援助设置更高的门槛，规定只有符合标准的被追诉人才有权获得法律援助。如此，便能够限制法律援助的数量，而为刑辩律师留有一定的案源。

在各种资格审查条件中，对于个人经济状况的限制可以说是最主要的。仅为贫困者服务，也成为大多数国家法律援助系统的宗旨。值得说明的是，法律援助的政府责任属性已经在更广的范围内被社会认同，其中的一项最主要的理论依据则是：由于政府的侦查和公诉行为使普通公民陷入了刑事诉讼的危险，因此政府当然有义务防止其中可能出现的错误。而为被追诉人提供律师辩护则是避免错误追诉的最主要手段之一。从这个角度来看，为被追诉人提供律师辩护本就是政府应尽的义务，而为这一义务的履行设置条件，似乎有推脱责任之嫌。对此，有学者提出了观点："之所以设立法律援助的资格审查程序，是因为在现阶段政府的财政实力并不足以承担全民的刑事辩护开支，所以应当将的诉讼资源优先用到真正需要的被害人中。而设置条件限缩法律援助范围，也仅是政府的权宜之计。相信在不久的将来，当社会经济发展到一定的程度，那么政府也就不再有设置法律援助条件的借口了。"[1]依据此观点，法律援助是政府对于每个被追诉人的责任，这份责任不应当有任何的条件限制。随着经济的发展，所谓的法律援助资格必然会遭到废除。但是依据英国的经验来看，为法律援助设置一定的门槛并不是仅具有经济方面的意义，而更重要的是它能够帮助维持整个刑事辩护体系的平衡，使得法律援助与律师代理辩护各自保有自己的阵地。尽管随着社会经济的不断发展，相关的法律援助资格标准也必然随之变化。但是完全不设条件的法律援助制度似乎并不现实，因为就算经济条件允许，相应的社会和司法环境也很难适应。

在司法实践中，除了对于经济状况的限制条件之外，还有其他的资格审查标准。比如被追诉人所面临刑罚的严重程度；被追诉人的精神状态、年龄；被追诉人所实施犯罪的社会关注程度等。以上的标准都能够用来调整法律援助的适用范围，而它们之间的合理搭配则能够保障整个刑事辩护体系的稳定运行。如何在将来的社会变革中有效地运用各种标准，则是非常值得研究的课题。

（二）控制对于公设辩护人系统的经济投入

在美国绝大多数地区，有限的经济投入极大地限制了公设辩护人系统的法律援助质量。这一问题也备受司法界的关注，无论是公设辩护人系统，还是律师协会，或是各地最高法院的法官都在积极发出倡议，希望议会能够增加对于法律援助事业的财政拨款。事实证明，虽然各方都在积极努力但是却收效甚微。从另外一个角度分析，财政条件的限制也在一定程度上维护了整个国家或地区，刑事辩护体系的平稳。依据英国的经验，过多的经济投入最

---

〔1〕 See Norman Lefstein, "In Search of Gideon's Promise: Lessons from England and The Need for Federal Help", *55 HASTINGS L. J*, 2004, pp. 800~817. ——笔者译。

终造成了公设辩护人系统与律师协会的冲突。因此，适当地控制经济方面的投入也是很有必要的。但是经济上的控制必须把握好一定的限度，过多的财政投入会导致刑事辩护系统的混乱，而太少的投入则会造成被追诉人诉讼权利的过多减损。

第
七
章 | 公设辩护人制度与我国法律援助体系的完善

第一节　我国法律援助制度的历史与现状

　　法律援助制度是我国社会主义司法体系的重要组成部分，其对于司法公正、程序正义，以及犯罪嫌疑人和被告人的人权保障，都有着积极的促进作用。我国的法律援助制度是随着刑事辩护的理论和实践发展而逐渐被建立起来的，可以说起步较晚且社会基础也并不牢固。虽然如此，法律援助制度在我国却是飞速发展，在短短的几十年间已经颇具规模。不过成绩的背后也隐藏着许多问题，法律援助制度的实践运行状况却是不容乐观，很多问题亟待解决。

一、我国法律援助制度发展的历史沿革

　　在美国、英国等发达国家，其法律援助制度都有着上百年的发展历史，然而自新中国成立以来，我国相关制度从创建至今也不过几十年，其发展过程大致可以分为以下几个阶段：

　　（一）萌芽阶段

　　我国法律援助制度的萌芽，源于《宪法》和其他相关法律就辩护制度的规定。1954 年，我国颁布了第一部《宪法》，其中第 76 条规定："人民法院审理案件，除法律规定的特别情况外，一律公开进行，被告人有权获得辩护。"这是新中国首次通过《宪法》明确了被追诉人的辩护权。在同年的 9 月份，第一部《中华人民共和国人民法院组织法》通过实施，其中第 7 条第 2 款规定："被告人除自己行使辩护权外，可以委托律师为他辩护，可以由人民团体

介绍的或者经人民法院许可的公民为他辩护，可以由被告人的近亲属、监护人为他辩护。人民法院认为必要的时候，也可以指定辩护人为他辩护。"由此，律师辩护被法律所明确，而且其中关于由人民法院在必要时为被告人指定辩护人的规定，则可以被看成是法律援助的一种形式。在法律的明确指引下，我国许多省市都积极地开始了律师制度的"试水"。随后，律师作为一种法律职业在全国范围内推广开来。而这也成为法律援助制度得以建立的最基本条件。

在新中国成立之初，我国各项法律制度都呈现了欣欣向荣、蓬勃发展之势。然而之后却经历了"文革"十年，使得整个法律体系都陷入了停滞甚至倒退。在那个时候被追诉人很难享有诉讼权利，而律师帮助权更是无法实现。

1979 年是拨乱反正的一年，同时我国第一部《刑事诉讼法》通过实施，正式确立了律师辩护制度。其中第 26 条规定："被告人除自己行使辩护权以外，还可以委托下列的人辩护：（一）律师；（二）人民团体或者被告人所在单位推荐的，或者经人民法院许可的公民；（三）被告人的近亲属、监护人。"第 27 条规定："公诉人出庭公诉的案件，被告人没有委托辩护人的，人民法院可以为他指定辩护人。被告人是聋、哑或者未成年人而没有委托辩护人的，人民法院应当为他指定辩护人。"由此，我国律师制度得到了重建，而法律援助制度也即将随之获得更进一步的发展。

（二）建立阶段

在 1979 年《刑事诉讼法》颁布之后，人权保障理念在社会中得到了更广泛的认同，在这一理念的指导下，《刑事诉讼法》在 1996 年经历了大幅度的修改。其中第 34 条就法律援助制度进行了专门的规定："公诉人出庭公诉的案件，被告人因经济困难或者其他原因没有委托辩护人的，人民法院可以指定承担法律援助义务的律师为其提供辩护。被告人是盲、聋、哑或者未成年人而没有委托辩护人的，人民法院应当指定承担法律援助义务的律师为其提供辩护。被告人可能被判处死刑而没有委托辩护人的，人民法院应当指定承担法律援助义务的律师为其提供辩护。"至此，《刑事诉讼法》明确提出了"法律援助"的相关字眼，并且扩大了法律援助的适用范围，将面临死刑的被告人以及失明的被告人增列为法定法律援助的适用对象，同时将被告人的经济状况规定为提供法律援助的酌定考虑情节。除此之外，明确了法律援助相关事务的管理机关——人民法院，负责法律援助律师的指定。当然法院的管理模式并不是最为有效的，但是就当时而言该规定已经是很大的进步了。

同样是在1996年，我国颁布了第一部《中华人民共和国律师法》（下称《律师法》），其中设专章对于法律援助的相关事项进行了规定，为之后法律援助制度的进一步发展奠定了基础。值得说明的是，其中第42条规定："律师必须按照国家规定承担法律援助义务，尽职尽责，为受援人提供法律服务。"该项条款将律师设定为承担法律援助的义务主体，可以说在一定程度上限制了法律援助事业的顺利开展。律师是自负盈亏的社会经济主体，为委托人提供法律服务是其谋生的手段。而如果将法律援助的职责强加到律师行业，那么就相当于要求商人不再做生意而改做慈善。面对生存的压力，律师自然不会将大多数精力花到法律援助案件之中，相应的辩护效果也可想而知。另外，律师行业作为一个社会团体，根本没有足够的财力和物力，为庞大的被追诉人群体提供法律援助。事实证明，如此的责任主体设定并不合理，也不符合时代的潮流，因为法律援助的政府责任属性在当时已经在世界范围内得到了广泛的认可。

1996年我国法律援助制度得到正式确立，而各地的法律援助事业也都逐步地走向正轨。同年12月，为了指导和协调各地法律援助工作的实施，中央编制办公室批准成立了司法部法律援助中心。作为全国法律援助制度建设的指导和监督单位，为法律援助事业的统筹发展奠定了基础。

（三）快速发展阶段

1. 国务院《法律援助条例》对于法律援助制度的推动

2003年7月21日，国务院第15次常务会议通过并公布了《法律援助条例》（下称《条例》）。该条例从多个角度详细地规定了法律援助制度运行的各个方面，标志着我国法律援助事业开启了快速发展的模式。首先，《条例》明确了法律援助相关工作的管理和实施机构。其中第5条要求各地区根据需求设立法律援助机构，并由该机构负责受理、审查法律援助申请，指派或者安排人员为符合本条例规定的公民提供法律援助。自此法律援助事业设立专门的管理机构负责解决相关问题，而这也是法律援助系统稳定发展的必要条件。

其次，《条例》详细的规定了完成法律援助的各个程序和步骤。从法律援助的适用主体范围，到法律援助的申请、审查和批准程序，再到援助律师的选任以及法律援助的具体实施，《条例》都有详细的说明而且具有极强的可操作性。规则的生命在于实施，只有具备了详细的运行规则，法律援助制度才能真正地落到实处。统一的规则也统一了全国各地不同的法律援助实践，防止因为规则的差异而引发混乱。

最后也是最重要的一点，《条例》第3条规定："法律援助是政府的责任，县级以上人民政府应当采取积极措施推动法律援助工作，为法律援助提供财政支持，保障法律援助事业与经济、社会协调发展。法律援助经费应当专款专用，接受财政、审计部门的监督。"《条例》改变了法律援助的责任主体，由之前《律师法》中规定的律师变为了政府。由此，法律援助的政府责任属性在我国被明文确立。政府拥有着雄厚的财力，其对于法律援助事业的投入能够确保律师在承担法律援助任务之后得到相应的报酬，这也在一定程度上保障了法律援助的质量。另外，全国范围内法律援助体系的建立，需要政府的组织力和财政能力，这也是相关体系在建立之后得以有效运作的必要条件。[1]

2. 2012年《刑事诉讼法》对法律援助制度的进一步完善

我国《刑事诉讼法》在2012年经历了又一次大规模的修改，关于法律援助制度的完善是其中最主要的内容之一，从中也看出了立法者对于相关事业的重视。具体说来，相关修改主要体现在《刑事诉讼法》的第34条和第267条，包括以下方面：

（1）强制性法律援助的适用范围得到了扩大

在《刑事诉讼法》修改之前，强制性法律援助的适用范围仅包括盲、聋、哑人、未成年人以及可能被判处死刑的犯罪嫌疑人和被告人。修改之后这一范围得到了扩大，尚未丧失辨认或控制自己行为能力的精神病人，以及可能被判处无期徒刑的被追诉人，这两类主体被扩入了强制性法律援助的适用范围。可以说法律援助范围的扩大，意味着对于被追诉人诉讼权利保障的进一步加强。

（2）增加了适用法律援助的诉讼阶段

在法律修改之前法律援助的提供仅限于审判阶段，而在侦查和审查起诉

程序中，犯罪嫌疑人并没有渠道申请法律援助。修改后的《刑事诉讼法》改变了这一情况，其中第 34 条第 1 款规定："犯罪嫌疑人、被告人因经济困难或者其他原因没有委托辩护人的，本人及其近亲属可以向法律援助机构提出申请。对符合法律援助条件的，法律援助机构应当指派律师为其提供辩护。"犯罪嫌疑人的称谓对应着审前程序，说明法律援助的适用范围被扩展到了审前程序。

（3）完善了法律援助的申请、审核程序

在 1996 年《刑事诉讼法》中，关于法律援助的提供模式，仅有人民法院为被追诉人指定律师这一种。因为模式过于单一不够灵活，其实践效果并不理想。除此之外，法院的主要职责毕竟是审判，在很多情况下难以分出额外的精力对被追诉人的法律援助申请进行有效地审查和批准，这也在很大程度上限制了相关制度的发展。2012 年《刑事诉讼法》修改对于法律援助的申请和审核程序进行了大幅调整，整个制度都趋于完善。

对于被追诉人属于法定法律援助范围的，人民法院、人民检察院和公安机关，应当通知法律援助机构为其提供辩护。进而法律援助机构就取代了人民法院，承担起了法律援助的分配任务。相比较之下，法律援助机构专职负责资格审查和相应律师的委派，必定能够更加全面地审查申请人的各项条件，使得审核程序更加细致，进程也必然更加流畅。除此之外，法律援助机构的建立使得相关事务的运行有了专门的负责机构，能够对司法实践中出现的各种问题进行统筹管理，防止混乱和无序状态的发生。

此外，增加了法律援助的提供模式。在 1996 年《刑事诉讼法》中，法律援助的提供，完全依靠法院的自由裁量，被追诉人扮演着被动接受的角色。修改之后，法律赋予了被追诉人主动申请法律援助的权利。犯罪嫌疑人、被告人本人或其近亲属，可以主动向法律援助机构提出申请，要求为其指派法律援助律师。如此，犯罪嫌疑人或被告人就能够以积极主动的姿态参与到法律援助中来，凭借个人的行为影响整个法律援助制度的发展方向。

3. 2018 年《刑事诉讼法》确立了值班律师制度

值班律师是一种特殊的法律援助模式，最早起源于英国，是有限的财政预算与逐步扩大的法律援助需求之间平衡的结果。[1]我国的值班律师制度始

---

[1] 参见张泽涛："值班律师制度的源流、现状及其分歧澄清"，载《法学评论》2018 年第 3 期。

建于 2006 年 9 月，当时联合国开发技术署和我国商务部、司法部共同确定的首个"法律援助值班律师参与试点"项目，在河南省焦作市修武县实行，经过了近 1 年半的运行取得了很好的效果。[1]但是之后相关制度呈现了偃旗息鼓的态势，并没有在全国范围内得到推广。直到近几年随着"速裁程序""认罪认罚从宽"制度改革的兴起，刑事诉讼程序对于辩护律师的需求变得愈发迫切，而法律援助制度能否发挥应有的价值，成为相关司法改革成功与否的关键。值班律师制度凭借其自身的优点，被改革者寄予厚望，希望能够借此实现刑事辩护全覆盖。[2]

2014 年全国人民代表大会常务委员会《关于授权最高人民法院、最高人民检察院在部分地区开展刑事案件速裁程序试点工作的办法》；2015 年《关于完善法律援助制度的意见》；2016 年最高人民法院、最高人民检察院、公安部、国家安全部、司法部《关于在部分地区开展刑事案件认罪认罚从宽制度试点工作的办法》（以下简称《认罪认罚办法》），初步明确了值班律师制度的运作模式与功能定位。2017 年 8 月 29 日，"两高三部"[3]发布《关于开展法律援助值班律师工作的意见》（以下简称《值班律师意见》），就值班律师的权利、义务与职责作出了详细规定。随后，最高人民法院、司法部联合出台了《关于开展刑事案件律师辩护全覆盖试点工作的办法》（以下简称《辩护全覆盖办法》），进一步细化了值班律师的职能范围。2018 年《刑事诉讼法》修改，值班律师制度在法律层面得以确认。

二、我国法律援助制度的现状分析

（一）我国法律援助的模式划分

当下我国法律援助总共包括三种模式，即指定式、申请式以及值班律师模式。需要说明的是，上述三种模式只是在法律援助发生方式上有所区别，即指定式是由各专门机关主动通知法律援助机构指派援助律师；申请式是由被追诉人及其近亲属申请，法律援助机构批准后指派援助律师；值班律师模

---

〔1〕　参见王淑华、张艳红："探索建立中国法律援助值班律师制度"，载《法律援助》2009 年第 5 期。

〔2〕　参见董红民、麻伟静："构建法律援助值班律师制度实证探析"，载《法律服务》2016 年第 10 期。

〔3〕　最高人民法院、最高人民检察院、司法部、公安部、国家安全部。

式则是由派驻律师直接为被追诉人提供法律帮助。本质上，上述三种模式的运行均是"政府指派，律师承接"，法律援助的实际承担者仍是律师，政府仅扮演管理者的角色。因此就目前而言，在我国并没有形成多元化法律援助模式并存的法律援助体系。

1. 指定式法律援助

（1）我国指定式法律援助的最早起源

指定式法律援助是我国最早也是最为传统的法律援助形式。早在 1954年，指定式法律援助就被当时的《中华人民共和国人民法院组织法》所确立，其中第 7 条第 2 款规定："被告人除自己行使辩护权外，可以委托律师为他辩护，可以由人民团体介绍的或者经人民法院许可的公民为他辩护，可以由被告人的近亲属、监护人为他辩护。人民法院认为必要的时候，也可以指定辩护人为他辩护。"这也可以被看成是指定式法律援助的最早来源。但是新中国成立后不久，"左"倾思想成为社会的主流，随之而来的"文革"也几乎将所有的法律制度毁坏殆尽。之后随着"十一届三中全会"的召开，我国的法制建设得到了恢复。

（2）指定式法律援助的随后发展

随着 1979 年和 1996 年《刑事诉讼法》的修订，指定式法律援助制度得到了进一步的发展。1996 年《刑事诉讼法》第 34 条规定："公诉人出庭公诉的案件，被告人因经济困难或者其他原因没有委托辩护人的，人民法院可以指定承担法律援助义务的律师为其提供辩护。被告人是盲、聋、哑或者未成年人而没有委托辩护人的，人民法院应当指定承担法律援助义务的律师为其提供辩护。被告人可能被判处死刑而没有委托辩护人的，人民法院应当指定承担法律援助义务的律师为其提供辩护。"由此，指定式法律援助有了详细的适用范围，以及明确的运行程序。虽然法律援助制度在当时得到了极大的发展，但是在适用案件范围以及律师指派程序上，仍然存在着很多的弊端。尤其是由法官负责指派的法律援助提供模式，更是广受诟病。例如，法官是否有足够精力分析案情，进而为不同的被追诉人指派更加合适的律师；法官是否会存在私心，为了尽快结束审判而有意指派更愿意配合的律师；以及法官指派是否存在效率低下、浪费诉讼资源的问题等。这些问题的存在严重阻碍了法律援助制度的有效运行，并且也逐步得到立法者的关注。

（3）指定式法律援助的进一步完善

随着时代的发展，人权观念深入人心。法律援助制度作为保障被追诉人诉讼权利的最直接体现，也被社会更广泛地关注。2003 年国务院《法律援助条例》，以及 2012 年《刑事诉讼法》对于指定式法律援助进行了大幅度的完善，以期能够更好地为贫困者提供法律服务，其中主要包括以下方面：

首先，改变了之前由法院负责指派援助律师的模式。2003 年国务院《法律援助条例》出台以后，全国各省市广泛建立了法律援助机构。这一建立在各地司法行政机关之下的政府部门，专门负责法律援助相关事务的运行和管理。依据 2012 年《刑事诉讼法》的规定，在相应的案件中人民法院、人民检察院和公安机关应当通知法律援助机构指派律师为被追诉人提供辩护。因此依据最新的法律法规，指定式法律援助的提供方法，是由各诉讼专门机关在其所负责的诉讼阶段，通知法律援助机构为相关诉讼参与人提供法律援助。

其次，应当指定的范围得到了扩大。依据 1996 年《刑事诉讼法》第 34 条的规定，法院应当指定法律援助的案件范围仅包括，被告人是盲、聋、哑的；被告人是未成年人的；被告人可能被判处死刑的。而 2012 年法律修改之后，应当指定的范围被扩大。具体说来，在原有的基础上增加了以下主体作为应当指定的对象：可能被判处无期徒刑的犯罪嫌疑人、被告人；尚未完全丧失辨认或者控制自己行为能力的精神病人；强制医疗程序中依法不负刑事职责的精神病人。

最后，法律援助的提供时间被大大地提前了。依照 1996 年《刑事诉讼法》的规定，法律援助是由法院负责指定的，其针对的对象仅限于被告人。当时只有审判阶段才能够提供法律援助，审前阶段贫困者很难得到律师的帮助。然而在我国司法实践中，审前阶段往往扮演着非常重要的角色，侦查机关收集的证据在很大程度上左右了最后的判决。惩罚犯罪始终是侦查机关的首要任务，以治罪为目的的侦查行为也多少会带有偏私。从某种程度上看，辩护律师在审前阶段的介入有着更加重要的意义，在维护犯罪嫌疑人诉讼权利的同时保证审前程序的正当性。如果将法律援助的实施阶段局限在审判阶段，相当于剥夺了贫困者在审前阶段的律师辩护权，既影响犯罪嫌疑人行使诉讼权利，也不符合正当法律程序的价值理念。因此，2012 年《刑事诉讼法》的修改将法律援助的提供时间，提前到了审前阶段，依据第 34 条的规定，指定式法律援助的责任主体由从前的法院，增加为公安机关、检察院以及法院。也就是说，在不同的诉讼阶段无论是审前或是审判，相应的专门机关都有责任通知法律援助机构，为被追诉人提供法律援助。

2. 申请式法律援助

依据 1996 年《刑事诉讼法》的规定，法律援助的启动形式仅有法院指定一种。可以说这单一的形式，很难满足司法实践中的援助需要，而这也倍受理论和实务界的诟病。2003 年国务院《法律援助条例》顺应实践中的需求，增加了申请式的法律援助形式，其中规定：凡是因为经济困难而无力支付法律服务费用的我国公民，有权向法律援助机构申请法律援助。可以说申请式法律援助在司法实践中起到了重要的作用，贫困者借此能够主动行使法律援助的相关权利，不再被动地等待和接受法院的指派。2012 年《刑事诉讼法》修改，从法律层面确定了申请式法律援助。具体说来，第 34 条第 1 款规定："犯罪嫌疑人、被告人因经济困难或者其他原因没有委托辩护人的，本人及其近亲属可以向法律援助机构提出申请。对符合法律援助条件的，法律援助机构应当指派律师为其提供辩护。"由此申请式法律援助被正式确立，其在司法实践中是按照如下程序运行：

首先，由申请者填写"法律援助申请表"和"经济状况证明表"，并将其交予当地法律援助机构。如果申请人被羁押，可以通过对其进行讯问的侦查人员、检察人员提出申请，并由相应的公安、检察机关转交给法律援助机构。

其次，由法律援助机构对申请人资格进行审核。具体的审核标准是综合考虑被追诉人的贫困程度，其所面临的刑罚严重程度，以及自身的年龄或精神状态等因素。对于不符合法律援助条件的申请者，法律援助机构将向其出具"不予法律援助决定书"，申请者有权就此向该法律援助机构的主管司法行政机关申请重新审议。

再次，对于符合法律援助条件的申请者，法律援助机构将向其出具"准予法律援助决定书"。随后则会指派机构内部的法律援助律师为相关人员提供辩护，或者通知律师事务所，要求其挑选律师承担相应的法律援助任务。

最后，相关法律援助人员在接到指派后，持法律援助公函会见当事人。至此申请式法律援助即告完成，而法律辩护关系也正式开始。

3. 值班律师制度

（1）值班律师制度的运行模式

目前我国"值班律师"制度的运行模式是，由各地法律援助机构指派承担值班任务的律师到法庭、看守所等机关，为需要法律帮助的犯罪嫌疑人或被告人提供法律服务。例如杭州市制定了《杭州市刑事案件速裁程序试点工作律师值班制度》规定，根据文件要求，本市法律援助机构已在各区、县（市）人民法院、看守所设立法律援助工作站，并派驻法律援助值班律师。为使刑事案件速裁程序试点工作顺利开展并取得实效，确保适用刑事案件速裁程序的犯罪嫌疑人、被告人及时获得法律帮助，现制定派驻人民法院、看守所法律援助工作站律师值班制度。

值班律师在值班期间的主要任务，就是以问答的形式为出现在其值班场所的犯罪嫌疑人或被告人提供法律咨询，而除了法律咨询以外值班律师是否还应当提供其他形式的法律帮助，此一问题在制度建立之初各试点地区并没有形成统一的认识。[1]直到 2017 年 8 月"两高三部"联合印发了《关于开展法律援助值班律师工作的意见》，其中第 2 条规定，法律援助值班律师应当依法履行下列工作职责：（一）解答法律咨询；（二）引导和帮助犯罪嫌疑人、刑事被告人及其近亲属申请法律援助，转交申请材料；（三）在认罪认罚从宽制度改革试点中，为自愿认罪认罚的犯罪嫌疑人、刑事被告人提供法律咨询、程序选择、申请变更强制措施等法律帮助，对检察机关定罪量刑建议提出意见，犯罪嫌疑人签署认罪认罚具结书应当有值班律师在场；（四）对刑讯逼供、非法取证情形代理申诉、控告；（五）承办法律援助机构交办的其他任务。此外还明确规定值班律师不提供出庭辩护服务。可见值班律师不为犯罪嫌疑人或被告人提供完整的刑事辩护，因此其并不拥有辩护人的相关诉讼身份，仅是作为一名法律咨询员出现于各值班场所。

（2）值班律师的产生与经济补偿

关于各地值班律师的选任，一般都是由地方法律援助机构挑选经验丰富且工作能力强的执业律师，制定一个"法律援助值班律师人员名单"，每次值班任务会从这一份名单中选任相应律师。例如，厦门市法律援助中心经过认

---

[1]　参见陈瑞华："'认罪认罚从宽'改革的理论反思——基于刑事速裁程序运行经验的考察"，载《当代法学》2016 年第 4 期。

真遴选，成立了一支由48位执业律师组成的值班律师队伍，专门负责当地各看守所的值班任务。[1]再如，2015年3月，杭州市出台《杭州市刑事案件速裁程序试点工作律师值班制度》对值班律师的选任资格、值班时间、工作职责、提供法律帮助的程序等作了细化和规范。萧山区筹建了刑事速裁律师库，将22家律师事务所和108名律师纳入该律师库，充实律师资源，增强办案力量，加强对值班律师的培训。

律师值班并不是无偿的社会服务，各试点市县都会从地方财政中拨出专门的款项，用于值班律师的经济补偿。然而这补偿的数额却是非常有限，在厦门，该市法律援助中心给予值班律师每人每次50元的补贴，远低于2014年该市社会平均工资标准。[2]2015年12月，杭州市印发了《杭州市法律援助经费使用管理办法》，法律援助咨询补贴标准由原来的每人每天100元提高到每人每天260元。相比之下，杭州市对于值班律师的经济补贴更加慷慨，但是与当地私人律师的平均收费标准相比，这一补贴数额就显得过于微薄了。[3]

（3）值班律师制度的价值

可以说值班律师制度对于我国法律援助体系的完善，有着重要的价值：

第一，值班律师制度能够帮助犯罪嫌疑人和被告人在辩护律师缺位的情况下，更好地行使各项诉讼权利。正如前文所述，在刑事诉讼中能够获得律师的帮助，是被追诉人行使其他诉讼权利的基础。但是由于过于低下的刑事辩护率，使得绝大多数被追诉人不得不独自面对刑事诉讼。值班律师制度虽然不是直接为被追诉人提供辩护律师，但是从诉讼功能上讲它能够帮助犯罪嫌疑人和被告人更好地了解诉讼程序、行使诉讼权利。各值班律师被分配到法院、看守所等机关，能够在刑事程序的各个诉讼阶段为被追诉人提供法律咨询。在司法实践中，各试点地区所选任的值班律师普遍具有多年的执业经验，其诉讼能力不容置疑，在为犯罪嫌疑人或被告人提供案件咨询的同时，

---

〔1〕 参见甘权仕："法律援助律师值班制度调研报告——以厦门市法律援助中心为蓝本"，载《法律服务》2015年第11期。

〔2〕 参见甘权仕："法律援助律师值班制度调研报告——以厦门市法律援助中心为蓝本"，载《法律服务》2015年第11期。

〔3〕 参见董红民、麻伟静："构建法律援助值班律师制度实证探析"，载《法律服务》2016年第10期。

防止各诉讼专门机关滥用职权。另外除了派驻的值班律师，相关制度的改革还包括"电话法律咨询工作站"，任何人只要存在相关法律问题都可以通过拨打电话的方式进行咨询，如此便扩大了值班律师法律咨询的服务范围。"值班律师"制度的创建，使得被追诉人在没有辩护律师的情况下，也能在一定程度上获得专业法律人士的帮助，不至于以完全无知的状态参加到刑事诉讼中来。

第二，值班律师制度具有及时性的特点，能够无拖延地与被追诉人建立法律援助关系。在我国现有的法律援助体系下，援助律师的提供需要经过被追诉人申请、资格审查、律师选任和委派这样繁琐的步骤。因此很多情况下，整个法律援助的申请和批准程序会消耗大量的司法资源并且造成法律援助的延迟。值班律师制度则不同，其并不具有任何的申请和审批程序，任何出现于相应法院或看守所的被追诉人都会被直接提供律师咨询的机会，这就大大地节省了诉讼资源。特别是在"认罪认罚从宽"的制度改革中，其最主要的目标是节省诉讼资源，如果依照传统模式为其提供法律援助，相当一部分时间都会被用在援助律师的选任上，这与改革的初衷背道而驰。除此之外，随着时间的推移诉讼的相关证据会更加难以找寻，被追诉人对于案件的记忆也会愈发模糊。值班律师的及时出现，能够帮助被追诉人更加迅速有效地行使各项权利，防止因为法律援助的拖延而造成的不利后果。而且被追诉人陷入刑事诉讼越久其心理上会愈发不安，这种不安的心态很容易被侦查人员所利用，进而导致诱供和刑讯逼供等非法侦查行为的发生。值班律师的及时介入也可以在一定程度上解决这一问题，一来能够稳定被追诉人的心态，消除其在刑事诉讼中孤立无援的恐慌心理；二来能在第一时间提醒被追诉人其可能面临的各种侦查手段，令其早做预防。

第三，相比之下值班律师制度更加的高效，在同等条件下能够为更多的被追诉人提供法律帮助。首先，援助律师制度不存在复杂的申请、审批程序。每一名到案的被追诉人，都能够直接获得与值班律师进行法律咨询的机会，进而程序的运行就更加流畅，避免过多的诉讼资源被花费在没有诉讼价值的行政手续上。其次，不同于传统的法律援助模式，值班律师制度并不为各被追诉人提供完整的法律辩护，只是在各诉讼阶段提供相应的法律咨询。相比之下，完整的辩护代理往往牵扯律师更多的精力，从侦查程序到最终的判决生效，每一个诉讼阶段都需要律师的积极参与。在我国，承担法律援助任务的律师资源严重不足，这也成为限制刑事辩护率进一步提高的最主要原因之一。值班律师的出现则在很大程度上缓解了这一问题，每一个值班律师并不需要在个案中倾注太多的精力，相应的法律咨询服务多半也都是点到为止。如此一来，同一名值班律师能够为更多案件提供法律咨询服务，更多的被追诉人能够得到法律帮助。虽然在这种模式下个案的法律援助质量不能得到保障，但在现阶段诉讼资源有限的情况下很难兼顾法律援助的质量和数量，如何做到有的放矢才是明智之举。事实上"值班律师"制度和传统法律援助模式相辅相成，使得整个法律援助体系更加完善。对于案情重大复杂和被追诉人需要特殊保护的案件，法律援助的质量必须得到首要保证，而依据《刑事诉讼法》的规定，对于特殊种类的案件法律援助机构应当为被追诉人指定法律援助律师，[1]如此便保证了此类案件中的犯罪嫌疑人或被告人能够得到完整的法律辩护。而对于其他相对轻微的案件，"值班律师"制度可以为其提供法律咨询，虽然相应的法律帮助效果不如传统的法律援助模式，但是却能够节省资源为更多的被追诉人提供服务。如此，传统的法律援助制度和"值班律师"制度相互配合，在保证重点案件的辩护质量之同时，能够为更多的案件提供法律咨询。

第四，实现新一轮司法改革目标的关键。律师帮助权对于"审判中心主义"的实现和"认罪认罚从宽"制度的建立，都有着至关重要的价值。[2]然而由于人员和经费的缺乏，在我国现有的法律援助体系下，很难实现为所有认罪认罚的被追诉人提供法律援助，而这也必将阻碍相关制度发展。但是"值班律师"制度具有便捷、高效、节省诉讼资源的特点，在原有法律援助成本保持不变的前提下，派驻于法庭和看守所的值班律师，基本上能够为所有认罪、认罚的犯罪嫌疑人或被告人提供法律咨询，在形式上确保其认罪的明智性和自愿性。

（二）我国法律援助制度存在的问题

虽然2012年《刑事诉讼法》对于法律援助制度进行了大幅度的改革，而这也看出了立法者对于改变我国法律援助实施现状的决心。然而，纸面上的

---

〔1〕《刑事诉讼法》第34条和第267条。
〔2〕参见魏晓娜："结构视角下的认罪认罚从宽制度"，载《法学家》2019年第2期。

改革并不必然带来司法实践中改善。尽管在法律修改之后，全国范围内法律援助案件的承办数量有了明显的提高。[1]但是，我国法律援助制度的实施仍然存在着很多的问题。

1. 刑事辩护率并没有得到显著的提高

法律作为一门独立的学科有着独特的理论体系和知识背景，法律专业人士在法庭上游刃有余地发挥职业专长是以多年的法学教育和深厚的实践经验为基础的。刑事诉讼中的犯罪嫌疑人或被告人由于缺乏法律专业知识，以及通常被限制人身自由，很难独立有效地参与诉讼。因此律师帮助权的实现，对于被追诉人诉讼权利的保障，以及正当法律程序的维护都有着非凡的价值。

但是在我国司法实践中相关权利的行使现状却不容乐观。在 2012 年《刑事诉讼法》修改之前，我国刑事辩护率处在一个非常低的范围内，一般认为只有 25%～30%。[2]这其中包含着多方面的原因，比如，偏远地区律师资源的缺乏；律师辩护的重要价值没有得到社会的广泛认可等。但是，可以说这些并不是导致刑事辩护率过低的主要原因，事实上，经济因素的考量才是导致众多被追诉人放弃律师辩护的"罪魁祸首"。首先，被追诉人，特别是涉嫌暴力犯罪的犯罪嫌疑人或被告人，其经济条件普遍不够理想。因此也就很难有更多的财力去聘请职业律师。其次，律师是法律界的精英，一名合格的律师往往需要很多年的法学教育和实践磨砺，因此律师的委托费用也是相对高昂，而这也进一步阻碍了被追诉人对于律师的聘请。依照当下刑辩律师的收费标准来说，全程刑事辩护——从侦查程序开始到审判程序终结，其中所牵涉的辩护费用以及其他诉讼支出，大约相当于一名中产阶级半年的收入。[3]这对于很多被追诉人来说，是一笔非常大的开销，使其无力聘请辩护律师。

经济能力上的不足就成为影响律师辩护率提高的最主要原因之一，而解决这一问题最有效的措施是法律援助的提供。可以说，刑事辩护率一直不能得到有效提高，在很大程度上是因为法律援助制度难以发挥作用。1996 年《刑事诉讼法》对于法律援助制度的相关规定还是比较粗糙，无法为更多的被

〔1〕　参见顾永忠、杨剑炜："我国刑事法律援助的实施现状与对策建议——基于 2013 年《刑事诉讼法》实施以来的考察与思考"，载《法学杂志》2015 年第 4 期。

〔2〕　参见顾永忠：《刑事法律援助的中国实践与国际视野》，北京大学出版社 2013 年版，第 15 页。

〔3〕　参见刘方权："中国需要什么样的刑事法律援助制度"，载《福建师范大学学报》（哲学社会科学版）2014 年第 1 期。

追诉人提供法律辩护。为了改变这一状况，提高刑事辩护的比例，2012 年《刑事诉讼法》对于法律援助制度进行了完善。但是立法上的变革并不会必然导致司法现状的改观，事实上依据学者们的实证调研结果，我国的刑事辩护率并没有因为法律的修改而得到显著的提升。[1]全国刑事案件律师辩护率仍然不足 30%，有些省市甚至只有 12%。[2]事实证明，虽然我国法律援助制度在 2012 年《刑事诉讼法》修改的过程中得到了一定的完善，但是在司法实践中，仍然存在着很多问题。正是这些问题影响了其诉讼价值的发挥，阻碍了刑事辩护率的提高。

（1）法律援助的条件设置过于苛刻

首先，就法定法律援助来说，适用范围相对较窄，仅包括可能面临死刑、无期徒刑的被追诉人，盲、聋、哑人，尚未完全丧失辨认或者控制自己行为能力的精神病人，以及未成年人。事实上，涉及上述特定人群的案件仅占我国所有刑事案件的一小部分，对于其他被追诉人的援助申请，法律援助机构则享有完全的自由裁量权。不具有强制性的法律援助，很容易受到各方面因素的影响，例如援助律师的数量，政府财政状况等。这些貌似琐碎的情况，最终在很大程度上限制了法律援助范围的扩大。纵观世界，很多国家也都有类似法定法律援助的规定，然而其范围却是更加广泛。例如，美国最高法院对律师帮助权做出了解释，但凡被追诉人可能被判处有期徒刑以上刑罚，各地政府必须保证其律师辩护权的实现，否则就是违反《宪法第六修正案》，可能被撤销判决。[3]法国 1993 年通过的第 93-2 号法律对讯问制度作出了重大改革，规定除非当事人明确表示放弃律师辩护权，否则在律师到场之前，任何关于当事人的讯问、对质等诉讼行为都不得进行。这也就表明在讯问过程中，如果当事人没有聘请律师，那么有关机关必须为其指定，否则相关诉讼程序就不得继续进行。除此之外，意大利、韩国和日本等很多国家的相关法律也都规定了极其宽泛的法律援助范围，只要被追诉人不能聘请辩护律师，那么政府就有责任为其提供法律援助。[4]虽然在 2012 年，我国法定法律援助

〔1〕 参见左卫民："都会区刑事法律援助：关于试点的实证研究与改革建言"，载《法学评论》2014 年第 6 期。

〔2〕 参见熊秋红："刑事辩护的规范体系及其运行环境"，载《政法论坛》2012 年第 5 期。

〔3〕 See Scott v. Illinois, 440 U. S. 367（1979）.

〔4〕 参见陈永生："刑事法律援助的中国问题和域外经验"，载《比较法研究》2014 年第 1 期。

的适用范围得到了一定的扩大，但仍然不足以在更大的范围内保障律师辩护权的实现。

其次，就申请制法律援助来说，其中关于贫困的认定标准并不合理。依据我国《刑事诉讼法》的规定，犯罪嫌疑人、被告人因为经济困难而无力聘请律师的，可以申请法律援助。实践中，经济状况就成为法律援助资格审查的一项重要内容。但是学者的调研结果显示，各地普遍将贫困的标准设置过高，很多情况下即使被追诉人在经济上难以承担辩护费用，其法律援申请也不会得到批准。例如，根据东南某省法律援助条例的规定，经济困难的标准参照申请人所在地县级人民政府公布的城乡居民最低生活保障标准执行。其中某一地级城市，在2019年公布的城乡居民最低生活保障标准为每月685元。也就是说，如果法律援助申请人，每月收入超过685元，就会被排除到法律援助的适用范围之外。仅凭我们的生活常识来判断，这个标准是很难达到的。这一标准显然是非常不合理的，严重阻碍了大多数被追诉人获得法律援助的权利。在将来的改革过程中，对于贫困的认定标准需要进一步的合理化。

（2）律师资源分布不均匀

在司法实践中，职业律师是法律援助任务的直接承担者，并由，法律援助机构指派为贫困者提供法律辩护服务。可以说律师资源的丰富与否能够直接影响到法律援助范围的扩展。我国地缘辽阔，不同地区有着不同的社会风俗和经济条件，导致了各省市律师资源的分布不均。"例如北京、上海每10万人拥有律师109.5人/58.4人。北京、上海、广东、山东、江苏五省市律师数量的总和占了全国律师总数的41%。而贵州、青海、甘肃、江西、安徽等省每10万人拥有的律师不到10人，最少的西藏，仅有4.6人。最为严峻的现实是，还有200多个县没有一名律师。"〔1〕律师资源的缺乏，严重阻碍了相关地区法律援助事业的发展。在有限的律师资源下，法律援助机构很难再批准更多的法律援助申请。就算是符合法定法律援助情形的案件，在很多情况下也不得不延期审理，等待援助律师终结上一桩案件。因此可以说，律师资源的分布不均，是我国刑事辩护率一直不能得到有效提高的主要原因之一。

----

〔1〕　参见刘方权："中国需要什么样的刑事法律援助制度"，载《福建师范大学学报》（社会科学版）2014年第1期。

（3）关于法律援助事项的通知不能得到很好的落实

法律援助是诉讼领域的专有概念，而对于那些不具备法律专业知识，同时缺乏诉讼经验的被追诉人来说，其很难知晓自身有关法律援助的各项权利。如果连最基本的知悉权都不能得到保证，那就更不用说相关权利的具体行使了。因此，2012年《刑事诉讼法》以及相关的司法解释，规定了公安机关和检察机关，在保障被追诉人法律援助权利时的告知义务。但是在司法实践中，相关规定却不能落到实处，这也严重影响了被追诉人法律援助的申请以及后续程序的进行。究其原因则主要包括以下方面：

第一，关于通知义务的履行，法律以及相关司法解释没有明确具体的履行程序，导致了司法实践中各部门的相互推脱。随着司法系统建设的不断发展，我国公安、检察机关内部职能机构的划分也变得更加精细，业务部门数量在逐渐增加。如公安机关内部有刑侦部门、经侦部门、禁毒部门等，还有综合管理部门、法制部门。上述部门都负责办理刑事案件，对于法律援助业务也都有所涉及。同时，检察机关内部也是部门林立，有反贪部门、渎职侦查部门、侦查监督部门、公诉部门，还有案件管理部门等，而这些部门也都或多或少地涉及法律援助相关业务。[1] 对于林林总总的职能部门，到底由谁负责告知义务地履行，并没有明确的规定。造成了各部门之间的相互推脱，最终导致了无人告知的局面。

第二，法律援助的通知义务缺乏刚性的保障措施。法律和司法解释要求相应机关承担法律援助的通知义务，但对于不履行或者延迟履行通知义务的行为，却没有规定相应的责任后果。而这也就使得关于法律援助通知的规定缺乏强制执行力。对于公安和检察机关来说，追诉犯罪依然是其最主要的职责，而辩护律师的聘请或者指派，在保障了犯罪嫌疑人各项诉讼权利的同时，却在一定程度上阻碍了惩罚犯罪目标的实现。鉴于公安、检察机关有阻碍或者拖延律师辩护权实现的主观动机，那么关于法律援助通知义务的保障实施，法律和司法解释就必须配以强制性手段。因此在将来进一步完善相关制度的过程中，应当增加规定关于不通知或延迟通知的法律后果，以督促各专门机关积极履行职责。首先，增加对于相应机关的惩罚措施，如果公安、检察机

---

〔1〕 参见顾永忠、杨剑炜："我国刑事法律援助的实施现状与对策建议——基于2013年《刑事诉讼法》实施以来的考察与思考"，载《法学杂志》2015年第4期。

关怠于履行职责，应当给予相应部门或个人一定的处罚，督促其更好地履行职责。其次，体现在诉讼程序上的后果。法律援助如果不能有效实施，则直接损害了被追诉人的诉讼利益，这一损害将会最终体现在判决结果上。本应获得法律援助的犯罪嫌疑人，因为公安、检察机关的懈怠而丧失了应有的权利，同时，以此为基础进行的诉讼程序必然有违正当法律程序的诉讼理念。因此，各专门机关在法律援助事务上的失误，会直接导致被追诉人律师辩护权的丧失，而由此产生的判决结果也多少带有不正义的色彩。在未来的制度设计中，可以将公安、检察机关在法律援助通知方面的失误，认定为推翻一审有罪判决的依据，而这也在很多发达国家例如美国、英国等的法律中有所规定。[1]

（4）现有制度存在缺陷限制了法律援助范围的扩大

我国现有的以指派律师为主要模式的法律援助制度，在组织体系上存在着缺陷，这些缺陷在很大程度上限制了法律援助范围的扩大。依据美国的经验，公设辩护人制度之所以被广泛建立，就是因为"援助律师模式"无法应对激增的法律援助数量。当今我国现有法律援助制度同样存在组织结构松散，缺乏统一管理的问题，严重影响了法律援助的效率，最终阻碍了刑事辩护率的提升。

除此之外，法定法律援助范围过窄也严重阻碍了刑事辩护率的提高。依据我国《刑事诉讼法》的规定，法定辩护的范围仅限于几种特殊的情况：可能面临死刑、无期徒刑的被追诉人，盲、聋、哑人；尚未完全丧失辨认或者控制自己行为能力的精神病人，以及未成年人。可以说，涉及上述情形的案件，在司法实践中的比例微乎其微。而对于其他的援助申请，法律援助机构则享有绝对的自由裁量权。司法实践中为了减少案件量的压力，法律援助机构倾向于拒绝更多的援助申请，而这也就造成了刑事辩护率的降低。因此，为了有效地提高刑事辩护率，那么必须要扩大法定法律援助的范围，以强制性的手段向法律援助机构提出要求。就如同美国联邦最高法院关于吉迪恩案的判决一样，不管各州是否已经做好准备，都强制其为更多的被追诉人提供法律援助。

---

〔1〕　See Carrie Dvorak Brennan, "The Public Defender System: A Comparative Assessment", *Ind. Int'l & Comp. L. Rev*, 2015, p. 237.——笔者译。

当然制度的改革应当是循序渐进的，如果幅度过大则会造成相应的危机，就如同美国法律援助系统在吉迪恩案后就陷入了崩溃。关于我国法律援助范围的改革，立法者可以制定一个阶段性目标。例如，首先将法定法律援助的范围扩展到所有面临 10 年有期徒刑以上刑罚的犯罪嫌疑人或被告人；然后逐步将这一范围扩大到，所有面临 5 年有期徒刑以上刑罚的犯罪嫌疑人或被告人；最终将其适用于所有面临有期徒刑以上刑罚的被追诉人。如此强制性的规定，使得法律援助机构不得不为大多数被追诉人提供援助，而我国的刑事辩护率也会因此得到大幅度的提升。当然依据设想，在那个时候公设辩护人制度已经建立完成，而法定法律援助范围的扩大，则能够充分发挥其在辩护质量和案件量承载能力方面的优势。可以说法律援助范围的扩大与公设辩护人制度的建立，二者相辅相成共同帮助实现我国刑事辩护率的提升。

2. 法律援助质量得不到保障

法律援助范围的扩大，使得更多的被追诉人能够获得律师辩护，这涉及法律援助的广度问题。而法律援助质量的提高，使得个案中的法律辩护能够真正实现有效性，其所关涉的是法律援助的深度问题。在法律援助的实施和今后发展过程中，广度和深度应当被同时保证不能有所偏废。如今我国法律援助在实施范围方面还有一定的不足，需要在进一步的改革过程中予以完善。与此同时在质量方面，我国法律援助制度所面临的问题似乎更加严峻，法律援助质量不高的情况普遍存在。依据学者的实证调研结果，大多数律师对于法律援助事务存在着消极的应付态度，他们不会见、不阅卷、不调查，很少能在法庭上提出有利于被告人一方的证据，或者有实际价值的辩护意见。更甚者，有很多律师为了应付法律援助事务，都备有格式化的辩护意见，并在相同类型的案件中重复使用。如此的辩护方式下，援助律师甚至都不用去深入了解和研究案情，同时也根本无法在法庭上提出有价值的辩护意见。[1]法律援助制度的首要价值是维护诉讼平等，使贫困者也同样能够获得律师帮助。然而不尽人意的法律援助质量，使得这一目标难以真正实现。只有进一步提高辩护质量，法律援助制度的应有价值才能得以发挥，不仅是在形式上为被追诉人提供一名律师，而是在实质上能够保障其各项诉讼权利的有效行使。

---

[1] 参见黄东东："法律援助案件质量：问题、制约及其应对——以 C 市的调研为基础"，载《法商研究》2015 年第 4 期。

关于法律援助质量难以得到保障的问题，可以说由很多原因导致，只有查明真相才能够对症下药，实现提高辩护质量的改革目标。具体说来，导致法律援助质量偏低的原因包括以下几个：

（1）补偿标准过低援助律师缺乏动力

承担具体法律援助任务的主体是职业律师，而律师是自负盈亏的市场经济主体，依靠为他人提供法律服务赚取收益。有限的时间和精力，决定了其仅能为少数委托人提供服务，出价最高者必然能够获得更加优质的法律辩护。但是，就我国目前的司法实践来说，政府能够给予援助律师的经济补偿微乎其微。2013年全国范围内平均法律援助的办案补贴是479元/案。2019年3月，司法部、财政部联合印发《关于完善法律援助补贴标准的指导意见》的通知，规定了法律援助经济补偿的计算方法，补贴数额有了明显的提升。比如广东省湛江市，在2019年5月1日新的补贴办法出台后，刑事案件审判阶段案件从原来的每桩补贴700元提高到2000元。[1]但即使在补贴提高之后，相较于私人代理案件中每桩动辄几万甚至几十万的收费标准，仍然是微乎其微。承担了法律援助案件，也就意味着大量经济收入的流失。因此，在被动接受了法律援助的指派之后，很多律师所考虑的并不是如何能够出色地完成辩护任务，最大限度地保障被追诉人诉讼利益。其所关注的是如何能够以最少的精力投入，在最短的时间内处理掉案件，只有这样法律援助对其造成的经济损失才能被降到最小的范围之内。如此的辩护态度，最终导致了援助律师的消极辩护行为——不会见、不调查、不阅卷，仅有格式化的辩护意见陈述于法庭。

除了需要精力的投入以外，一桩案件的辩护准备也往往会产生一笔不菲的开销。案件信息的调查、证人的寻找与询问、专家辅助人的聘请等庭审准备活动，都会涉及相应的经济支出。在委托代理模式下，律师负责相关诉讼活动的实施，由此产生的费用则一般由委托人来承担。而在法律援助模式下，政府除了会一次性给予援助律师经济补偿之外，一般并不承担额外的诉讼开销。援助律师为了查明案情，为庭审作出更加充分的准备，就不得不自掏腰包完成相应的诉讼活动。很多情况下，一桩法律援助案件下来律师不但没有

---

〔1〕　http://news.gdzjdaily.com.cn/zjxw/content/2019-04/15/content_ 2375699.shtml，最后访问时间：2019年11月12日。

任何收益，反而要倒贴金钱完成相关辩护任务。律师是市场经济下自负盈亏的经济主体，让其放弃收益甚至倒贴金钱为被追诉人提供法律辩护确实很难让人接受。因此为了避免个人的经济损失，很多律师也就不得不对法律援助案件报以敷衍的态度，不调查、不会见，这也就避免了额外的经济开销。但是这却严重影响了法律援助的效果，使得被追诉人的律师帮助权很难真正得到保证。

归根到底，导致经济补偿标准过低的最主要原因，还在于政府拨款的不到位。在世界范围内，各国政府对于法律援助事业的财政投入，一般能够占到政府总财政收入的0.1%到1%之间。英国政府对于法律援助的投入有着最高的比例，其大约占整个中央财政收入的1%左右。在日本，虽然法律援助制度的建设起步较晚，但是发展到今天，政府的相关财政投入也达到了总收入的0.11%。反观我国，政府对于法律援助事业的财政投入却是少得可怜。据统计，2011年政府对于法律援助相关事项的投入，仅占全年中央财政总收入的0.0122%。[1]可以说这一比例非常之低，如此有限的财政投入，也在很大程度上限制了我国法律援助事业的发展。其中最直接的体现，即是法律援助补偿得不到位。在很多案件中由于政府的拒绝支付，援助律师承担起了相应案件的辩护开销。这违背了法律援助的政府责任属性，政府也似乎有转嫁责任的嫌疑。

（2）援助律师的诉讼能力不能得到保证。

越是稀缺的资源越是能够换得更高的对价。律师的诉讼能力可以说是由多年法学教育和丰富的实践经验堆积而来。作为商品出售的诉讼服务，也必然会随着律师诉讼能力的提高而价格飞涨。有着高超诉讼能力和丰富诉讼经验的律师，其收费标准往往是普通律师的数倍。因此，即使在将来的制度改革过程中，法律援助的经济补偿得到了显著提高，也无法吸引名牌律师的关注。事实上，在司法实践中最热衷于法律援助的律师有两类：一类是新进律师，其急于通过诉讼实践来提高个人的诉讼能力，但是囿于案源的有限只能通过接受法律援助指派来锻炼能力；另外一类是专门承接法律援助案件的律师，其通过承接大量的法律援助案件来获取收益。对于第一类律师，其在诉

---

〔1〕 参见陈永生："刑事法律援助的中国问题和域外经验"，载《比较法研究》2014年第1期。

讼能力和诉讼经验方面都有很大的不足，法律援助事务被当成其锻炼能力的手段。如果将法律援助案件委派于此种律师，相应的辩护质量很难得到保障。同样，对于第二类律师，其之所以选择通过承接法律援助案件来赚取收益，大多是因为个人诉讼能力的限制无法获得委托辩护业务。而微薄的经济补偿也决定了援助律师很难从法律援助案件中获得可观的收益，特别是如果以保证辩护质量为前提，那么多数律师都不得不倒贴金钱。然而这种情况，却没有阻碍职业法律援助律师对于承接更多案件的热情。因为其早就掌握了如何通过快速处理案件来获取更高收益的方式，净想着如何以最高的效率接受和完结更多的案件而在很大程度上忽略了辩护的质量。

如果法律援助事务被上述两类律师把持，那么则很难实现其对于社会、对于司法体系的应有价值。出现于法庭的援助律师除了帮助各专门机关应付《刑事诉讼法》对于律师辩护权的硬性要求之外，也就没有了其他实际作用。只有在律师能力和资质上严格把关，才能进一步保障法律援助的辩护质量，真正实现诉讼的平等和被追诉人权利的保障。

（3）各专门机关配合不到位

援助律师虽然是接受国家机关的委派，替政府履行法律援助职责。但是，仅就诉讼功能来说仍然发挥着与追诉机关相对立的作用，因此得不到各诉讼机关的配合也是意料之中。公安、检察机关倾向于延迟履行关于法律援助的告知义务，或者延迟转交被追诉人的法律援助申请，导致了在司法实践中，很多援助律师在审查起诉阶段的末期才接到法律援助机构的委派，甚至距离开庭也仅剩下两三天的时间。如此的拖延使得侦查和审查起诉阶段的法律援助早已无从实现，援助律师根本没有足够的时间为即将到来的法庭审判做充足的准备，法律援助的质量无法得到保障。除此之外，司法实践中辩护律师经常遇到的问题，法律援助律师也不能幸免。例如，在会见和查阅、复制案卷时所受到的妨碍等。这些障碍也在很大程度上影响了法律援助的质量，应当成为今后制度改革所关注的重点。

（4）法律援助质量评价机制缺失

随着司法制度改革的不断进行，我国法律援助制度也得到了极大的完善。其中最为突出的体现即是法律援助范围的扩大，越来越多的被追诉人能够获得政府指派的援助律师。但是令人欣喜的成果背后，却隐藏着极其严重的问题。就最近的制度改革来说，无论是法律援助范围的扩大，还是法律援助诉讼阶段的提前，都是在追求关于律师辩护权方面的形式平等——保证更多的人不会因为经济方面的原因，而丧失获得律师帮助的权利，其所关注的仅是在形式上有律师站在被追诉人身边，并不涉及实质上律师是否真正发挥了作用。虽然我们可以假定，律师是普遍勤勉且有着良好职业操守的。但是正如前文所述，多方面原因导致了法律援助的质量很难得到保证，无论从援助律师的主观方面，还是从相关制度的客观设计方面，都难以形成良好的促进效果。因此，法律援助的外部评价和惩罚机制就显得非常重要——如果援助律师没有尽职尽责，那么就能够从评价系统中得以体现，进而在惩罚机制中招致不利的后果。如此的机制能够督促援助律师积极履行职责，保障被追诉人真正实现，获得律师帮助的权利。[1]

在我国有关诉讼辩护的各项法律制度中，并不存在相应的评价机制。除非辩护律师无故缺席了审判，否则很难就相关辩护的质量进行有效的评价。缺乏评价机制，则无法认定诉讼辩护的无效性，对于辩护律师的肆意和妄为也就不能给予相应的惩罚。在委托辩护领域，各私人律师在经济利益的驱使下，通常会表现得更加勤勉，既是为了维护向其支付报酬的委托人利益，更为了博得业界的好名声，以吸引更多的潜在客户。然而，对于承担法律援助任务的律师，上述的经济动力却并不存在。尽心尽责地完成法律援助工作，非但不能为其带来更高的收入和声望，反而会牵扯更多的诉讼精力，造成经济收入方面的减损。除了职业伦理道德之外，再没有能调动援助律师主观能动性的因素了。而道德约束往往是苍白无力并且因人而异的，所以评价和惩罚制度的建立，才能鞭策律师尽心尽责地完成辩护任务，也是促进法律援助制度进一步发展的关键。关于具体的评价标准，可以从援助律师的客观辩护行为中进行判定，例如，会见、阅卷、调查等诉讼活动的进行情况，援助律师在法庭的具体表现，案件的诉讼结果等。只有实现了对于法律援助的质量评价，才能够进一步实施对于不称职律师的处罚，以有效地督促法律援助律师尽心完成辩护任务。

除了评价机制的缺失之外，关于无效辩护所导致的诉讼后果，相关的法

---

〔1〕 参见林劲松："对抗制国家的无效辩护制度"，载《环球法律评论》2006年第4期。

律规定也存在不足。第二审人民法院发现第一审人民法院，有剥夺或者限制当事人的法定诉讼权利的情形，并且可能影响公正审判的，应当裁定撤销原判，发回原审人民法院重新审判。在这里法律所主要制裁的是一审法院剥夺或者限制被追诉人相关诉讼权利的行为，而辩护质量是否达到标准并不能引发程序性的后果。"在司法实践中，即便律师与被告人的会见受到了阻挠，即便法院拒绝律师与被告人进行沟通和交流，即便检察机关拒绝将某一无罪证据出示给辩护律师，二审法院也都不会将这种行为认定为'违反法律程序，影响公正审判'的行为。"[1]与此同时，《刑事诉讼法》中关于引发程序性制裁的原因，并不包括律师无效辩护的情形。即使律师以完全不负责任的态度完成了辩护——不会见、不调查、不阅卷、在法庭上发表着完全不着边际的意见，甚至是一言不发，也不会产生任何的程序性后果。虽然依据我国《律师法》的规定，如果律师拒绝履行或者消极履行辩护职责，将受到司法行政机关相应的处罚，并承担赔偿被代理人损失的责任。但是辩护质量评价机制的缺失，使得相应的责任认定很难实现。《律师法》中规定的惩罚措施，根本无法触及问题的实质。无效辩护所造成的最直接危害后果，是被追诉人诉讼权利的减损，而这一危害具体表现在最终的判决结果之上。刑事辩护能够在很大程度上影响被追诉人各种诉讼权利的有效行使，进而左右判决结果。因此由于无效辩护而间接造成的冤、错案件可以说不在少数。在冤、错案件可能发生的情况下，仅仅是对律师进行职业处罚，恐怕很难弥补被追诉人的诉讼损失。因此为无效辩护设置程序性制裁，将辩护的质量规定为撤销一审判决，发回重审的考量因素，应当是相关制度今后改革的方向。

第二节　在我国建立公设辩护人制度的必要性和可行性

一、我国公设辩护人制度的缺失源于政府责任理念偏差

面对司法改革的重重压力，我国法律援助制度在近些年来亦是愈加完善。从法律援助机构的建立到值班律师制度的推广，再到《关于开展刑事案件律

---

〔1〕　参见陈瑞华："刑事诉讼中的有效辩护问题"，载《苏州大学学报》（哲学社会科学版）2014 年第 5 期。

师辩护全覆盖试点工作的办法》的出台，一步一步持续发展着。但是，所有这些进步仅涉及制度上的革新，在最本质的责任理念上并无发展：政府始终扮演着管理者的身份，以指定辩护或者安排值班的方式将法律援助案件交予律师，并辅以惩戒措施和象征性的经济补偿。法律援助的政府责任理念在我国并没有得到彻底的贯彻，政府始终是以管理者的身份，"颐指气使"地将法律援助摊派给律师行业。

公设辩护人模式具有完全的政府责任属性，从人员招聘到机构运行一切的开销均由政府承担。而在合同律师模式下，政府需以平等的身份以及合理的市场价格吸引律所的承揽。因此，公设辩护人制度的建立意味着更直接的政府责任以及广泛的政府投入。实践以理念为指导，而理念的滞后则必然导致实践中的偏差：公设辩护人制度迟迟无法建立。这也是为什么虽然曾有众多学者提出过在我国建立公设辩护人制度，[1]但至今仍然难以实现，皆源于政府不愿承担起更多的法律援助职责。法律援助的政府责任理念在世界范围内早已被广泛认可，而且我国当下正处于多重司法改革并行的关键时期，律师辩护权的保障是决定改革成功与否的关键。因此，政府应切实承担责任完善法律援助制度保障辩护权，而不仅是作为管理者将责任推给律师行业。

二、建立公设辩护人制度的必要性

（一）公设辩护人制度是提高刑事辩护率的有效手段

1. 解决我国律师资源分布不均的问题

在我国，律师资源分布不均的问题十分严重，一些经济相对落后的地区甚至都没有职业律师，这种情况严重地限制了我国法律援助制度的发展和刑事辩护率的提高。

律师为被追诉人提供法律服务并从中赚取收益，辩护业务也逐渐成为经济市场的一部分。因此地区间律师资源分布的不平衡，完全是市场经济作用

---

〔1〕参见左卫民："都会区刑事法律援助：关于试点的实证研究与改革建言"，载《法学评论》2014 年第 6 期；汪海燕："贫穷者如何获得正义——论我国公设辩护人制度的构建"，载《中国刑事法杂志》2008 年第 5 期；刘方权："中国需要什么样的刑事法律援助制度"，载《福建师范大学学报》（哲学社会科学版）2014 年第 1 期；杨宇冠、陈子楠："完善我国法律援助制度若干制度研究"，载《理论学刊》2015 年第 1 期；苏镜祥："审前阶段刑事法律援助实证分析——以新《刑事诉讼法》实施为背景"，载《法学论坛》2013 年第 4 期。

下的产物。在经济相对落后的地区由于从业环境不够理想经济收益较低，因此很难吸引更多的执业律师投身其中。除此之外，市场调控的结果表明在这些地区相对不足的案源，导致了从业律师数量的减少。但是，案源的匮乏并不是因为低发的犯罪率，而是由于涉嫌犯罪者经济能力的欠缺，限制了其对于辩护律师的聘用。可以说，越是在经济水平偏低的地方，对于法律援助制度的需求就越是迫切。但是律师资源的不足，限制了以指派援助律师为主要模式的法律援助制度的实施。如此便形成了恶性循环，而仅凭市场的自身调节恐怕很难有效地解决问题。在市场经济失灵的情况下，政府就必须给予宏观调控，否则法律援助事业在这些地区就很难有效地开展。公设辩护人制度的建立可以成为政府调控的有效手段。

首先，公设辩护人作为国家公务人员，领受相对固定的工资为贫困者提供辩护服务。其并不在市场经济的调节范围之内，能否获得更多的案源也不会对收入产生过多的影响。因此无论一个地区的经济情况如何，并不会影响公设辩护人的数量，只要政府根据该地区的犯罪率情况给予相适应的编制即可。其次，在我国，政府公务员可以说是一份相对体面的工作。2020 年国家公务员考试报名人数达 139.58 万。[1]可见公务员岗位对于这个社会有着很强的吸引力。因此如果公设辩护人制度得以建立，那么其政府公务员的身份必定能够吸引相当数量的法律从业者。在偏远地区也不会出现法律援助人员缺失的情况，进而从最根本上保障了法律援助制度的有效运行。

2. 公设辩护人制度更有效率，能够节约诉讼资源服务于更多案件

在我国传统法律援助模式之下，援助律师各自为政，缺乏统一的管理。这种松散的管理和运行模式使得法律援助效率很难得到保证。大量的法律援助资源被无序的制度所浪费，并且在一定程度上造成了法律援助范围的减小。然而公设辩护人制度的建立则能够完全避免这些问题。公设辩护人系统作为国家政府部门，有着行政化的管理模式和严格的工作秩序。系统内各个部门，部门内所有人员都有着明确的分工，各司其职地完成相应的任务。如此的管理和工作秩序，使得公设辩护人能够更加高效地完成法律援助任务。美国绝大多数地区的公设辩护人办公室都制定有详细的内部规则——关于案件的分

---

〔1〕　http://baijiahao.baidu.com/s? id = 1648279074189998336&wfr = spider&for = pc ，最后访问日期：2019 年 11 月 12 日。

配、任务的履行以及监督和惩罚。明确的规则帮助公设辩护人，更加有序地履行法律援助职责。秩序能够带来效率，防止混乱的工作造成诉讼资源不必要的浪费。

3. 解决法律援助通知不畅的问题

司法实践中，无论是公安还是检察机关都不希望律师过早地介入刑事诉讼，因为一旦犯罪嫌疑人获得了律师的帮助，那么有罪证据就更加难以获得，进而影响侦查效果。因此，侦查、检察机关会尽可能地拖延法律援助有关事项的通知，或者干脆不通知，这也严重影响了被追诉人律师帮助权的实现。

公设辩护人制度的建立则能够有效地解决这一问题。在传统法律援助模式下，指定式法律援助的发生具有一定的被动性，需要以各诉讼专门机关通知法律援助机构为前提。而承担法律援助责任的律师，由于缺乏经济利益的刺激通常也并不会主动寻求法律援助案件。公设辩护人系统作为专职的法律援助机构，在职能履行方面具有一定的主动性。首先，在纵向公设辩护人模式下，各辩护人直接被派驻到各法院、看守所，为相关涉案人员提供法律援助。如此也就免去了法律援助的通知环节，使得被追诉人能够直接得到法律帮助。其次，在横向公设辩护人模式下，系统内部普遍都建有专门的案件受理部门。该部门会定期到各诉讼专门机关主动接收援助申请。[1]这种主动模式使得法律援助的提供不再依赖于诉讼专门机关的通知，被追诉人的律师辩护权能够得到更好的保障。除此之外，公设辩护人系统与警察、检察机关同样代表国家履行职责，相互之间有着平等的政治地位。法律援助通知的不履行或者延迟履行，会严重影响公设辩护人系统的正常工作，因此公设辩护人系统的建立，能够对警察、检察机关起到一定的监督和督促作用，要求其依照法律履行法律援助的通知义务。

(二) 公设辩护人制度是提高法律援助质量的有效方法

1. 不存在经济上的压力

援助律师由于是兼职承担法律援助责任，其必定将有限的精力更多地投入到能够为其赚取收益的私人代理案件中去，而这也在很大程度上影响了法律援助的质量。公设辩护人则不存在这种情况，因为其以国家公务人员的身

---

〔1〕 Paul B. Wice, *Public Defenders and the American Justice System*, Westport, Connecticut London, 2005, pp. 69～74. ——笔者译.

份全职履行法律援助职责，那么所有的案件也就没有了公和私的区别。对于公设辩护人来说，其所要做的就是完成所有的法律援助案件，也就不会为了获取更多的收益，而将更多的精力投入到私人代理案件之中，致使法律援助的质量受到减损。

2. 公设辩护人的诉讼能力更有保障

公设辩护人是专职的法律援助提供者，经过长年累月的实践累积其诉讼能力自然毋庸置疑。并且法律援助辩护与委托代理辩护，在产生程序和具体辩护技巧方面有着些许不同，例如，在如何与被援助者建立信任关系方面，二者就有明显的差异。一方是主动的选择，另一方面是被动的委派，其中关于信任的建立自然难易不同。但是，如何能够将生硬的委派关系，发展为相互信任的辩护关系，从根本上决定了法律援助的质量。而公设辩护人的专职性，决定了其对于法律援助的专有程序以及特殊的辩护技巧会更加熟悉，因此相关的法律援助质量也更能够得到保障。

此外，有着完善管理体系的公设辩护人系统，其内部普遍设有新人培训机构。这可以在很大程度上保障公设辩护人的职业素质，防止能力不足的新进职员损害被援助者的诉讼利益。

3. 政府公务员属性拉近了公设辩护人与公安、检察官的距离

在传统的法律援助模式下，公安、检察机关通常会将援助律师作为诉讼对手。因此司法实践中下列情况时常发生：法律援助的延迟通知、法律援助申请的延迟转交，以及在会见、阅卷过程中的有意阻挠。可以说各专门机关的有意阻碍，也对法律援助的质量造成了严重影响。但是，公设辩护人系统作为国家机关，其与公安、检察机关有着天然的联系。同样是为政府效力，那么彼此之间的关系则会相对融洽，能在一定程度上保障相关信息交流的及时性，以及相关业务办理的协助性，最终提高法律援助的质量。

4. 有效的监督管理机制

在我国传统的法律援助模式下，很难对各援助律师进行有效的监督和管理，这在很大程度上造成了援助质量的下滑。公设辩护人系统具备统一、有序的管理模式，并且设有强力的管理机构，能够对相关业务的履行进行有效的监督和管理。在美国各地区的公设辩护人系统内部，都普遍规定有详细的奖惩机制。这对于公设辩护人法律援助业务的履行，能够起到很好督促和激

励作用，实现法律援助的质量保障。

目前在我国并没有建立专门的法律援助监督制度。对于无效的援助辩护，只能靠司法行政机关和律师协会，依据《律师法》给予相关律师以职业惩戒。但是，面对庞大的律师群体，无论是司法行政机关还是律师协会，都没有足够的精力去调查，去核实每桩案件的辩护质量。因此，法律中关于惩戒律师的规定，在司法实践中却很难落到实处。公设辩护人制度的建立能够很好地解决这一问题，在各地广泛建立的公设辩护人办公室就是一个完整的行政机构。对于内部人员的监督和管理必然是更加有效，而这能够在很大程度上提高法律援助的质量。

（三）公设辩护人制度是当下司法改革目标得以实现的前提

党的十八届四中全会通过的《中共中央关于全面推进依法治国若干重大问题的决定》（以下简称"十八届四中全会决定"）提出了"推进以审判为中心的诉讼制度改革"的目标。"审判中心主义"已经成为我国现阶段，最热门的司法改革内容之一。"以审判为中心"要求庭审成为发现案件事实的唯一场所，法官应从控辩双方在法庭上的激烈交锋中发现案件事实的真谛，避免审前侦查材料成为判决的依据。在法庭审判过程中，诉讼一方是代表国家的公诉人，其背后有国家财力物力的支持，另一方则是通常情况下没有法律知识的被告人。如此悬殊的诉讼能力很难形成平等的对抗，面对滔滔不绝的公诉方和缄默不语的被告人，对于法官来说这与阅读案卷并无区别，法官也就不可能在法庭上通过控辩双方的激烈交锋而明晰案件的事实。辩护律师是提高辩方整体诉讼能力，进而实现平等对抗的关键。因此保障被告人的律师辩护权是庭审实质化得以实现的前提，也是我国"审判中心主义"改革目标能否达成的关键。

除此之外，"认罪认罚从宽"制度也是当下最为热门的司法改革内容之一，并于2018年被写入《刑事诉讼法》。认罪认罚从宽的本质即是被追诉人放弃了《刑事诉讼法》赋予其的程序性保障权利，使得诉讼程序极大简化诉讼效率明显提升，而各追诉机关都节省了诉讼资源，作为回报国家给予被追诉人以从宽的刑事处罚。[1]比如对于适用速裁程序的案件，法庭审判基本不

---

[1] 参见魏晓娜："完善认罪认罚从宽制度：中国语境下的关键词展开"，载《法学研究》2016年第4期。

进行法庭调查和法庭辩论，被追诉人也就无从行使相应的质证权。甚至只要是被追诉人对于起诉书中的犯罪事实，及其相关的量刑建议没有异议，那么整个法庭审判程序都可以被省略。[1]此种诉讼制度确实有利于诉讼资源的节约，但是同时也存在被滥用的危险：一旦被追人选择认罪就相当于放弃了辩护权和法律赋予的大部分程序性保护，这对于被追诉人来说是非常危险的。如何保证认罪的自愿性，就成为相关制度能够真正有效运行的关键。为了避免不正当手段的使用防止冤假错案的发生，有必要建立一种保障被告人认罪认罚自愿性的制度机制，而为被追诉人提供律师帮助，则是实现这一目标的最有效手段之一。[2]首先，律师的存在能够有效地防止诱骗和刑讯等不正当手段。其次，律师凭借其专业的法律知识和丰富的诉讼经验，能够为被追诉人做出正确的指引，保证其认罪的明智性。可以说只有实现了律师辩护权，关于"认罪认罚从宽"的司法改革目标才能够真正地实现。现行《刑事诉讼法》第173条第2款规定，犯罪嫌疑人认罪认罚的，人民检察院应当告知其享有的诉讼权利和认罪认罚的法律规定，听取犯罪嫌疑人、辩护人或者值班律师、被害人及其诉讼代理人对下列事项的意见。可见在认罪认罚案件中，律师辩护或帮助是必需的。

目前我国正处在新一轮司法改革的浪潮之中，实现刑事辩护率的提高成为决定多项司法改革成功与否的关键。公设辩护人制度的建立又是提高刑事辩护率的最有效手段之一。因此为了司法改革目标的实现，在我国建立公设辩护人制度就显得非常必要而且迫切。

（四）实现我国法律援助体系的多元化发展

正如前文所述，美国多元化的法律援助体系帮助各州实现了援助资源的有效配置。例如在人口众多、案件频发的郡县，公设辩护人制度就成了其在法律援助方面的首选。因为相比较而言，在案件数量激增的情况下，公设辩护人制度的运行成本最为低廉，能够在很大程度上保证法律援助的质量。然而在人口稀少、犯罪率相对较低的地区，援助律师模式则更为普遍。因为公设辩护人制度的运行，需要建立一套完整规模的政府机构，在援助业务之外

---

〔1〕　参见汪建成："以效率为价值导向的刑事速裁程序论纲"，载《政法论坛》2016年第1期。

〔2〕　参见陈瑞华：" '认罪认罚从宽'改革的理论反思——基于刑事速裁程序运行经验的考察"，载《当代法学》2016年第4期。

也必然会形成其他的运行成本，例如办公场所的租赁、行政人员的聘请等。而面对较低的案件数量，各地区完全没有必要承担这一笔开销，其仅以援助律师模式就能够完成所有的援助业务。多元化的法律援助体系使得美国各地区，能够依据各自不同的社会需求，而采用不同的法律援助模式，在保证辩护质量的同时，实现资源的优化配置。

我国幅员辽阔人口众多，同时有着比较复杂的国情。依据第六次全国人口普查的结果，我国人口最多的省份——广东省有着 10 644 万人口，而人口最少的西藏自治区只有 300 万人，[1]二者相差了 30 倍之多。与此同时，依据国家统计局的统计数据在 2018 年，全国 GDP 产值最高的广东省达到了 97 277.77 亿元，而最低的西藏自治区只有 1477.63 亿元，二者之间也相差了 70 倍。除此之外，我国各省各地区之间的社会民情、地理环境以及宗教信仰也都有极大的差异。这些差异最终导致了各地在犯罪率以及犯罪种类方面的不同。因此，根据各地区不同的经济和社会情况，应当有针对性地采用不同的法律援助模式，只有这样才能更好地发挥效果。我国原有的单一制法律援助体系，严重限制了相关制度的价值发挥。不论各地的经济状况与犯罪频率，仅以援助律师的模式向贫困者指派律师，很难因地制宜地完成法律援助任务。如同美国的经验，在联邦最高法院就吉迪恩案作出判决之后更多的案件需要法律援助的提供，进而造成了多数地区法律援助系统的崩溃。其中最主要的原因即是援助律师模式难以承担大量的援助任务，而建立公设辩护人制度则成为各地应对危机的手段。从美国的经验我们可以反推出，限制我国刑事辩护率一直不能得到有效提高的障碍，也许就是单一的法律援助体系。

因此借鉴美国经验，建立公设辩护人制度构建多元化的法律援助体系，应当成为我国进一步的改革方向。如此，各地区才能够依据不同的社会情况，有选择性地采取不同的法律援助模式。另外，我国经济高速发展社会变革不断发生，也只有多元化的法律援助体系，才能够应对复杂且变化频繁的社会情况，避免美国曾经出现的法律援助"灾难"。也只有改变原有的单一制模式，我国的刑事辩护率才能够借助高效的法律援助体系得以提升。

---

[1] http://www.stats.gov.cn/ztjc/zdtjgz/zgrkpc/dlcrkpc/dlcrkpczl/，最后访问时间：2019 年 11 月 12 日。

三、建立公设辩护人制度的可行性

（一）律师的公职身份在我国由来已久

"新中国成立以后，由于长期以来受到'左'思潮的影响，律师既无政治地位也无社会地位。"〔1〕在当时的社会气氛中，律师制度很难得到发展，人们普遍将律师看成是替坏人说话的工具，律师执业也备受贬低和嘲讽。20世纪70、80年代，在拨乱反正之后，整个法律体制可以说是百废待兴。律师制度作为现代法律体系中不可或缺的一环，也急需改革和发展。为了提升律师的社会地位，改变民众对于律师行业偏见。1982年颁布实施的《律师暂行条例》，"将律师定位为'国家法律工作者'，将律师的'任务'确定为对国家机关、企事业单位、社会团体以及公民提供法律帮助，'以维护法律的正确实施''维护国家、集体的利益和公民的合法权益'。作为国家法律工作者，律师首先是国家司法行政机关的在编事业人员，其工作单位是司法行政机关直接领导的法律顾问处。"〔2〕可以说，在当时赋予律师以国家法律工作者的地位是非常必要的：能够提高律师的社会地位，进而吸引更多的法律人才加入到律师的行业；扭转社会对于律师行业的偏见，也使得社会民众不再羞于寻求律师的帮助，实现行业的蓬勃发展；为律师提供更高的平台，能够在当时的社会环境下与公、检、法机关进行平等的对话，更好地完成诉讼任务。

可以说，律师的国家公职人员身份在我国由来已久，并且在当时的社会情况下发挥着巨大的作用。因此，在现阶段同样是因为特定的社会情况，以及司法改革的迫切需要，那么公设辩护人制度的建立同样不会存在社会接受程度的问题，而赋予公设辩护人以政府公务人员的身份，也并不是史无前例的激进改革。虽然后来因为辩护效果，以及律师的忠诚义务等问题，律师的政府公职人员的身份遭到废除——1996年《律师法》将律师的身份修改为"为社会提供法律服务的执业人员"，2008年《律师法》进一步将其改为"为当事人提供法律服务的执业人员"。但是在公设辩护人制度的建设条件相对成熟的今天，如果能够借鉴美国的成功经验，那么在30年前我国律师制度所遇

---

〔1〕　参见谢佑平、吴羽："刑事法律援助与公设辩护人制度的构建"，载《清华法学》2012年第3期。

〔2〕　参见陈瑞华："论辩护律师的忠诚义务"，载《吉林大学社会科学学报》2016年第3期。

到的问题是完全可以避免的。与此同时，公设辩护人制度的建立能够完善我国法律援助体系，更好的保障被追诉人的诉讼权利。

（二）在民国时期公设辩护人制度即已存在

最早在民国时期，公设辩护人制度就存在于当时的法律体制内。目前我国台湾地区仍然沿袭着这一制度，其作为法律援助体系中的一种模式，发挥了巨大的社会和法律价值。"从立法沿革上看，我国台湾地区的公设辩护人制度传承于 1928 年《中华民国刑事诉讼法》，其中第 170 条和 171 条规定了，法官在特殊情况下，可以为被告人指定公设辩护人进行法律辩护。此后，《公设辩护人条例》和《公设辩护人服务规则》相继出台，为相关制度的有效实施，提供了详细的依据。"[1]事实上，公设辩护人制度在我国台湾的运行也并非一帆风顺。在 20 世纪 90 年代，由于制度的改革没能跟上社会发展的节奏，因此落后的公设辩护人模式很难再发挥其应有的价值。形同鸡肋的相关制度，在我国台湾学界的批判声中又维持了多年。最终在 1999 年我国台湾地区司法改革会议上，公设辩护人制度遭到废除。但是公设辩护人模式一经废除，原本被改革者寄予厚望的替代性法律援助制度，并没能有效地发挥作用，而在那一段时期台湾地区的法律援助系统几乎陷入了停滞。面对眼前的危机，改革者不得不重新反思之前过于激进的改革手段，而最终的结果是公设辩护人制度，在经过多方面的改良之后被恢复适用。并且改良后的公设辩护人制度，很好地完成了其在法律援助方面的任务，使得当时我国台湾地区的刑事辩护率有了显著的提高。[2]

我国台湾地区与祖国大陆有着相同的文化传承，而其关于公设辩护人制度的经验和教训对于大陆也有着极大的借鉴意义。公设辩护人制度在我国台湾地区能够得到良好的运行，并且发挥了巨大的价值。而其经验和教训对于大陆也同样有着借鉴的价值。

（三）类似公设辩护人的法律职业在我国已存在多年

在 1996 年《刑事诉讼法》中，法院指派是当时法律援助发生的唯一方式，而法律援助机构在当时也并不存在。直到 2003 年《法律援助条例》出台以后，相应的法律援助提供模式才得以改变，其中第 4 条规定，县级以上地

---

〔1〕 参见吴羽："台湾地区公设辩护人制度述评"，载《河北法学》2013 年第 5 期。

〔2〕 参见吴羽："台湾地区公设辩护人制度述评"，载《河北法学》2013 年第 5 期。

方各级人民政府司法行政部门监督管理本行政区域的法律援助工作。

事实上法律援助机构，在结构设置以及诉讼职能上都非常类似于美国的公设辩护人办公室，二者都有着系统性的管理模式以及政府行政机构的属性。并且随着法律援助制度的发展，很多地区的法律援助机构都开始聘请专职的法律援助律师，全职为贫困者提供法律援助。可以说，法律援助机构下的全职律师，在身份和诉讼职能上与公设辩护人并无二致。因此，公设辩护人制度在我国并非没有基础，未来在相关制度的基础上稍加改革，我国的公设辩护人制度即可以顺利建立。

（四）美国的成功经验能发挥一定的借鉴功能

公设辩护人系统在美国已经有了百余年的运行历史，虽然期间出现过多次制度危机，但各地立法机关总是能够通过恰当的改革手段"化险为夷"。当下，公设辩护人制度在美国司法体系中发挥了不可或缺的作用。在那些人口稠密的州，例如加利福尼亚州，公设辩护人系统承担了近80%的法律援助任务。可以说如果不是公设辩护人制度，那么美国整个司法体系就会在吉迪恩案面前陷入崩溃。[1]公设辩护人制度能够在美国运行多年，并且发挥着不可替代的作用，这也在某种程度上预示着在我国建立公设辩护人制度的可行性：

首先，中美两国在国土面积上相差不多，并且领土内各地区在经济、文化、宗教以及社会习惯方面都有着较大的差异。如此的差异注定会影响各地区司法制度的构建，而这也促进了美国法律援助体系的多元化发展。事实证明，美国各州依据各自的社会情况，都会有所侧重的采用不同的法律援助模式。例如，在人口众多的地区，公设辩护人系统会承担大多数法律援助任务；而在人口较少的地区，援助律师则发挥更大的作用。可以说，公设辩护人制度在多元化的美国社会中运行良好，并且发挥了不可替代的价值。基于在这一方面相似的国情，我国的法律援助体系也应当借鉴美国的经验朝着多元化的模式发展，而建立公设辩护人制度将是其多元化发展的第一步。

其次，20世纪60年代，随着美国联邦最高法院就吉迪恩案作出判决，法律援助数量在美国各州达到了前所未有的高度。为了应对激增的案件量公设辩护人制度被广泛建立，并且发挥了极大的价值。如今在我国，刑事辩护率

---

〔1〕　Anatole France, "Representation of Indigents in California—A Field Study of the Public Defender and Assigned Counsel System", *13 Stan. L. Rev*, 1960~1961, p. 522.　——笔者译。

过低一直是难以解决的司法顽疾。为提高刑事辩护率最高人民法院、司法部联合出台了《关于开展刑事案件律师辩护全覆盖试点工作的办法》。虽暌隔万里，当下我国正处于与 20 世纪 60 年代的美国相同的处境——律师辩护全覆盖的改革与案件承载能力不足的法律援助体系。依据美国经验，建立公设辩护人制度就是为了提高我国法律援助体系的案件承载能力，为法律援助范围的扩大做好准备。从这一方面分析，美国的成功经验可以被作为我国进一步改革的指导。

最后，公设辩护人制度在美国运行多年，期间积累了大量的经验和教训。如今其中的各项制度设计也都趋于完善，并且发挥着重要的价值。美国公设辩护人系统的运行经验、教训，以及具体的制度设计都是极具价值的素材。前车之辙后车之鉴，如果能够以美国公设辩护人制度为参考，那么相关制度在我国的建立必定能够事半功倍。

第三节　我国公设辩护人制度的设计构想

多元化法律援助体系的建构，对于完善我国法律援助制度，提高刑事辩护率都有着非凡的价值。下一步的改革方向应当是建立不同种类的法律援助模式，实现多元化发展。公设辩护人制度有其独特价值，而这些价值也完全适合我国人口众多、文化多元以及社会变革频发的基本国情。因此建立公设辩护人制度是完善我国法律援助体系，实现律师辩护全覆盖的第一步。

一、关于公设辩护人系统的政治属性问题

政治属性是根本问题，在制度建立之初即应首先予以明确，此决定了公设辩护人制度的整体框架设计以及具体运转模式。政治属性不清将导致整个制度的脱轨。

美国政治体制实行的是三权分立，其中的司法权由法院独立行使。因此在美国，无论是检察院还是警察局抑或是公设辩护人系统，虽然都履行着法律相关的职责，但是却都属于行政机关序列。但是我国的政治体制是人民代表大会下的一府两院，行使公诉权的检察院也同样被认为具有司法的属性。进而诉讼三方主体中，有两方都在行使着司法权，拥有司法的政治属性。如

果将来的改革方向是在全国范围内建立公设辩护人系统，那么应当将其列入行政机关还是司法机关序列，这是需要首先明确的问题。

从公设辩护人的职业属性来说，其所从事的业务主要是为被追诉人提供法律辩护，与审判权和起诉权之间有着共同的司法属性。可以说检察院、公设辩护人系统和法院，三者分别代表了诉讼中的控、辩、审三方，共同保障诉讼程序的有效运行。仅就业务职能来看，可以将公设辩护人系统归为司法系统之内。但是依照现代的诉讼理念，控、辩、审三方应当保持相互独立，如此才能够真正实现控辩双方的平等对抗和法官的居中裁判。那么在制度的具体设计中，不能将公设辩护人系统设置于检察或法院系统之内。只有这样才能够保障各辩护人独立行使职权不受过多干扰。具体说来，公诉人与公设辩护人有着相互对立的诉讼职能，如果将公设辩护人系统设于检察院之下，那么在其履职过程中不免会受到不当的影响，很难全心全意地为被追诉人提供辩护。将公设辩护人系统设于法院系统之内则更是不妥，因为法院在诉讼程序中应当保持绝对的中立。如果公设辩护人与法官有了内部的从属关系，必然会影响法官的中立性，造成控辩失衡的外观表象。那么如若希望继续贯彻公设辩护人系统的司法机关属性，就只剩下一种方法——将其设置为独立的司法机关，与政府、法院以及检察院并列。先不讨论其是否具有理论上的可行性，单从立法成本上分析，其中必然涉及宪法的修改，并且一整套独立政府机关的设置也必然会消耗大量的人力、财力。如此幅度的改革，基本也是不可能实现和完成的。因此，在现阶段将公设辩护人系统设置为司法机关或部门并不具有可行性。

在我国，法律援助相关事务一直是由司法行政机关负责管理。各地司法厅、局对于具体法律援助业务的办理也有着多年的实践经验。因此将公设辩护人系统建立于司法行政机关之下，在各地司法厅局内部设置公设辩护人办公室，将是非常可行的制度设计办法。特别是在很多地区，相应法律援助机构内部都聘有专职援助律师，全职负责相关法律援助业务，这种形式已经具备了公设辩护人制度的雏形。将公设辩护人系统设立于国家行政序列之内，在各地司法厅、局之下设立公设辩护人办公室，将是目前最为可行也是最为高效的制度设计办法。

二、关于公设辩护人系统的具体构建

（一）公设辩护人系统的人员招募

在制度的初创阶段，应当尽量避免改革的幅度过大，因为如果超出社会的适应范围便会招致来自各方的阻力。关于我国公设辩护人系统的建立，也同样应当遵守上述规律。系统初创阶段，可以在现有制度的基础上进一步发展和改革，既能够节省资源也可以提高社会的接受程度。具体来说，在国家司法部以及地方司法厅、局设立公设辩护人办公室。之前由各地法律援助机构聘请的专职援助律师，可以直接划归到各公设辩护人办公室，履行相应的法律援助职责。只是现有的法律援助人员，在数量上无法胜任繁重的法律援助任务，因此系统内部也必然需要招收更多的人员。具体的招收途径则可以通过国家和地方公务员考试的形式，当然具有相应的法学学习背景，以及通过国家法律职业资格考试是每个应聘者所需要具备的条件。另外，公设辩护人系统的有效运行，除了依靠从事相关法律工作的辩护人之外，其他辅助人员也是必不可少的。例如，专门负责案件分配的人员、负责证据调查的人员，以及财务管理人员等。因此，公设辩护人系统的建立不仅要有法律专业人士聘请，更需要其他相关辅助人员的加入。

（二）公设辩护人系统的机构设置

美国公设辩护人系统之所以在案件量承载能力上比其他法律援助模式更具优势，是因为其内部有着详细的运行规则和管理办法。系统内所有人员各司其职，相互配合、相互协作，进而在很大程度上提高了效率，避免了诉讼资源的浪费。依据美国相关制度的成功经验，在我国公设辩护人系统内部应当建立高效的管理模式以及明确的管理规则，如此才能最大限度地发挥公设辩护人制度的价值。

1. 在各地公设辩护人系统内应设有专门的案件分配部门

依据美国的经验公设辩护人系统建立之后，将会承担地区内绝大多数的法律援助任务。而面对不断涌入的案件，如果不能实现有序地案件分配，必然会导致系统的崩溃。具体说来，案件分配是公设辩护人系统履行法律援助职能的第一步。案件如果无法得到高效的分配，旧案则不能及时完成，同时新案子又会不断涌入。如此，案件的积压情况会随着时间的推移变得愈发严重，最终造成系统的崩溃。因此，在公设辩护人系统内部应当建立专门的案件分配部门，保障法律援助案件的及时分配。

关于案件分配部门的设立，除了效率方面的考量，还应当能够进一步保障法律援助的质量。具体说来，在案件分配部门内部，各工作人员既有精力也有责任不断地对相关业务进行完善。如何使案件的分配变得更加合理，则是其应当追求的目标。在美国很多地区的公设辩护人系统内部，案件分配部门都能够做到对各案案情进行详细分析，同时结合所有公设辩护人的能力特点，作出最人性化的案件分配。例如，对于涉嫌财产性犯罪的被追诉人，有经济学知识的辩护人往往能够带来最好的辩护效果；熟悉未成年人心理的辩护人，往往会被指派给未成年犯罪嫌疑人；越是经验丰富的辩护人，其所承担的案件也就越是复杂。如此有针对性的案件分配模式，能够充分发挥各辩护人的诉讼能力，而相关案件的法律援助质量，也可以得到最大程度的保证。因此，建立专门的案件分配部门是非常必要的，能够在保障公设辩护人系统运行效率的同时，实现辩护质量的提升。

2. 应当设有针对不同类型案件的业务办理部门

司法实践中的案件类型五花八门，公设辩护人系统所需要承担的法律援助任务，也往往涉及不同的领域。事实上对于法律从业者来讲，无论是法官、检察官，或是律师，都很难做到百科全书式地精通各个法律领域，每个人都有各自所擅长和生疏的方向。因此在系统内部，应当将不同的公设辩护人分配到不同科室，负责其所擅长的领域。这样每个辩护人的诉讼能力才能得到充分的发挥，同时避免因为业务的生疏而损害被援助者的诉讼权益。法院、检察院内部也同样会设立不同的科室，专门承担不同种类的案件。具体说来，可以根据被追诉人的主体性质进行科室的划分。例如，专门负责未成年人案件的科室，专门针对精神病人，以及盲、聋、哑人的科室等。也可以根据不同的案件类型进行业务部门的划分，设立专门的科室处理财产性犯罪、暴力性犯罪以及贪污腐败类案件等。特别是在我国一些边境省份，毒品犯罪成为所占比例最高的犯罪类型，同时毒品犯罪又有着自身的显著特点，例如难以发现、难以证实等。因此在这些地区，完全有必要设立专门的毒品案件办理部门实现更有效地法律援助。此外，还可以根据诉讼程序种类划分办案科室，分别针对简易程序、速裁程序和普通程序，或者针对认罪认罚的案件可以有专门的办案科室。

3. 建立法律援助质量监督部门

私人律师依靠高质量的辩护服务获取收益，因此其完全有动力尽职尽责地完成代理任务。而警察和检察官收受国家俸禄，并且承担着惩罚犯罪、维护社会秩序的重任，崇高的职业使命也成为其积极履行职责的动力。但是这些因素在公设辩护人身上却是难以体现。首先，公设辩护人所承担的是法律援助任务，并不会从受援助者处得到任何的利益。其次，公设辩护人的职责是为犯罪者提供辩护，助其脱罪。这与传统的政府职能背道而驰，饱受社会的非议与误解。最后，对于一个新兴的职业来说，职业的使命感很难在短时间内形成。既然经济利益以及职业使命感，都不能成为督促公设辩护人勤勉的动力。那么，在系统内部建立有效的法律援助质量监督机制就显得尤为重要。

将来在构建我国公设辩护人系统之时，应当在其内部设立工作监督部门。而关于监督部门的具体运行程序，可以借鉴美国一些州的做法，要求各公设辩护人就其负责的案件定期向监督部门汇报。同时，监督部门应当制定一套工作考核机制，以此来评价各公设辩护人的勤勉程度。具体的考核内容可以包括各辩护人每月或者每个季度所承担的业务量，花费在会见、调查以及开庭上的时间。还可以就已经完成案件的法律援助质量进行评价，综合考虑各辩护人的无罪辩护率、判处缓刑率以及不起诉率等。相关的评价、考核，最终应当落实到具体的奖惩手段上，内部监督机构应当有权就各公设辩护人的表现给予其相应的奖励或者惩罚。具体的内容可以包括荣誉称号、奖金、额外的假期以及内部级别的晋升等。如此便能够形成对于公设辩护人的激励和鞭策，保障案件的法律援助质量。

4. 建立业务辅助部门

现阶段我国刑事诉讼正朝着以审判为中心的目标，不断地进行着改革。而依据以审判为中心的要求，法庭审判应当成为发现案件事实的唯一场所，法官需要从控辩双方在法庭上的激烈交锋中发现案件事实的真相。但是激烈的对抗必须建立在控辩双方能够平等掌握案件信息的基础之上。就我国目前的司法实践来说，"庭前证据展示"的相关制度并未能很好地发挥作用。[1]

---

〔1〕 参见魏晓娜："庭前会议之功能'缺省'与'溢出'——以审判为中心的考察"，载《苏州大学学报》（哲学社会科学版）2016 年第 1 期。

被告人一方难以通过侦查和检察机关获取更多的有利证据。辩护人能否凭借自身之力充分发掘案情，在很大程度上决定了法庭上的控辩平等。因此，在公设辩护人系统内部有必要设立相应的调查辅助部门，帮助辩护人做庭前的调查和准备。

具体说来，业务辅助部门内应当包括专门的调查人员，负责相关案件的证据收集和案件信息的调查。与此同时，兼职聘请相关科学技术领域的专家也非常必要，一来可以对相关证据进行分析，帮助辩护人作出合理的辩护策略；二来能够以专家辅助人的身份出庭，帮助实现最佳的辩护效果。除此之外，公设辩护人系统在建立之后，必然会朝着更加精密的方向发展。相关业务辅助人员的招募也将更加广泛，在那时可以考虑针对不同的援助对象，例如，针对未成年人、性犯罪受害者、精神病人等群体，聘请专门的心理辅导人员。这有利于实现辩护人与当事人之间的良好沟通，促进相互信任的辩护关系的形成，进而保证法律援助的质量。

三、关于我国公设辩护人系统的运作

（一）建立"纵横结合"的公设辩护人系统

正如前文所述，美国公设辩护人系统的运作模式分为两种，即横向模式和纵向模式。两种模式在应对不同的社会情况时，也都具有各自的优势。纵向模式有着更高的法律援助效率，能够为更多的案件提供法律辩护。但是不足之处在于其对于个案法律援助质量的减损。相比之下，横向模式采取"一人一案"的援助形式，在辩护质量方面能够有更好的保证，但是在效率方面则并不突出。在美国司法实践中，两种模式相辅相成为应对复杂的社会环境发挥了重要作用。

我国幅员辽阔、人口众多，如果仅就各地区社会环境的复杂程度来讲，与美国不相上下。因此在未来的法律援助体系改革过程中，建立"纵横结合"的公设辩护人系统是非常必要的。具体说来，对于案件事实清楚且可能判处刑罚较轻的案件，可以由纵向公设辩护人系统为当事人提供法律援助。因为对于这些相对简单的案件，并不需要辩护人投入太多的精力即能够富有成效的完成辩护，纵向公设辩护人的阶段性法律援助模式刚好适合。另外，最为重要的是能够从上述简单案件中节省诉讼资源，并将其投入到复杂案件的法律援助中去。对于案情复杂且可能判处较重刑罚的案件，则应当由横向公设

辩护人系统提供法律援助。在横向模式下，全程的法律辩护能够最大限度地保证质量，维护被追诉人的诉讼权利。如此，各地能够依据具体的司法现状，选择适用不同模式的公设辩护人制度，以更好地完成法律援助责任。

如今扩大法定法律援助的范围，已经在世界范围内成为主流趋势，而我国未来的司法改革也必然会跟随这一潮流。法律援助范围的扩大意味着案件数量的增多，如何能够在有限的诉讼资源下，满足更多被追诉人的法律援助需求，应当是改革者首要考虑的内容。近年来我国刑事案件结构发生了显著的变化。"以《刑法修正案八》《刑法修正案九》的出台、劳动教养制度被废除等为突出诱因，我国刑事司法领域凸显出犯罪轻型化倾向。"〔1〕"1995 年，判处 5 年以上有期徒刑、无期徒刑、死刑（包括死缓）的重刑犯占 63.19%，到 2013 年这一比例就只有约 11%。相比之下，量刑在 3 年有期徒刑以下的案件所占的比例到 2013 年已超过 80%。"〔2〕在如此的刑事案件结构下，如果对所有案件都以相同的模式提供法律援助，那么必然会有大量诉讼资源被浪费在简单案件之中。因此，能够实现繁简分流的法律援助体系就显得非常必要。"纵横结合"的公设辩护人体系就能够很好地实现法律援助资源的有效配置，而此种的制度设计也正适合我国目前的司法现状。

（二）横向公设辩护人模式的运行程序

横向模式类似于我国现有的法律援助指派方法，是由相关部门根据当事人的申请，或者各诉讼专门机关的通知，为被追诉人提供法律援助。我国公设辩护人系统建立之后也应当保有这种运行模式，具体程序如下：

1. 法律援助的申请或通知

我国传统法律援助形式包括申请式和指定式，将来公设辩护人系统的运行程序也应当遵照这两种模式。首先，就申请式来说。任何因经济困难而无法获得法律帮助的犯罪嫌疑人、被告人或者其他当事人，都有权向公设辩护人系统申请法律援助。具体的申请程序，可以参照现有的制度。由申请人填写"法律援助申请书"以及提交相应的资产证明文件。其次，对于符合指定式法律援助范围的主体，公安机关、检察院、法院应当在其所处的诉讼阶段，

---

〔1〕 参见陈卫东："认罪认罚从宽制度研究"，载《中国法学》2016 年第 2 期。
〔2〕 参见魏晓娜："完善认罪认罚从宽制度：中国语境下的关键词展开"，载《法学研究》2016 年第 4 期。

保证律师辩护权的实现——通知公设辩护人系统，提供法律援助。最后，需要强调的是，对于那些被采取强制措施的犯罪嫌疑人和被告人，各专门机关应当及时告知其拥有申请法律援助的权利。我国《刑事诉讼法》第34条仅规定，公安机关、检察院、法院应当在特定时间告知犯罪嫌疑人或被告人，其有权委托辩护人。而关于申请法律援助的权利却不在告知的范围内，这也造成了司法实践中大量的被追诉人因为贫困而无力聘请律师，却又不了解法律援助的有关事项，最终丧失了获得律师辩护的机会。因此，各专门机关在告知被追诉人有权委托辩护人时，应当同时明确其有权申请法律援助。并且对于法律援助的申请，各专门机关应当及时且无任何拖延地转交给公设辩护人系统或者其他法律援助机构。如此才能够避免法律援助的滞后性，保障被追诉人诉讼权利的有效行使。

2. 法律援助的资格审核

在被追诉人提交法律援助申请之后，公设辩护人系统则会进行相应的资格审查。我国司法实践中的法律援助审查标准，还是会更多地考虑被追诉人的客观经济能力。例如，申请人的月收入是否符合当地贫困标准等。制定如此的标准可以说大大简化了审核过程，因为有固定的数值可供参考，相关人员需要做的仅是完成比较。但是简化的过程却导致了人性化的缺失，很多情况下虽然申请人的工资收入要高于法律援助的提供标准，但是个人的特殊情况依然使其难以负担高昂的律师费用。比如，申请者家中有老人需要赡养，并且每月需要承担高昂的医药费用，那么律师的聘请就会对其家庭生活造成严重的影响。对于上述情况，如果仅仅因为当事人不符合法律援助的形式要件，就否定了其相关权利，可以说是严重违背了法律援助的设立初衷，缺乏人性关怀。

在公设辩护人系统建立之后，其内部应当有专门的机构负责法律援助的资格审核，关于标准的设定也应当更具人性化。在综合考虑各案的具体情况之后，赋予审核机构一定的自由裁量权，裁量的标准可以规定为"如果申请者独立聘请律师，是否会对其正常生活造成严重影响。"如果申请者需要负担大量的经济支出，就算其收入在贫困标准之上，也应当考虑为其提供法律援助。事实上，在司法实践中应当被纳入参考的因素多种多样，例如，申请者的收入情况、社会交往关系、举债能力等。只有以个案为基础，综合考虑申请者的特殊情况，才能够使法律援助制度更具人性化。

3. 公设辩护人的业务分配与办理

对于符合条件的申请者，公设辩护人系统应当及时为其提供法律援助。而如何能够依据各辩护人的专长将其分配于不同的案件，往往在很大程度上决定法律援助的质量。刑事案件缤纷复杂，不同的辩护人也自然有其擅长的领域，例如具备金融方面知识的辩护人自然更擅长经济犯罪的辩护；而熟悉未成年人心理的辩护人会在未成年人辩护方面更具优势。公设辩护人系统内部应当建有专门的案件分配部门，为法律援助申请者挑选最能够胜任的公设辩护人。

案件分配之后，相应的法律援助关系即告成立，而公设辩护人则应当尽职尽责地帮助被追诉人行使诉讼权利。无论是当事人的会见，还是案件证据的调查，公设辩护人均应当积极履行，否则将会遭受内部的惩戒。

（三）纵向公设辩护人系统的运行程序

目前我国值班律师制度与纵向公设辩护人系统，有着近乎相同的运行模式。值班律师制度的运行，是由法律援助机构指派律师到看守所、法院，并为出现于上述场所的被追诉人提供法律帮助。这与纵向公设辩护人制度的运行模式如出一辙，只不过被派遣的主体不同，一个是兼职承担法律援助责任的律师，而另一个则是公设辩护人。

因此在今后的改革过程中，完全可以在现有值班律师制度的基础上，建立我国纵向公设辩护人系统。将公设辩护人委派到法院、看守所等相应机关，并在一段时间后进行轮换。纵向公设辩护人的运行模式与值班律师大体相同，在此不再赘言。但是，目前我国值班律师制度的最大问题在于缺乏相应的监督机制，而这也造成了司法实践中一些不负责任的情况出现。因此，在纵向公设辩护人系统建立之后，应当着重完善对于各公设辩护人的工作监督机制，以保障相应的法律援助质量。具体说来，可以建立有关法律援助工作的汇报机制。要求承担纵向法律援助任务的公设辩护人，定期将其承担的案件汇报于质量监管部门，并由其进行评估。如此便能够督促公设辩护人尽心尽职地完成法律援助任务，使得纵向模式下的法律援助更有价值。

（四）公设辩护人制度与其他法律援助形式的配合

如果公设辩护人制度能够得以建立，那么是否意味着我国传统法律援助模式将被废除，或者此二者能够相辅相成，带领我国法律援助体系走入二元化的发展模式。依据美国的经验，以及我国复杂多变的国情，二元化的法律援助模式对于提高刑事辩护率是非常必要的。因此，在公设辩护人制度建立之后，应当明确各法律援助模式的适用范围，以确保我国法律援助体系的良好运行。

1. 公设辩护人系统与援助律师的分工

与援助律师模式相比较，公设辩护人制度有着更大的优点，无论是在法律援助质量方面，还是援助效率方面。依据美国的经验越是在人口密集、案件高发的地区，公设辩护人系统的优势也就越是明显。而人口众多则是我国的基本国情，因此在公设辩护人制度建成之后，可以考虑将其作为最主要的法律援助模式并承担绝大多数案件的法律援助。与此同时，也不能完全废除传统的法律援助模式，其依然能够在司法实践中发挥巨大的作用。我国目前正处在时代变革的浪潮之中，各项司法制度改革呼之欲出，与此同时经济的高速发展也催动了社会情况瞬息万变。单一的法律援助形式，很难有效应对难以预知的社会变革。即使公设辩护人制度在案件承载能力方面有再大的优势，也难免不会在将来的发展中陷入崩溃，就如同美国 20 世纪 60 年代吉迪恩案所带来的法律援助危机一样。因此在司法实践中，需要援助律师与公设辩护人相互配合，共同承担法律援助重责。

由法律援助机构依据当地公设辩护人系统的案件承载能力，负责协调两种法律援助形式的具体分工。每当各专门机关的援助通知和当事人的援助申请到达法律援助机构时，其应当负责统筹分配。公设辩护人系统凭借自身的优势，应当承担更多的援助任务，但是过于繁重的援助任务必然会导致辩护质量的下降。因此法律援助机构在分配案件时，应当有所侧重但又不能太过偏重。如果公设辩护人系统承担的案件量超出了其能够负担的范围，那么法律援助机构应当负责宏观的调控，将更多的案件分配于律师负责。如此，相互促进、相互补充的二元模式，才能够更好地保障法律援助体系的平稳运行，而不至于在将来可能遇到的突发情况下陷入崩溃。

除此之外，传统法律援助模式的存在还起到了维护诉讼公正的价值。依据我国相关的法律、法规，被害人同样拥有申请法律援助的权利。因此，在同一桩案件中，如果被告人和被害人同时申请法律援助，那么必定不能由当地公设辩护人系统统一承担。被告人的辩护人和被害人的诉讼代理人，存在着诉讼利益上的冲突，而隶属于同一机构的公设辩护人应当回避，否则便是违反了正当法律程序。在这种情况下，则需要为当事人一方提供传统模式的法律援助。如此则可以避免因为公设辩护人在职能上的冲突而带来的程序瑕疵。

2. 横向与纵向公设辩护人模式的职能划分

横向和纵向公设辩护人系统都有着各自的优势和缺陷。相比较之下，纵向模式更有效率，能够在有限的诉讼资源下承担更多的法律援助业务量。然而在纵向模式下，公设辩护人仅为被追诉人提供的阶段性法律援助服务，这导致了在质量上会有一定的不足。目前我国正在进行"刑事速裁程序"和"认罪认罚从宽"的相关制度改革，其主旨是以简化诉讼程序的方式，节约诉讼资源。对于以节约诉讼资源为价值取向的诉讼程序，如果适用传统的法律援助模式就会显得过于繁琐。从申请到审查再到批准，往往会消耗大量的时间。另外，对于"刑事速裁程序"和"认罪认罚从宽"制度，其之所以能够节省诉讼资源，是因为在被追诉人认罪之后，大量的诉讼程序会被省略，相应地被追诉人也就丧失了相关的程序保护。对于上述程序来说，为被追诉人提供辩护律师，保障认罪认罚的自愿性是非常必要的。综合以上原因，为保证"刑事速裁程序"与"认罪认罚"的正当性和高效性，值班律师制度被推向全国试点。就目前的试点情况来说，值班律师制度很好地完成了其应有的使命，以高超的效率保证了被追诉人认罪的自愿性。

纵向公设辩护人系统与值班律师有着相同的运行模式，并且在辩护质量方面还能更胜一筹。在今后的改革过程中，纵向公设辩护人模式可以替代值班律师制度，完成相应案件的法律援助。具体说来，在各地公设辩护人系统得以建立之后，由其负责将相应辩护人分配于各看守所和法院。而这些派驻的辩护人则承担着为所有可能认罪的被追诉人提供法律援助的职责。将来我国公设辩护人制度得以建立之后，纵向模式和横向模式所各自承担的案件范围将有区别。纵向模式主要负责案件事实没有争议而被追诉人认罪的案件。横向模式下，各公设辩护人所承担的是，在普通程序中为被追诉人提供法律援助，其所追求的目标是最大限度维护当事人的诉讼利益。

四、借鉴美国经验进一步完善公设辩护人制度

（一）公设辩护人系统的独立管理模式

在美国，公设辩护人系统的政治中立性备受怀疑，而这也成为其在司法实践中受到抵触的重要原因之一。作为政府部门，公设辩护人系统如何能够摆脱政治上的压力，进而全心全意地为被追诉人服务，成为人们质疑的焦点。正如前文所述，在美国司法实践中，政府对公设辩护人的干预情况时常发生，而这也严重挫伤了社会对于公设辩护人制度的信任。因此，美国各地普遍采取措施以求对公设辩护人制度进行改革，避免过多的外部干扰。在众多的改革手段之中有很多都值得我们借鉴和学习。

依照制度的初步设计，设置于各地司法行政机关之下的公设辩护人系统，似乎很难摆脱政府的影响。在我国公设辩护人系统的初创阶段，太大幅度的改革不利于制度的发展。但是在将来制度发展到一定规模之时，可以考虑借鉴美国的经验，完善公设辩护人系统的独立性。从行政从属性上来看，如果公设辩护人系统一直处在司法行政机关的管辖之下，很难保证其不受政治压力的影响。司法行政机关之所以能够对公设辩护人系统施加压力，无外乎其掌控了相关的人事和财政权力。因此未来公设辩护人系统的建立过程中，可以考虑借鉴我国关于保证法官中立性的改革手段。党的十八届三中全会通过了《中共中央关于全面深化改革若干重大问题的决定》，其中包括关于如何保障法院系统独立性的改革措施：省以下地方法院的专项编制由省统一管理；法官由省统一提名，并按照现行法律规定由相对应的人大按法定程序任免；法院领导职务任免和管理保持不变，在没有新的法律规定前仍按法定程序进行选举或任免；审判辅助人员和司法行政人员由省统一招录、统一管理、统一保障，与地方脱钩；法院的人事经费、日常运行经费、办案（业务）经费、业务装备经费以及基础设施建设和维修费用，主要由省级财政统筹解决，中央财政部分负担。可以说，上述手段如果能够得到切实履行，则能够在很大程度上实现法庭审判的中立性。而这些措施也同样能够对将来公设辩护人系统的完善，起到借鉴作用。

公设辩护人能够免受政治压力，对于公平、正义等价值理念的维护，以及被追诉人各项诉讼权利的保障，都有着非凡的价值。在未来制度的建设过程中，可以借鉴法院系统的改革手段，建立由省一级政府统一管理的公设辩

护人系统。具体说来，首先，每个省的公设辩护人系统应当具有相当的独立性。省内各地市、区县的公设辩护人办公室只接受省一级对应机关的垂直领导，而不受地方长官的影响。其次，系统内的人员编制应当由省级政府统一管理。并且省一级公设辩护人系统的领导人员，应当由各省人民代表大会选举产生。而系统内地市或区县级别的领导人员，应当在本系统内任命或者选举产生。如此才能够避免地方政府因职权对公设辩护人施加不当影响。最后，关于公设辩护人系统内的财政预算，应当由省一级财政统一划拨，然后在系统内部逐级分配给地方公设辩护人办公室。如此也就避免了地方政府对于公设辩护人系统的财政控制，保证法律援助的质量。

（二）实现对公设辩护人的职能监督

保证法律援助的质量，是公设辩护人制度的首要价值追求。在美国一些地区的公设辩护人系统内，或者迫于业务数量的压力，或者是因为辩护人诉讼能力的不足，法律援助的质量总是参差不齐。[1]因此，在未来我国公设辩护人系统的创立过程中，应当借鉴美国的经验和教训，建立对于公设辩护人的职能监督机制，以保证法律援助的质量。

1. 公设辩护人系统的内部监督

在公设辩护人系统内部，应当建立长效的工作质量监督机制。应当有专门的部门，对各公设辩护人的法律援助质量进行评估，进而给予相应的奖励或惩罚。实践中，可以用于评价法律援助质量的手段有很多。比如，可以由负责评估的人员与当事人进行会面，了解相应公设辩护人的工作态度。再比如，可以通过一些客观的数据，来评价公设辩护人的勤勉性，包括会见当事人的次数、用于案情调查的时间等。另外可以借鉴美国的相关经验，在每个季度末对各公设辩护人进行工作质量评估，综合评价后给予相应的奖惩。

2. 外部监督

公设辩护人内部能够制定法律援助质量评价标准，并且配有相应的奖惩机制。虽然凭借上述公设辩护人系统的内部监管，能够在一定程度上保障法律援助的质量，但是自我监督的形式往往带有局限性，并不能完全避免偏私以及自我放纵。因此建立相应的外部监督模式，以形成内、外兼顾的监督管

---

[1] See H. Irwin Coffield, "Analysis and Comparison of the Assigned Counsel and Public Defender Systems", *49 N. C. L. Rev*, 1970~1971, p. 705. ——笔者译。

理体系，才能够实现对于法律援助质量的最大限度保障。

　　具体说来，最切实可行也是最为有效的外部监督模式，当属司法监督。世界上大多数法制发达国家，例如美国、英国、法国等，都规定有无效辩护制度。即如果辩护人因为客观能力或者主观懈怠，而没能在刑事诉讼程序中发挥其应有的价值。那么法官可以依据个案情节认定法律辩护的无效性，之后也将会引发一系列的诉讼后果。在诉讼程序方面，无效辩护可以成为复审法院发回重审的理由。而在辩护人的管理层面，无效辩护能够成为律师协会或者司法行政机关，惩罚律师辩护人的重要依据。程序上的发回重审，旨在保护被追诉人的诉讼利益，弥补因为无效辩护而造成的不利结果。对于辩护律师的处罚则起到了警示的作用，警告所有律师应当尽职履行辩护职责，否则将面临相应的处罚。可以说无效辩护制度能够从公设辩护人系统的外部，对相应的法律援助质量起到监督作用。然而在我国司法制度中却不存在相应的概念。依据《刑事诉讼法》的相关规定，如果一审人民法院违反了诉讼程序，那么二审法院可以裁定撤销原判，发回重审。这其中的程序性违法情形包括：违反有关公开审判的规定的；违反回避制度的；剥夺或者限制了当事人的法定诉讼权利，可能影响公正审判的；审判组织的组成不合法的。

　　可见，在法律层面无效辩护不能成为二审法官审查的内容，在司法实践中也很少会有二审或再审程序就辩护律师的能力和态度进行评价。为了完善对于法律援助质量的监管体系，实现兼顾内外的监督模式，应当在我国确立无效辩护制度。相关的运作程序可以借鉴美国的经验，由法院在二审程序中就辩护的有效性进行判断。具体说来，如果被追诉人认为辩护律师在一审或审前程序中并没有发挥应有的作用，无效的辩护严重影响了其诉讼权利的行使，那么二审法官应当就辩护的效果进行审查，一旦确认为无效辩护即应当裁定撤销原判，发回重审，并且通知律师协会或者法律援助机构，对相关辩护人进行处罚。

　　（三）防止业务量过重的情况发生

　　在美国的司法实践中，庞大的案件数量一直是困扰公设辩护人系统，是其难以为当事人提供有效法律援助的最大难题。在繁重的业务重压之下，各公设辩护人连最起码的会见、调查都无法完成，更不用说为当事人提供有效辩护了。而在很多郡县，当地群众甚至将公设辩护人系统视为无用的摆设。

为了应对这一问题，美国各州也都采取了不同的措施，以限制公设辩护人所承担的案件数量。而相关的制度设计应当被我国所借鉴，以避免美国式的法律援助危机。

首先，在全国范围内制定最高业务量标准。如果公设辩护人在同一时间段所承担的业务数量高于这一标准，那么就推定其无法继续为当事人提供有效的诉讼辩护。

其次，应当赋予公设辩护人拒绝接受案件的权利。如果业务量已经超出了公设辩护人系统所能够承受的最大范围，那么其有权拒绝更多案件的划拨。而被拒绝的案件应当由法律援助机构以指派援助律师的形式解决。这其中显示了多元化法律援助体系的优越性，其中各种援助模式能够相互配合，更好地为贫困者提供法律帮助。除此之外，各公设辩护人也应当拥有此权利，如果个人在某一时间段所承担的业务量超过标准，则有权拒绝继续承接新的案件。

最后，在条件允许的情况下，增加政府对于法律援助事业的财政支出。只有这样各地公设辩护人系统才能够实现规模的扩大，聘请更多的辩护人以承担更多的案件量。

（四）合理设置法律援助范围保障律师的生存空间

公设辩护人系统的建立，意味着更多被追诉人能够得到无偿的法律援助。而这也在很大程度上挤压了私人律师的案件来源。在美国和英国都出现过类似的情况，最终导致了严重的律师游行和罢工。如果任由情况发展，律师行业很可能会逐步萎缩直至消亡，到那时法律援助体系也必将遭到反噬而陷入危机。[1]因此，在具体设计公设辩护人各项制度时，应当充分考虑其对于律师行业的影响，保障执业律师的生存空间。

首先，应当将公设辩护人系统的服务宗旨，严格限定在为贫困者提供法律帮助。否则无限制的法律援助一来会为政府财政带来巨大的负担，二来会严重挤压律师的生存空间。具体说来，应当在公设辩护人系统内部设立法律援助资格审查部门，并就申请者的财产状况、家庭环境以及社会背景等相关信息进行调查。除此之外，获得法律援助的资格标准应当被严格限制。依照美国学者的研究，可以将其设定为："如果申请者自行聘请律师，那么将会对

---

〔1〕 See Carrie Dvorak Brennan, "The Public Defender System A Comparative Assessment", *25 Ind. Int'l & Comp. L. Rev*, 2015, p. 237. ——笔者译。

其生活造成严重的影响。"[1]如此，由相关部门依据明确的标准对申请者进行资格审查，法律援助的范围就能够得到限制，进而保障律师行业的案件来源。

其次，关于法定法律援助范围的扩大，应当是一个循序渐进的过程。在我国法律援助制度的改革过程中，应当吸取英国的相关教训。在 1999 年，英国议会通过了《正义伸张法案》（Access to Justice Act），免除了法律援助的资格审查程序，为所有的被追诉人提供免费且高质量法律援助服务，其导致的最直接后果就是，基本没有人再愿意聘请私人律师。[2]因此，关于我国法定法律援助范围的扩大，应当依据社会接受程度逐步进行。初步可以将可能判处 10 年以上有期徒刑的案件纳入到法定法律援助的范围之内，随后再逐步扩展。吸取英国的教训，避免过大幅度的改革造成司法实践中的混乱。

---

〔1〕　See Lee Silverstein, *Defense of The Poor in Criminal Cases in American State Courts A Field Study and Report*, American Bar Foundation Library of Congress, 1 (1965), p. 109. ——笔者译。

〔2〕　William Lawrence, "The Public Defender Crisis in America: Gideon, the War on Drugs and the Fight for Equality", *5 U. Miami Race & Soc. Just. L. Rev*, 2015, p. 167. ——笔者译。

结　论
Conclusion

历经了多次的制度改革，我国刑事辩护率一直没能得到有效的提高，而这不到30%的比例也严重阻碍了司法改革的进程。究其原因则在于我国法律援助体系不够完善，而相关制度的运行也缺乏有效的监督和管理。因此为了提高刑事辩护率，更好地保障被追诉人的诉讼权利，对于法律援助体系的改革迫在眉睫。公设辩护人系统在美国已经存在并良好运行了近百年，其中包含了丰富的制度建设经验。并且该制度之所以会在美国被广泛采用，就是因为其特殊的制度设计而能够为更多的案件提供法律援助，这也是我国法律援助制度最迫切需要的改革方向。

具体说来：首先，公设辩护人制度有着完整的管理模式。无论是案件的分配还是具体法律援助任务的办理，公设辩护人系统内部都规定有详细的指导规则，并且设有专门机构负责监督管理。有了完善的制度规则，相关法律援助职责的履行则会更加流畅，而效率的提高也就意味着在有限的诉讼资源下，更多的贫困者能够从中受益。其次，公设辩护人以国家公务人员的身份专职从事法律援助事务。长年累月的法律援助辩护，让公设辩护人对这一领域更加精通，而相应的辩护质量也能够得到更好的保障。最后，公设辩护人制度的运行成本相对较低。公设辩护人系统作为政府职能部门，有着高效的运行模式。系统内部不同的部门负责各自相关的工作，各部门之间相互配合共同完成法律援助任务。高效的运行机制意味着更大的案件承载能力，以及更为经济的法律援助成本。在我国，法律援助资源相对匮乏，因此经济高效的公设辩护人制度就显得价值非凡。

笔者为了尽可能全面地介绍美国公设辩护人制度，在美国搜集了大量相关题材的图书以及论文。其中既有关于公设辩护人制度的理论性探讨，又包含美国各州在制度具体构建方面的经验和教训总结。在本书写作时，笔者做了大量的阅读、翻译、对比，以及总结的相关工作，尽个人最大努力，以求将美国法律援助制度更加全面地呈现于读者面前。事实上，之所以如此尽力地介绍美国相关制度，最主要的原因还是希望能对我国法律援助体系的完善提供经验。事实上，公设辩护人制度在美国的广泛建立并不是一蹴而就，曾经在各州都出现过严重的危机。但是，制度设计者和改革者总是能够及时地做出调整以应对危机，而之后公设辩护人系统也就愈发完善。我国的法律援助系统，在司法实践中没能发挥应有的作用，而其中最主要的原因之一则是法律援助模式过于单一。在未来关于法律援助模式的多元化构建中，完全可以借鉴美国公设辩护人制度，在完善法律援助体系的同时，提高刑事辩护率。

参考文献

Reference

一、著作类

（一）中文著作

1. 卞建林：《刑事诉讼的现代化》，中国法制出版社 2003 年版。

2. 陈光中主编：《21 世纪域外刑事诉讼立法最新发展》，中国政法大学出版社 2004 年版。

3. 陈光中主编：《〈公民权利和政治权利国际公约〉批准与实施问题研究》，中国法制出版社 2002 年版。

4. 陈光中：《审判公正问题研究》，中国政法大学出版社 2004 年版。

5. 陈光中：《〈中华人民共和国刑事诉讼法〉修改条文释义与点评》，人民法院出版社 2013 年版。

6. 陈瑞华主编：《刑事辩护制度的实证考察》，北京大学出版社 2005 年版。

7. 陈瑞华：《刑事诉讼前沿问题》，中国人民大学出版社 2013 年版。

8. 陈瑞华：《刑事辩护制度的实证考察——人权丛书》，北京大学出版社 2005 年版。

9. 陈瑞华：《看得见的正义》，北京大学出版社 2013 年版。

10. 陈晨：《刑事法律援助制度新论》，中国检察出版社 2014 年版。

11. 顾永忠：《律师制度与律师实务》，北京师范大学出版社 2013 年版。

12. 顾永忠：《刑事法律援助的中国实践与国际视野——刑事法律援助国际研讨会论文集》，北京大学出版社 2013 年版。

13. 顾永忠：《2013：中国刑事法律援助面临的机遇、挑战与对策》，中国政法大学出版社 2015 年版。

14. 顾永忠：《刑事辩护：国际标准与中国实践》，北京大学出版社 2012 年版。

15. 季卫东：《法治秩序的建构》，中国政法大学出版社 1999 年版。

16. 马栩生：《当代中国法律援助：制度与理论的深层分析》，人民出版社 2010 年版。

17. 司法部法律援助中心：《法律援助案例研究》，中国民主法制出版社 2015 年版。

18. 王兆鹏：《辩护权与诘问权》，元照出版有限公司 2008 年版。

（二）译著

1. ［德］拉德布鲁赫著，米健、朱林译：《法学导论》，中国大百科全书出版社 1997 年版。

2. ［法］孟德斯鸠著，张雁深译：《论法的精神》，商务印书馆 1963 年版。

3. ［法］卢梭著，何兆武译：《社会契约论》，商务印书馆 2003 年版。

4. ［英］洛克著，叶启芳、瞿菊农译：《政府论》，商务印书馆 1982 年版。

5. ［美］汉密尔顿、杰伊、麦迪逊著，程逢如译：《联邦党人文集》，商务印书馆 2015 年版。

6. ［美］约书亚. 德雷斯勒、艾伦 C. 迈克尔斯，魏晓娜译：《美国刑事诉讼法精解（第 2 卷·刑事审判）》，北京大学出版社 2009 年版。

（三）外文著作

1. Akester Kate，*Public Defenders*：*Learning from the U. S. Experience*，JUSTICE，2001.

2. Barbara Babcock，*Woman Lawyer The Trials of Clara Foltz*，Stanford University Press，2011.

3. Frank W. Miller，Robert O. Dawson，George E. Diex，Raymond I. Parnas，*The Police Function*，Foundation Press，2012.

4. Howard N. Meyer，*Introduction to The Magnificent Activist*：*Then Writing of Thomas Wentworth Higginson*，Howard N. Meyer ed，2000.

5. Lee Bridges，*The Right to Representation and Legal Aid*，Mike McConvile & Geoffrey Wilson eds，2002.

6. Lee Silverstein，*Defense of The Poor in Criminal Cases in American State Courts A Field Study and Report*，American Bar Foundation Library of Congress，1965.

7. Lisa J. McIntyre，*The Public Defender−The Practice of Law in the Shadows of Repute*，The University of Chicago Press，1988.

8. Paul B. Wice，*Public Defenders and the American Justice System*，Westport，Connecticut London，2005.

二、论文类

（一）中文论文

1. 陈永生："刑事法律援助的中国问题和域外经验"，载《比较法研究》2014 年第 1 期。

2. 陈瑞华："独立辩护人理论的反思与重构"，载《政法论坛》2013 年第 6 期。

3. 陈瑞华："法院改革中的九大争议问题"，载《中国法律评论》2016 年第 3 期。

4. 陈瑞华："论辩护律师的忠诚义务"，载《吉林大学社会科学学报》2016 年第 3 期。

5. 陈瑞华："论量刑辩护"，载《中国刑事法杂志》2010 年第 8 期。

6. 陈瑞华："'认罪认罚从宽'改革的理论反思——基于刑事速裁程序运行经验的考察"，载《当代法学》2016 年第 4 期。

7. 陈瑞华："刑事诉讼中的有效辩护问题"，载《苏州大学学报》（哲学社会科学版）2014 年第 5 期。

8. 董红民、麻伟静："构建法律援助值班律师制度实证探析"，载《法律服务》2016 年第 10 期。

9. 甘权仕："法律援助律师值班制度调研报告——以厦门市法律援助中心为蓝本"，载《法律服务》2015 年第 11 期。

10. 顾永忠："刑事辩护的现代法治涵义解读——兼谈我国刑事辩护制度的完善"，载《中国法学》2009 年第 6 期。

11. 顾永忠、陈效："中国刑事法律援助制度发展研究报告"，载《中国司法论坛》2013 年第 1 期。

12. 顾永忠，杨剑炜："我国刑事法律援助的实施现状与对策建议——基于 2013 年《刑事诉讼法》施行以来的考察与思考"，载《法学杂志》2015 年第 4 期。

13. 韩旭："被告人与律师之间的辩护冲突及其解决机制"，载《法学研究》2010 年第 6 期。

14. 黄东东："法律援助案件质量：问题、制约及其应对——以 C 市的调研为基础"，载《法商研究》2015 年第 4 期。

15. 冀祥德："刑事辩护准入制度与有效辩护及普遍辩护"，载《清华法学》2012 年第 4 期。

16. 李奋飞："论'表演性辩护'——中国律师法庭辩护功能的异化及其矫正"，载《政法论坛》2015 年第 3 期。

17. 林劲松："对抗制国家的无效辩护制度"，载《环球法律评论》2006 年第 4 期。

18. 刘方权："刑事法律援助实证研究"，载《国家检察官学院学报》2016 年第 1 期。

19. 刘方权："中国需要什么样的刑事法律援助制度"，载《福建师范大学学报》（哲学社会科学版）2014 年第 1 期。

20. 马静华："指定辩护律师作用之实证研究——以委托辩护为参照"，载《现代法学》2010 年第 6 期。

21. 孙镜祥："审前阶段刑事法律援助实证分析——以新《刑事诉讼法》实施为背景"，载《法学论坛》2013 年第 4 期。

22. 谭世贵："实体法与程序法双重视角下的认罪认罚从宽制度研究"，载《法学杂志》2016 年第 8 期。

23. 汪海燕："贫穷者如何获得正义——论我国公设辩护人制度的构建"，载《中国刑事法杂志》2008 年第 5 期。

24. 汪建成："以效率为价值导向的刑事速裁程序论纲"，载《政法论坛》2016 年第 1 期。

25. 王淑华、张艳红："探索建立中国法律援助值班律师制度"，载《法律援助》2009 年第 5 期。

26. 魏晓娜："庭前会议之功能'缺省'与'溢出'——以审判为中心的考察"，载《苏州大学学报》（哲学社会科学版）2016 年第 1 期。

27. 魏晓娜："完善认罪认罚从宽制度：中国语境下的关键词展开"，载《法学研究》2016 年第 4 期。

28. 吴羽："台湾地区公设辩护人制度述评"，载《河北法学》2013 年第 5 期。

29. 谢佑平、吴羽："刑事法律援助与公设辩护人制度的构建——以新《刑事诉讼法》第 34 条、第 267 条为中心"，载《清华法学》2012 年第 3 期。

30. 熊秋红："刑事辩护的规范体系及运行环境"，载《政法论坛》2012 年第 5 期。

31. 左卫民："都会区刑事法律援助：关于试点的实证研究与改革建言"，载《法学评论》2014 年第 6 期。

32. 左卫民："中国应当构建什么样的法律援助制度"，载《中国法学》2013 年第 1 期。

（二）外文论文

1. Alschuler, "The Defense Attorney's Role in Plea Bargin", *YALE L. J*, 1975.

2. Anatole France, "Representation of Indigents in California—A Field Study of the Public Defender and Assigned Counsel System", *13 Stan. L. Rev*, 1960~1961, p. 522.

3. Annot, "On Duty of Court to Advise Defendant of Consequences on Plea of Guilty", *97 A. L. R*. 2d, 1964, p. 549.

4. Barbara Babcock, "Inventing the Public Defender", *43 Am. Crim. L. Rev*, 2006, p. 1267.

5. Bazelon, "The Defective Assistance of Counsel", *42 U. CIN. L. Rev*, 1973, p. 16.

6. Bellamy Bowan, "Let Us Have Free Justice", *The New Nation*, 1892, p. 434.

7. Benjamin & Pedeliske, "The Minnesota Public Defender System and the Criminal Law Process: A Comparative Study of Behavior at the Judicial District Level", *4 LAW& SOC'Y REV*, 1969, p. 279.

8. Brenda Hart Bohne, "The Public Defender As Policy - Maker", *62 Judicature*, 1978~1979, p. 176.

9. C. Ray Falls, "The New Jersey Public Defender", *5 Colum. J. L. & Soc. Probs*, 1969, p. 153.

10. Carrie Dvorak Brennan, "The Public Defender System A Comparative Assessment", *25 Ind. Int'l & Comp. L. Rev*, 2015, p. 237.

11. Carrie Leonetti, "Painting The Rose Red: Confessions of a Recovering Public Defender", *12 Ohio St. J. Crim. L*, 2014~2015, p. 371.

12. Charles J. Ogletree, "An Essay on the New Public Defender for the 21st Century", *58L. & CONTEMP. PROBS*, 1995, p. 81.

13. Charles J. Ogletree, "Keeping Gideon's Promise", *29N. Y. U. REV. L. & Soc. CH-ANGE*, 2004, p. 203.

14. Charles S. Potts, "Right to Counsel in Criminal Cases: Legal Aid or Public Defender", *28Tex. L. Rev*, 1949~1950, p. 491.

15. Christensen, "Lawyer Referral Service: An Alternative to Lay–Group Legal Services?" *12 U. C. L. A. L. Rev.*, 1965, p. 341.

16. Clara Foltz, *"Public Defenders"*, *CHI. LEGAL NEWA*, 1893, p. 431.

17. Connally, "Problems in the Determination of Indigency for the Assignment of Counsel", *1 Ga. S. B. J*, 1964, pp. 12~13.

18. Cornelius J. Harrington & Gerald W. Getty, "The Public Defender: A Progressive Step Towards Justice", *42 A. B. A. J*, 1956, p. 1139.

19. Darryl K. Brown, "Epiphenomenal Indigent Defense", *75 Mo. L. REV*, 2010, pp. 907~910.

20. Dimock, "The Public Defender: A Step Towards a Police State?", *42 A. B. A. J*, 1956, p. 219.

21. Donna Lee Elm & Richard S. Dellinger, "Dismantling Gideon's Legacy Sequestration's Impact on Public Defender Services", *60 Fed. Law*, 2013, p. 11.

22. Douglas A. Copeland, "The President's Page: Missouri's Public Defender System", *62J. Mo. B*, 2006, pp. 10~11.

23. Edward J. Dimock, "The Public Defender: A Step Towards a Police State?", *42 A. B. A. J*, 1956, p. 219.

24. Eisenberg, "Quality Representation v. Cost Effectiveness: Have We Compromised Too Much?", *36 NLADA BRIEFCASE*, 1979, p. 48.

25. Elison, "Assigned Counsel in Montana: The Law and the Practice", *26 Mont. L. Rev*, 1965, p. 1.

26. Ellery E. Cuff, "Public Defender System: The Los Angeles Story", *45 Minn. L. Rev*, 1960~1961, p. 725.

27. Fletcher, "Pretrial Discovery in State Criminal Cases", *12 STAN. L. REV*, 1960, pp. 293~302.

28. Foster, "The Public Defender and Other Suggested System for the Defense of Indigents", *52 JUDICATURE*, 1969~1970, p. 247.

29. Freeman,"The Public Defender System", *32 J. Am. JUD. Soc'y*, 1948, pp. 74~75.

30. Gregory S. Bell, "The Organization and Financing of Public Defender System", 1974 *U. Ⅲ . L. F*, 1974, p. 451.

31. H. Irwin Coffield,"Analysis and Comparison of the Assigned Counsel and Public Defender Systems", *49 N. C. L. Rev*, 1970~1971, p. 705.

32. Irene Oritseweyinmi Joe, "Systematizing Public Defender Rationing", *93 Denv. L. Rev*, 2015, p. 389.

33. Jessa Desimone, "Bucking Conventional Wisdom: The Montana Public Defender Act", 96 *J. Crim. L. & Criminology*, 2005, p. 1479.

34. Jonathan A. Rapping, "Reclaiming Our Rightful Place : Reviving the Hero Image of the Public Defender", *99 Iowa L. Rev*, 2013~2014, p. 1893.

35. Kim Taylor−Thompson, "Individual Actor v. Institutional Player: Alternating Visions of the Public Defender", *84 Geo. L. J*, 1995~1996, p. 2419.

36. Kittel, "Defense of the Poor: A Study in Public Parsimony and Private Poverty", *45 IND. L. J*, 1971, p. 90.

37. L. Song Richardson, "Implicit Racial Bias in Public Defender Trials", *122 Yale L. J*, 2012, p. 2626.

38. Laurence A. Benner, "Eliminating Excessive Public Defender Caseloads", *26 Crim. Just*, 2011, p. 24.

39. MacCarthy, "The Chicago Federal Defender Program", *8 AM. CRIM. L. Q*, 1970, p. 156.

40. Mae C. Quinn, "Whose Team Am I on Anyway? Musings of A Public Defender About Drug Treatment Court Practice", *26 N. Y. U. Rev. L. &Soc. Change*, 2000, p. 37.

41. Matthews, "The English System−A Native View", *22 Legal Aid Brief Case*, 1963, p. 71.

42. Mazor, "The Right to be Provided Counsel: Variations on a Familiar Theme," *9 Utah L. Rev*, 1964, p. 77.

43. Mayer C. Goldman, "Economies Effected by Public Defender Plan", *23 J. Am. Jud. Soc*, 1939~1940, p. 63.

44. Nancy A. Goldberg, "Defender Systems of the Future: The New National Standards", *12 Am. Crim. L. Rev*, 1974~1975, p. 709.

45. Norman Lefstein, "In Search of Gideon's Promise: Lessons from England and The Need for Federal Help", *55 HASTINGS L. J*, 2004, p. 800.

46. Note, "Implementing the Right to Counsel in New Jersey—A Proposed Defender System", *20 RUTGERS L. REV*, 1966, p. 789.

47. Paul D. Hazlehurst, "A Federal Public Defender's Perspective", *62 Fed. Law*, 2005, p. 2.

48. Richard Klein, "The Role of Defense Counsel in Ensuring a Fair Justice System", *36 CHAMPION*, 2012, p. 38.

49. Robert E. Oliphant, "Reflections on The Lower Court System: The Development of a Unique Clinical Misdemeanor and a Public Defender Program", *57 Minn. L. Rev*, 1972, p. 545.

50. Robin Steinberg & David Feige, "Cultural Revolution: Transforming the Public Defender's Office", *29 N. Y. U. Rev. L. & Soc. Change*, 2004, p. 123.

51. Ronald F. Wright, "Public Defender Elections and Popular Control over Criminal Justice", *75 Mo. L. Rev*, 2010, p. 803.

52. Samuel Rubin, "The Public Defender", *5 Temp. L. Q*, 1930~1931, p. 584.

53. Sara J. Totonchi, "Fulfilling Promises: Celebrating the First Decade of Georgia's Public Defender System", *21 Ga. B. J*, 2015, p. 22.

54. Schaefer, "Federalism and State Criminal Procedure," *68 Harv. L. Rev*, 1956, p. 1.

55. Sean D. O'Brien, "Missouri's Public Defender Crisis: Shouldering the Burden Alone", *75 Mo. L. Rev*, 2010, p. 853.

56. Slovenko, "Attitudes on Legal Representation of Accused Persons", *2 Am. Crim. L. Q*, 1964, p. 101.

57. Smith, "Legal Service Offices for Persons of Moderate Means", *31* J. Am. Jud. Soc'y, 1947, p. 37.

58. Song Richardson & Phillip Atiba Goff, "Implicit Racial Bias in Public Defender Triage", *122 Yale L. J*, 2012, p. 2626.

59. Stephen B. Bright, "Counsel for the Poor: The Death Sentence Nor for the Worst Crime But for The Worst Lawyer", *103 YALE L. J*, 1994, p. 1835~1842.

60. Stephen C. Moore, "Conflicts of Interest in Public Defender Offices", *8 J. Legal Prof*, 1983, p. 203.

61. Suzanne E. Mounts, "Public Defender Programs, Professional Responsibility, and Competent Representation", *1982 Wis. L. Rev*, 1982, p. 473.

62. Todd A. Berger, "After Frye and Lafler: The Constitutional Right to Defense Counsel who Plea Bargains", *38 Am. J. TRIAL ADVOC*, 2014, p. 121

63. William Lawrence, "The Public Defender Crisis in America: Gideon, the War on Drugs and the Fight for Equality", *5 U. Miami Race & Soc. Just. L. Rev*, 2015, p. 167.

三、判例

1. Argersinger v. Hamlin, 407 U. S. 25 (1972).

2. Berry v. New York, 375 U. S. 160 (1964).

3. Berkemer v. McCarty, 468 U. S. 420, 104 S. Ct. 3138.

4. Betts v. Brady, 316 U. S. 455 (1942).

5. Carnley v. Cochran, 369 U. S. 506 (1962).

6. Coleman v. Alabama, 399 U. S. 1 (1970).

7. Colorado v. Connelly, 479 U. S. 157, 107 S. Ct. 515 (1986).

8. Commonwealth v. Giaccio, 415 Pa. 139, 202 A. 2d 55 (1964).

9. Douglas v. California, 372 U. S. 353 (1963).

10. Doyle v. Ohio, 426 U. S. 610 (1976).

11. Eleventh Judicial Circuit v. State, 115 So. 3D 261 (Fla 2013).

12. Escobedo v. Illinois, 378 U. S. 478 (1964).

13. Garner v. Pennsylvania, 372 U. S. 768 (1963).

14. Gideon v. Wainwright, 372 U. S. 335, 340 (1963).

15. J. D. B. v. North Carolina, 564 U. S. , 131 S. Ct. 2394 (2011).

16. Johnson v. Zerbst, 304 U. S. 458, 464 (1937).

17. Miranda v. Arizona, 384 U. S. 436 (1966).

18. Mo. Pub. Defender Comm' n v. Pratte, 298 S. W. 3d 870, 873 (Mo. 2009)

19. Morrisey v. Brewer , 408 U. S. 471 (1972).

20. North Carolina v. Butler, 441 U. S. 369, 99 S. Ct. 1755 (1979).

21. Powell v. Alabama, 287 U. S. 45 (1932).

22. Scott v. Illinois, 440 U. S. 367 (1979).

23. Strickland v. Washington, 466 U. S. 668 (1984).

24. Tague v. Louisiana, 444 U. S. 469, 100 S. Ct. 652 (1980).

25. United States v. Wade, 388 U. S. 218 (1967).

26. Weigner v. Russell, 372 U. S. 768 (1963).

27. White v. Maryland, 373 U. S. 59 (1963).

图书在版编目（ＣＩＰ）数据

美国公设辩护人制度研究/程衍著.—北京：中国政法大学出版社，2019.12
ISBN 978-7-5620-9382-4

Ⅰ.①美… Ⅱ.①程… Ⅲ.①刑事诉讼-辩护-研究-美国 Ⅳ.①D971.252

中国版本图书馆 CIP 数据核字(2019)第 290641 号

出 版 者	中国政法大学出版社
地　　址	北京市海淀区西土城路 25 号
邮寄地址	北京 100088 信箱 8034 分箱　邮编 100088
网　　址	http://www.cuplpress.com（网络实名：中国政法大学出版社）
电　　话	010-58908285(总编室) 58908433（编辑部）58908334(邮购部)
承　　印	北京中科印刷有限公司
开　　本	720mm×960mm　1/16
印　　张	14.5
字　　数	230 千字
版　　次	2019 年 12 月第 1 版
印　　次	2019 年 12 月第 1 次印刷
定　　价	59.00 元